Ascher HEXEN-EINMALEINS FÜR FRECHE FRAUEN

Ulrike Ascher

Hexen Einmaleins für freche Frauen

Magie für
den Alltag

Für meine Familie

Die Deutsche Bibliothek – CIP-Einheitsaufnahme
Ascher, Ulrike:
Hexen-Einmaleins für freche Frauen : Magie für den Alltag /
Ulrike Ascher. – 3. Aufl. – Kreuzlingen ; München : Hugendubel, 2000
(Sphinx)
ISBN 3-7205-2120-6

3. Auflage 2000
© Heinrich Hugendubel Verlag, Kreuzlingen/München 2000
Alle Rechte vorbehalten

Foto Seite 238: Dorcas Wagenknecht
Lektorat: Claudia Göbel
Umschlaggestaltung: Zembsch' Werkstatt, München,
unter Verwendung eines Motivs von Picture, Hamburg
Produktion: Maximiliane Seidl
Satz: EDV-Fotosatz Huber / Verlagsservice G. Pfeifer, Germering
Druck und Bindung: Huber, Dießen
Printed in Germany

ISBN 3-7205-2120-6

Inhalt

Jeder Alltag verträgt ein wenig Magie

Abwasch und Büroarbeit, Verkehrsstau oder Einkaufshektik – wer will all das nicht mit einem Fingerschnippen hinter sich lassen? Ganz so einfach geht es zwar nicht, doch ein wenig Magie an der richtigen Stelle kann Ihren Alltag entscheidend erleichtern. Schließlich funktioniert die Hexerei immer und überall: im heimischen Wohnzimmer genauso wie auf Reisen, im Auto oder Zug und selbst im Hotelzimmer.

Die magischen Praktiken in diesem Buch kann jede Frau anwenden. Ganz gleich, ob Sie in der Stadt mit einer Horde Kinder, als Eremitin auf dem Land, in einer Wohngemeinschaft oder mit Ihrem Partner leben – der Erfolg der hier beschriebenen Alltagsmagie hängt nur davon ab, wie Sie mit ihr umgehen. Sie müssen nicht von heute auf morgen Ihr Leben umkrempeln oder auf dem Besen reiten lernen. Es genügt ein wenig Interesse und Konzentration, vor allem aber Spaß an der Sache, um all die kleinen und großen Herausforderungen des Alltags magisch besser in den Griff zu bekommen.

Bauen Sie Magie an vielen Stellen in Ihren Tagesablauf ein. Denn wie bei allen anderen Dingen im Leben kommt es auch bei ihr darauf an, wie viel Raum Sie ihr zur Entfaltung geben. Es ist wie bei einer Liebesbeziehung, der Sie nur einmal im Monat einen Abend gönnen: Sie wird bald keine mehr sein. Je mehr Aufmerksamkeit Sie der Magie schenken, um so erfolgreicher und zufriedener mit den Ergebnissen werden Sie sein. Für die Übungen und Rituale in diesem Buch benötigen Sie nur wenig Zeit – denn von ihr wollen Sie ja schließlich mehr haben. Je nach Belieben können Sie viele der Praktiken aber auch abendfüllend gestalten. Sie können zusammenstellen, umarbeiten und experimentieren, soviel Sie wollen.

Dieses Hexen-Einmaleins ist so angelegt, dass Sie auch als vollkommene Anfängerin in Sachen Magie sofort loslegen können. In diesem Fall lesen Sie am besten zunächst das Kapitel »Hexisches Grundwissen von A bis Z« ab Seite 108. Ansonsten suchen Sie sich über das Inhaltsverzeichnis den Lebensbereich heraus, für den Sie gerade magische Unterstützung brauchen.

Was ist Magie?

Magische Kraft kommt in vielen Spielarten daher. Da ist jene Energie, die jedem Lebewesen innewohnt. Sie können diese Kraft für sich verwenden, wie immer Sie wollen. Sie steht Ihnen ständig zur Verfügung und wird von der Nahrung, der Luft und dem Sonnenschein gespeist, die wir täglich aufnehmen. Neben diesen physikalischen Kraftquellen tragen auch andere, eher feinstoffliche Kraftquellen zu unserer persönlichen Stärke bei. In der Magie zapfen wir alle zur Verfügung stehenden Energiequellen an, verstärken ihre Kraft und richten sie durch rituelle Handlungen auf ein bestimmtes Ziel.

Zusätzlich zu unserer persönlichen Kraft können wir uns auch in größere Kraftfelder um uns herum »einklinken«. Eines dieser Kraftfelder ist die Erde, auf der wir leben. Ihre Kraft finden wir besonders leicht zugänglich in den vier Elementen, wenn wir diese für unsere magische Arbeit nutzen. Wie in jedem Regentropfen Energie zur Verfügung steht, um ein Kraftwerk anzutreiben, steht auch Energie zur Verfügung, die wir für ein magisches Vorhaben nutzen können.

Ein weiteres spirituelles Kraftfeld, mit dem wir mit der Magie in Verbindung treten, nennen manche Menschen Gott, andere den Großen Geist und wieder andere Buddha oder Allah. Die meisten Hexen geben dieser heiligen Kraft das Gesicht der Großen Göttin und ihres Gefährten. Ich werde an dieser Stelle nicht ausführlich beschreiben, wie dieser Glaube genau aussieht, denn für den Umgang mit Magie ist es nicht wichtig, zu welchem Gott jemand betet, noch nicht einmal, ob jemand überhaupt an ein göttliches Wesen glaubt. Wer auch immer in dem Bewusstsein lebt, dass es außer der menschlichen Kraft noch etwas anderes gibt, kann magisch handeln. Wer nicht daran glaubt, übernimmt sich leicht und muss allein *jede* Konsequenz des eigenen Handelns einschätzen.

Für das Gelingen Ihres magischen Kreises ist einzig entscheidend, mit ganzem Herzen dabei zu sein und immer zu berücksichtigen, dabei keinem zu schaden. Stellen Sie sich diese Kraft als Universum oder Gott vor, geben Sie ihr einen Namen, wenn Sie wollen. Im Text werde ich diese Kraft hinter und in allem als »Universum« bezeichnen, da ich es wichtig finde, dass jeder Mensch seinen eigenen Zugang dazu findet und mir dieser Begriff Universum am neutralsten erscheint. Wenn Sie es vorziehen, mit bestimmten Göttern oder Göttinnen zu arbeiten, finden Sie ab Seite 224 eine Auswahl von Namen und wofür diese Gottheiten jeweils »zuständig« sind.

Ob und wozu Sie persönlich Magie brauchen, entscheiden nur Sie allein. Sie ist eine der vielen Möglichkeiten, das eigene Leben verantwortlich und vergnüglich zu gestalten. Einer meiner schamanischen Lehrer hat mir einmal gesagt: Wenn etwas heilig ist, kannst du auch darüber lachen, und wenn du über etwas nicht lachen kannst, ist es auch nicht heilig. Gleiches gilt für die Magie. Wo kein Lachen und keine Freude ist, fehlt auch die Magie.

Glauben Sie nicht, dass die moderne Hexe technologisch in der Steinzeit lebt. Es ist durchaus nicht nötig, als Hexe auf Computer oder Internet zu verzichten, ganz im Gegenteil. Das Internet ist ungeheuer magisch und schamanisch, besteht es doch nur in unserer Vorstellung und nur in dem Zeitraum, in dem es auch jemand benutzt. Das Internet ist eine Verbindung zwischen zwei Dingen, kein fassbarer Gegenstand – wie ein Zauberspruch.

Magie ist Power. Dieses schöne neudeutsche Wort sei mir hier gestattet. Magisch zu arbeiten bedeutet, natürliche Energie so zu verwenden, dass sich nötige Veränderungen ergeben. Unsere Vorfahren entdeckten über die Jahrtausende hinweg spürbare Verbindungen zwischen sich und ihrer Umwelt, eine energetische und materielle Gemeinsamkeit mit Tieren, Pflanzen und anderen Teilen ihrer Umgebung. Dies schloss auch die sogenannte unbelebte Natur ein. Im magischen Weltbild gibt es nichts Unbelebtes.

Seit Menschen diese energetischen, spirituellen Verbindungen entdeckten, haben sie sie auch erforscht, ihre Träume, Wünsche und Hoffnungen an diese Kräfte weitergeleitet. Meist waren ganz bestimmte Menschen innerhalb einer Gemeinschaft damit betraut, den Draht nach oben zu sichern. Sie besaßen das Erfahrungswissen, das es ihnen ermöglichte, auch für andere tätig zu werden. Diese Hexen, oft Weise Frauen, hatten zwar Macht, aber nur so lange, wie ihnen jemand vertraute. Zaubern ist unter anderem eine Glaubensfrage – wie so vieles. Oder warum sind Sie sich so sicher, dass das Licht wirklich angeht, wenn Sie auf den Schalter drücken? Die Macht eines Glaubens hat eine Kraft, die durch nichts zu ersetzen ist. Nur wenn Sie wirklich von dem überzeugt sind, was Sie tun, haben Sie diese Macht. Zweifel sind gut, aber nicht während eines Rituals. Während dieser Zeit lassen Sie sie außen vor und richten Ihre ganze Aufmerksamkeit auf Ihr Ziel. Dann ist die Macht mit Ihnen.

Als weiße Hexe – die nichts mit Schwarzer Magie am Hut hat – bin ich hoffnungslos optimistisch, nicht weil ich bisher nur »gute« Dinge erlebt habe, sondern weil sie gut für mich waren (auch wenn ich dies oft erst später gemerkt habe, wenn man schließlich meistens schlauer ist).

Magie nutzt die ungeheuren Kräfte in uns, setzt sie frei, richtet sie auf ein Ziel, das wir bewusst auswählen. Soweit wird mir alles kopfnickend folgen, denn das gleiche könnte ich auch über simple physikalische Vorgänge sagen. Doch viele Bereiche der Magie sind nicht erklärbar, nur beschreibbar. Am besten erfahren Sie dies, indem Sie es ausprobieren.

Magie funktioniert

Jeder Mensch kann magische Energie nutzen, so wie jeder in der Lage ist, einen Herd anzuschalten. Die Kunst besteht lediglich darin, den Toast nicht auf die Herdplatte zu legen und den Suppentopf nicht in den Ofen zu stellen. Beides hätte ein anderes Ergebnis, als es sich die Köchin vorstellt. Mit der Magie ist es genauso: Es gibt ein Rezept, dem Sie folgen können und das Ihnen kein Weltwunder, aber ein brauchbares und sehr reales Ergebnis bringt. Und letzteres gibt es immer. Zu jedem Rezept sollten Sie allerdings Ihre eigenen Zutaten hinzufügen – das Salz in der Suppe, um bei der Küche zu bleiben.

Magie geht davon aus, dass in allen Wesen die gleiche Urenergie wohnt und in diesem Sinn alles »lebendig« ist. Ein Stein ist ebenso in Bewegung wie wir (schließlich flitzt es in seinen Atomen ebenso umeinander wie in meiner Nasenspitze oder den Pfoten meiner Katze). Der Unterschied besteht darin, dass ich es wahrnehme, wenn ein Blatt vom Baum fällt oder meine Katze sich kratzt. Die Bewegung eines Steins ist weniger offensichtlich. Mit magischen Augen betrachtet sieht dies schon anders aus. Nehme ich einen Kristall in die Hand, fühlt er sich anders als ein Turmalin an. Es ist ein Unterschied wie Tag und Nacht. Die Frage ist nur, ob meine Sinne darauf getrimmt sind, diese Unterschiede zu erkennen. Mit geschlossenen Augen zu erkennen, ob es Nacht oder Tag ist, lässt sich eher schwierig an. Ebenso ist es mit der Magie. Viele Übungen in diesem Buch zielen deshalb darauf ab, die Wahrnehmung zu schärfen.

Magie ist im Spiel, wenn ich die Energie meines Geistes, Gefühls und Verstandes auf ein ausgewähltes Ziel richte und sie dann mit Hilfe ritueller Handlungen – und wenn es nur eine Handbewegung ist – losschicke, um das gewünschte Ziel herbeizuführen. Dies klingt, wie schon gesagt, recht einfach. Wer es mehr zeremoniell liebt, kann sich auch ausgefeilte Rituale ausdenken. Die Vorschläge in diesem Buch bieten alle Möglichkeiten. Nur ein Wort der Vorsicht: Je verzwickter ein Ritual, desto mehr kann schiefgehen, desto schneller verliert man das Konzept und riskiert, dass die Energie verpufft. Je knapper und klarer ein Ritual gefasst ist, desto klarer richten wir auch die Kraft auf das gewählte Ziel.

Wie beim Kochen kommt es auch bei der Magie auf die richtigen Zutaten an. Die müssen weder teuer noch ungewöhnlich sein. Eine weitverbreitete Annahme geht davon aus, man müsse lange meditiert haben oder den richtigen Kelch, Zauberstab und was sonst noch teuer angeboten wird, besitzen. Weiterhin müsse man das richtige Gewand tragen und sämtliche Mondphasen im Kopf haben, um überhaupt etwas Magisches auf die Beine zu bringen. Sicher ist es hilfreich, sich richtig vorzubereiten und zum Beispiel eine Reichtumszauber nicht gerade in der abnehmenden Mondphase durchzuführen. Aber wenn es dringend nötig erscheint, ist jedes Ritual an jedem Tag »richtig«. Entscheidend ist die innere Einstellung, mit der Sie das Ritual vollziehen und die Frage, wie sehr Sie von Ihrem Zauber überzeugt sind.

Das Handwerkszeug der Hexe

Das Handwerkszeug für den Anfang ist einfach zusammenzustellen*: Wasser, Salz, Kerzen, Streichhölzer (nichts ist ärgerlicher als mitten in einem schön ausgedachten Ritual nach derartigen Kleinigkeiten zu suchen), eine Feder und Räucherstäbchen. Leitungswasser reicht aus, Salz hat man sowieso im Haus, Kerzen können die preiswerteste Sorte aus dem Supermarkt sein und Federn finden sich auf der Straße (wenn nicht, geht es auch ohne). Räucherstäbchen suchen Sie am besten der Nase nach aus. Für den Anfang brauchen Sie keinen aufwendigen Kelch, ein einfaches Gefäß aus Glas oder Keramik tut es auch, nur von Metall rate ich ab. Es ist zwar praktisch, weil unzerbrechlich, aber die energetische Schwingung von Metall kann sich anfühlen wie eine falsche Frequenz bei einem Radio. Der Zauberstab ist am Anfang kein Muss, ein Finger tut es auch für ein erstes Simsalabim. Ansonsten eignen sich besonders gut Holzstücke vom Flussufer oder Strand. Sie sind meist vom Wasser so glatt geschliffen, dass die angehende Hexe sie nicht mehr weiter bearbeiten muss. Ein brauchbarer Zauberstab findet sich aber auch in jedem Park oder Garten. Am besten nehmen Sie in diesem Fall ein Stück abgefallenes Holz und bearbeiten es. Vergessen Sie aber nicht, sich für diese Gabe bei der Natur zu bedanken. Ein gemurmeltes Danke reicht aus, eine Kupfermünze

---

* Eine genaue alphabetische Aufstellung hexischer Gegenstände finden Sie ab S. 159.

lieben die Erdgeister besonders. Einen der besten Zauberstäbe, den ich je hatte, bekam ich von einer Fichte, die vor meinem Fenster gefällt werden musste, aus den duftenden Zweigen habe ich mir auch noch ein Paar Trommelstöcke hergestellt.

Wer keine Feder für das Element Luft findet, kann in ein Hutgeschäft gehen, dort gibt es meist schöne Federn zu kaufen. Auch ein Besuch im Zoo kann lohnend sein, wie gesagt, es muss nicht gleich die Adlerfeder sein, Möwe oder Krähe, Schwan oder Ente tun es auch.

Räucherwerk ist heute ebenfalls kein Problem mehr. Wer trotz aller Suche nicht fündig wird, frage den Priester der nächstgelegenen katholischen Kirche, wo er seinen Weihrauch bezieht. Weihrauch ist seit alter Zeit ein gutes Mittel, um den Zugang zur spirituellen Welt zu öffnen, sprich: eine milde Droge.

Zu guter Letzt die Kleiderfrage: Es komme keine angehende Hexe auf den Einfall, sie müsse sich wallende Gewänder zulegen. Sie sind schlicht unbequem für ein Ritual, zumal wenn man sich am Anfang noch sehr auf seinen Ablauf konzentrieren muss. Wer einmal sehr unzeremoniell über ein Zeremoniengewand gestolpert ist, weiß, wovon ich spreche. Der Lacherfolg ist Ihnen gewiss, doch so gut ein freies Lachen während eines Rituals auch sein kann, in diesem Fall ist die so sorgfältig aufgebaute Energie futsch – und Sie müssen wieder von vorn anfangen. Tragen Sie auch nichts mit langen, weiten Ärmeln, sonst müssen Sie Ihre Arme und Hände ständig völlig ruhig halten, um nicht Gefahr zu laufen, Ihre Kerzen zu löschen oder mit Ihren Ärmeln Feuer zu fangen – sehr unpraktisch.

Ich trage gern einen weiten bequemen Rock oder eine einfache Baumwollhose (mit Gummizug, damit mich das Kneifen eines Hosenbundes nicht ablenkt). Als Oberteil empfehle ich einfache Stücke wie ein T-Shirt oder einen Pullover – ganz nach Bedürfnis und Außentemperatur.

Was auch immer Sie sich als Handwerkszeug für Ihr erstes Ritual ausgesucht haben, legen Sie die Sachen erst einmal ein paar Tage beiseite. Ich weiß, dann befinden wir uns möglicherweise nicht mehr in der richtigen Mondphase und der Jupiter steht auch völlig falsch ... aber trotzdem. Laufen Sie ein paar Tage oder auch ein paar Wochen mit dem Ritual im Kopf herum. Stellen Sie sich die Einzelheiten vor, bauen Sie alles um und wieder um, bis es kurz und sachlich ist. Lange auf Merkzettel sehen zu müssen, um die sorgfältige Planung einzuhalten, ruiniert garantiert jedes Ritual. Je einfacher und klarer der Ablauf, desto wirksamer ist er, weil nichts vom Wesentlichen ablenkt.

Zu den unliebsamen Unterbrechungen, die Sie unbedingt vermeiden sollten, gehört auch das Klingeln des Telefons oder der Haustürglocke. Stellen Sie alles ab – wer etwas Wichtiges von Ihnen will, wird sich wieder melden.

Nachdem ich gerade eine Lanze für eine längere Vorbereitungszeit gebrochen habe, schränke ich dies gleich wieder ein: Der dringende Wunsch, etwas unbedingt durchführen zu wollen, weil es in diesem Moment angesagt und wichtig ist, kann alle anderen Überlegungen in den Schatten stellen.

Eine kurze Anmerkung zum Thema Sicherheit sei mir in diesem Zusammenhang gestattet: Bitte vergessen Sie niemals, bei einem Zauber für ein bestimmtes Ziel auch das größere Ganze zu berücksichtigen. Der Satz: Und möge es allem nützen, lässt die guten Geister dafür sorgen, dass Sie Ihr Glück und Ihren Erfolg nicht auf dem Rücken von anderen austragen. Hängen Sie diesen Satz gewohnheitsmäßig an jedes Ritual, an jeden Wunsch an. Damit beherzigen Sie die einzige, aber auch die wichtigste Regel der weißen Magie: Tu was du willst und schade niemandem.

Magie vom Keller bis zum Dach

Die wenigsten Hexen wohnen in hutzeligen Hexenhäusern mit Lebkuchenfenstern und schnuckeligen Raffgardinen an den Butzenfenstern. (Wir fressen im Übrigen auch keine kleinen Kinder.) Da Hexenhäuser eher selten sind, finden sich die meisten von uns in Mietwohnungen wieder, von denen kaum eine einen Garten aufweist. Wenn Sie Glück haben, lesen Sie dieses Buch gemütlich auf Ihrem Balkon sitzend.

Die eine oder andere Hexe wird sich auch mit ein paar Blumentöpfen auf dem Fensterbrett und einem mehr oder weniger häufigen Besuch im Park begnügen müssen. Und vielleicht gehören Sie sogar zu den Menschen, die Natur lieber auf dem Bildschirm bewundern. Doch gleich ob mit oder ohne Garten: Getreu dem Motto »My home is my castle« läßt sich aus jedem Lebensraum eine fabelhafte Hexenbehausung machen.

Wohnungssuche

Zuerst muß das richtige Domizil gefunden werden. Sicher, Anzeigen durchsehen, mit Freundinnen sprechen und in eine Genossenschaft einzutreten sind keine schlechte Ideen, denn wie sollte »Ihre« Wohnung Sie finden, wenn Sie ihr nicht »winken«. Ein wenig magisches Winken kann aber auch nicht schaden. Hier also ein sehr einfacher Zauber, um eine neue Bleibe zu finden – oder besser, ein Zauber, der es Ihrer neuen Bleibe erleichtert, Sie zu finden.

Man nehme eine Reihe von alltäglichen Haushaltsutensilien – auch sie suchen schließlich ein neues Heim und sind quasi »beteiligt«. Zunächst brauchen Sie eine wenn möglich getöpferte flache Schale mit Erde. Sie können Erde aus einem Park holen, oder, wenn Ihnen dies unangenehm ist, Blumenerde in einem Geschäft kaufen. Sand kann es auch sein, aber Erde paßt besser zu diesem sehr erdigen Vorhaben, eine neue Wohnung oder eine neues Haus zu finden. Am besten holen Sie ein wenig Erde aus dem Stadtteil oder der Gegend, in den bzw. die sie ziehen wollen; ein paar Krümel reichen schon.

Für das Element Wasser reicht Leitungswasser völlig, Ihr Lieblingsmineralwasser ist auch nicht schlecht, wenn es Ihnen hilft, mit ganzem Herzen dabei zu sein. Für das Wasser brauchen Sie ebenfalls eine flache Schale, zum Beispiel eine kleine Dessertschüssel. Das preiswerteste Salz ist ebenso ausreichend. Der Salzstreuer für das Frühstücksei darf ruhig zweckentfremdet werden.

Für das Element Luft verwenden Sie Räucherwerk, entweder das »richtige«, das Sie mit Kohleplättchen anbrennen oder die einfachen Räucherstäbchen.

Damit fehlt nur noch ein Element: Feuer. Eine grüne oder braune Kerze wäre hier prima, wenn Sie nur eine schlicht weiße haben, ist dies auch kein Drama. Schreiben Sie Ihren Wunsch mit einer Nadel auf die Kerze, halten Sie sie einen Augenblick zwischen den Händen und lassen Sie Ihren Wunsch nach einer neuen Bleibe in die Kerze hinein fließen. Danach ist die Farbe nicht mehr wichtig.

Für den Hauszauber selbst suchen Sie sich möglichst einen Tag mit zunehmendem Mond aus, dies ist eine zusätzliche Hilfe. Stellen Sie sicher, daß Sie nicht gestört werden können (Telefonhörer daneben legen, Haustürklingel ab- oder leise stellen). Kinder sollten im Bett sein. Probieren Sie aus, ob Ihr Hund »einen Draht« zu Ritualen hat. Einige Exemplare legen sich einfach still hin und schauen zu, andere mischen sich ein und stören. Katzen können herein- und heraus spazieren, sie stören weder die Energie noch die Geister. Sie haben eine Art Radarsystem, das ihnen genau mitteilt, wenn es spannend wird, und auch der schläfrigste Kater wird putzmunter, wenn er ein interessantes Ritual wittert.

Partner können sich natürlich an dem Hokuspokus beteiligen. Wenn Sie sich nicht sicher sind, ob sich wirklich alle wohl fühlen bei dem Gedanken, mit der anderen Welt zu reden, machen Sie das Ganze lieber allein.

Dieses Wohnungsritual ist etwas länger. Prägen Sie sich den Ablauf vorher gut ein, damit Sie während des Rituals nicht nachsehen müssen, wie es weitergeht. Sie können es auch kürzen oder auch noch ein Element anhängen. Achten Sie aber darauf, dass Sie auf jeden Fall den Überblick behalten und sich nicht im Ritual verlieren. Bevor Sie anfangen, legen Sie alles bereit und segnen Ihre »Zutaten«. Sollten Ihnen einzelne Elemente des Rituals unbekannt sein, informieren Sie sich zunächst im Teil »Hexisches Grundwissen«, z.B. über das Visualisieren ab Seite 108.

Gehen Sie an Ihren Kraftplatz und stellen sich entspannt hin (vergessen Sie nicht, die Knie leicht zu beugen). Atmen Sie entspannt mit geschlossenen Augen.

Nun öffnen Sie die Augen und schließen den magischen Kreis.

Zünden Sie auf Ihrem Altar/Kraftplatz für jede Himmelsrichtung eine Kerze in der entsprechenden Farbe an (siehe Seite 164).

Nehmen Sie Ihren Kelch mit Wasser und geben Sie drei Prisen Salz hinzu. Rühren Sie im Uhrzeigersinn entweder mit einem Finger oder einem Zauberstab das Wasser um. Visualisieren Sie dabei Ihren Wunsch nach einer Wohnung, stellen Sie sich das Gefühl vor, wie es ist, in Ihre neue Behausung zu gehen. Trinken Sie einen Schluck von dem Wasser. Spüren Sie, wie die Energie der Elemente sich in Ihnen ausbreitet und Ihrem Wunsch Kraft gibt. Stellen Sie das Wasser dann beiseite.

Als nächstes sagen Sie noch einmal vor sich hin, was genau Sie finden wollen. Jede Einzelheit wie Erreichbarkeit, Lage, Größe, Preis ist wichtig, verlieren Sie sich aber nicht in zu vielen Details.

Stehen Sie auf und nehmen Sie die Kerze in die Hand, die Sie für diese Himmelsrichtung angezündet haben. Richten Sie ein oder zwei Finger Ihrer Krafthand in Richtung

Osten und sagen Sie laut Ihren Wunsch (zum Beispiel: Ich wünsche mir eine Wohnung im Westen der Stadt, in der Nähe öffentlicher Verkehrsmittel, bezahlbar, geräumig, ruhig gelegen, im Erdgeschoss und mit etwas Grün – vor dem nächsten Vollmond/dem nächsten Neumond). Schicken Sie dabei die ganze Energie Ihres Herzenswunsches, die Sie mit Wasser und Salz verstärkt haben, durch Ihren Finger in diese Himmelsrichtung und pusten Sie kräftig die Kerze aus. Sehen Sie, wie die Kraft Ihres Wunsches mit Ihrem Atem davonschießt.

Wiederholen Sie das Gleiche in den anderen Himmelsrichtungen.

Öffnen Sie den magischen Kreis und erden Sie sich.

Das Wasser gießen Sie in ein fließendes Gewässer.

Nach diesem Zauber ist es wichtig, die gerufenen Geister nicht bei der Arbeit zu stören und sie schlicht zu vergessen. Dies hört so ähnlich an, als wenn man jemandem eindringlich sagt, er solle in der nächsten halben Stunde nicht an einen rosafarbenen Elefanten denken. Aber glauben Sie mir, wenn Sie ständig darüber nachdenken, wie und wann Ihr Zauber klappen wird – klappt erst mal gar nichts.

Wen würde es nicht nerven, wenn ihm dauernd jemand über die Schulter linst. Sie würden sich auch bedanken und den nervigen Beobachter im Zweifelsfall schnell in die Wüste schicken oder mit der Erledigung Ihrer Aufgabe so lange warten, bis er sich verkrümelt hat. Genau hier hakt es auch. Solange Sie zusehen wollen, passiert nichts. Die Heinzelmännchen waren verschwunden, sobald sich das neugierige Volk zu sehr für ihre Arbeit interessierte (mal ganz abgesehen von den Erbsen auf der Treppe).

Also gönnen Sie sich einen netten Film oder gehen Sie mit Freunden oder dem Partner etwas essen, was auch immer. Aber denken Sie bloß nicht an den rosafarbenen Elefanten. Keine Sorge, mit etwas Übung geht das immer besser.

Die Hexenwohnung

Gehen wir davon aus, dass die richtige Wohnung gefunden wurde. Nun geht es darum, sie nicht nur kuschelig oder funktionell einzurichten, sondern auch gleich spirituell »auf Vordermann« zu bringen.

Das geht schon vor dem Umzug los. Bevor Sie irgendetwas anderes tun, schnappen Sie sich den neuen Hausschlüssel und folgende Utensilien und machen Sie sich auf in die neue Wohnung. Sie brauchen eine flache Schale für Wasser, etwas Salz, eine Kerze (die Streichhölzer nicht vergessen) und guter Letzt noch ein oder zwei Zitronen und eine Küchenreibe. Unbehandelte Zitronen eignen sich am besten, sie sind auf jedem Wochenmarkt erhältlich.

In der neuen Wohnung angekommen öffnen Sie erst einmal alle Fenster weit und, wenn es sich machen lässt, auch die Tür. Der Durchzug trägt nicht nur die Energie davon, die Sie nicht in der Wohnung behalten wollen, er bringt auch alles mit, was Sie gern hereinbitten möchten. Legen Sie in der Mitte der Wohnung alles bereit, was Sie mitgebracht haben. Füllen Sie drei bis vier Tassen Wasser in Ihre Schale und legen Sie Zitronen und Reibe parat.

Wenn Sie nicht genau wissen, wo die Mitte Ihrer Wohnung ist: Es kommt nicht auf den Meter an, folgen Sie Ihrem Gefühl.

Die folgende kleine Konzentrationsübung können Sie im Stehen oder im Sitzen machen, was Sie bequemer finden. Wenn Sie stehen bleiben, achten Sie wie immer darauf, dass Sie Ihre Knie nicht ganz durchdrücken (nur keine Scheu, es sieht ja keiner).

Atmen Sie tief durch und schließen Sie die Augen.

Lassen Sie den Raum um sich herum wirken. Öffnen Sie nun die Augen wieder und gehen Sie gegen den Uhrzeigersinn durch Ihre Wohnung. Pusten Sie, was das Zeug hält, als wollten Sie Staub wegpusten (dafür brauchen Sie vermutlich noch nicht einmal Phantasie, es sei denn, Sie haben gerade geputzt). Pusten Sie alles aus den

Ecken in die frische Luft nach draußen, das Sie nicht in Ihrer Wohnung haben wollen, dabei müssen Sie gar nicht sehr spezifisch sein.

Bitten Sie laut oder in Gedanken alle Wesen, die Sie gern in Ihrem neuen Domizil unterstützen wollen, wohnen zu bleiben, alle anderen bitten Sie, sich einen besseren Platz zu suchen.

Wenn Sie fertig sind, kehren Sie in die Mitte der Wohnung zurück. Hocken Sie sich hin und reiben Sie die Zitronenschale in das Wasser – die Elementarwesen von Wasser und Luft haben Sie so schon glücklich gemacht. Die Feuergeister freuen sich, wenn Sie Ihnen eine Kerze anzünden. Nach der Zitronenschale geben Sie etwas Salz ins Wasser für das Element Erde. Mischen Sie alles mit den Händen zusammen und genießen Sie den Duft und das Gefühl des kühlen Wassers.

Fangen Sie an zu summen, egal was, spüren Sie, wie das leise Geräusch Ihre Wohnung füllt. Nehmen Sie Ihre Schale und gehen Sie im Uhrzeigersinn durch die Wohnung. Spritzen Sie etwas von Ihrem Wasser in jede Ecke, über jede Öffnung (Fenster, Türen, Abflüsse usw., Vorsicht aber bei den Steckdosen!), summen Sie gute Gedanken, hilfreiche Hausgeister und strahlendes Licht herbei.

Wenn Sie wieder in der Mitte angekommen sind, stellen Sie Ihre Wasserschale ab und nehmen die Kerze in die Hand. Lassen Sie das goldene Licht der Kerze wachsen, bis es alle Räume erfüllt, wie eine leuchtende Käseglocke. Sie bleibt, sie können Sie täglich oder nur ab und zu golden auffüllen. Es ist wie mit dem Zähneputzen, je regelmäßiger desto wirkungsvoller.

Wenn Sie soweit sind, stellen Sie die Kerze wieder ab und bleiben einen Augenblick ruhig stehen oder sitzen (Sie können nun aufhören zu summen).

Öffnen Sie den magischen Kreis gegen den Uhrzeigersinn und erden Sie sich.

Eine besonders einfache Möglichkeit, die goldene Käseglocke aus der Wohnungseinweihung zu erhalten, besteht darin, einem Gegenstand auf Ihrem Altar diese Aufgabe zu geben. Ich habe eine Kristallkugel in der Mitte meines Altars stehen, die sie verkörpert, jeder andere Gegenstand tut es aber auch. Wie gesagt, Sie machen das Alltägliche zum Besonderen, Ihre geballte Ladung Gefühl setzt etwas in Bewegung, Ihre Gedanken machen es möglich.

Umzug

Es heißt, das erste Stück, das man in eine Wohnung hineinträgt, bestimmt, wie sich das Leben der Person gestaltet, die dort einzieht. Im chinesischen Feng Shui wird sogar genau festgelegt, in welche Richtung ein Mensch umziehen sollte, damit es in finanziellen Angelegenheiten oder in der Liebe aufwärts geht. All diese Einzelheiten bieten endlose Möglichkeiten für mehr als ein Leben, zu entdecken, auszuprobieren und auszuwählen. Genau dies mache auch ich. Ich empfehle nicht, einen stabilen Stuhl in die Wohnung zu tragen, damit alles eine solide Grundlage hat. Tragen Sie als erstes etwas über Ihre neue Schwelle, das Sie besonders mögen, ein geliebtes Buch, eine Pflanze, ein Bild oder was auch immer. Ein stabiler Stuhl, den Sie ansonsten nicht ausstehen können und sowieso demnächst ersetzen wollen, wird weniger für Gleichgewicht in Ihrem Leben sorgen als Ihr Lieblingsbuch, das Sie nie hergeben würden.

Der Eingang

Die Schwelle eines Hauses ist der Übergang vom »Außen« zum »Innen«. Klingt banal, aber wie oft latschen wir über eine Schwelle, ohne uns Gedanken darüber zu machen, wie wichtig dies für unsere Vorfahren war. Nicht jeder durfte über die Schwelle treten. Wen man hereinbat, für den trug man Verantwortung.

Der obige Einweihungszauber für die neue Bleibe hat erst einmal dafür gesorgt, daß die richtigen Geister hereingekommen sind. Jetzt sollen aber auch keine anderen mehr über die Schwelle gelangen.

Falls gerade Weihnachtszeit ist, haben Sie Glück, denn dann gibt es allerorten fünfzackige Sterne (Pentagramme) zu kaufen. Suchen Sie sich etwa ein halbes Dutzend aus, ihre Größe ist egal, das Material spielt keine Rolle.

Außerhalb der Weihnachtszeit stellen Sie die Sterne selbst her. Kaufen Sie dünnen Kupferdraht im Kaufhaus oder Bastelgeschäft. Malen Sie auf einem Holzbrett einen fünfzackigen Stern auf und schlagen Sie in jeder Spitze einen Nagel ein. Ziehen Sie das Pentagramm mit dem Kupferdraht an den Pfeilen entlang nach. Lassen Sie am Anfang etwa fünf Zentimeter Draht überstehen, daraus können Sie am Schluß eine Öse zum Aufhängen fertigen.

Hängen Sie das kupferne Pentagramm innen über Ihre Tür oder direkt an die Tür (die Nachbarn werden denken, Sie sind eine Weihnachtsfanatikerin).

Sie können Ihr Pentagramm auch dekorieren. Das Metall Kupfer gehört zum Element Erde. Stecken Sie Federn dazu für die Luft, hängen Sie einen Halbedelstein wie Karneol dazu für das Element Feuer und ein paar Muscheln für Wasser. Lassen Sie Ihrer Fantasie freien Lauf. Erlaubt ist was gefällt. Je länger Sie sich mit Ihrem neuen Schutzamulett beschäftigen, desto stärker wirkt es.

Während Sie es aufhängen, visualisieren Sie die gute Energie, die davon ausgeht und wie sie alle, die Ihnen wohl gesonnen sind, zu Ihnen einlädt. Wenn Sie noch ein Übriges tun wollen, stellen Sie einen Farn neben Ihre Eingangstür. Er braucht nicht viel Licht und schützt Ihre Wohnung vor unerwünschten Eindringlingen.

Apropos Eindringlinge. Besonders wenn Sie im Erdgeschoss wohnen, bietet es sich an, einen Zauber gegen Einbrecher zu ersinnen. Ich habe ein paar Jahre in einer Erdgeschosswohnung gelebt und fand den folgenden handlichen Zauber sehr wirkungsvoll.

Nehmen Sie eine Handvoll kleiner klarer Kristalle (siehe Seite 173) und lassen Sie sie von einer Hand in die andere gleiten.

Lenken Sie Ihre ganze Aufmerksamkeit auf die Steine, Sie wollen, daß sie Ihren Auftrag ausführen.

Stellen Sie sich vor, wie die Blicke unerwünschter Besucher glatt über Ihre Wohnung hinweg gleiten. Sie können Ihr Domizil schlicht nicht sehen, wissen gar nicht, dass es existiert. Dieses Bild schicken Sie in die Kristalle und vergraben sie in Ihren Blumentöpfen auf den Fensterbänken in der Wohnung. Wenn Sie keine Blumentöpfe haben, besorgen Sie etwas größere Kristalle und legen jeweils einen programmierten Stein auf jede Fensterbank.

Dieser Zauber wirkt so gut, dass es mir mehr als ein Mal passiert ist, dass selbst Freundinnen, die mich schon einige Male besucht hatten, am Haus vorbeifuhren, weil sie schlicht nicht mehr wussten, wo ich wohnte. Auch Lieferanten fanden ihren Weg häufig nicht, aber dafür konnte ich auch Stunden in der Waschküche verbringen, ohne dass auch nur ein Hund auf meine Terrasse kam. Die fanden immer nur die Nachbarwohnungen spannend.

Glück können Sie in Ihre Wohnung holen, wenn Sie eine kleine Glocke an die Türklinke hängen, Messing ist besonders geeignet, weil es für Heilung, Schutz und Geld steht. Hängen Sie doch gleich für jede dieser Eigenschaften eine Glocke an Ihre Tür und visualisieren Sie, was das Zeug hält. Jedes Mal, wenn Ihre Glöckchen klingeln, schicken sie die Energie Ihres Wunsches auf die Reise.

Türen und Fenster

Die Türen und Fenster Ihrer Wohnung können Sie genauso behandeln wie die Haustür. Die kupfernen Pentagramme schützen auch alle anderen Öffnungen ins Freie. Hängen Sie Kristalle in die Fenster und holen Sie so die Kraft der Farben in die Wohnung, die im Regenbogen schillern. Verstärken Sie den Effekt der Kristalle noch, indem Sie ab und zu eine Reise durch die Regenbogenfarben machen. Bevor Sie loslegen, gehen Sie kurz in die Ruhe und wandern in Gedanken durch Ihre Wohnung: Wo fehlt es an Rot, Grün oder Lila? Welche Ecke würde durch ein wenig Gelb lebendiger und wo könnte Blau beruhigen? Schreiben Sie kurz auf, was Ihnen auffällt, wenn Sie auch im Alltag mit Farbtupfern nachhelfen möchten. Hängen Sie entsprechende Bilder auf oder legen Sie farbige Gegenstände an diese Plätze.

Regenbogen-Meditation

Machen Sie es sich an Ihrem Kraftplatz bequem und gehen Sie in die Ruhe.

Sehen Sie um sich herum eine saftige grüne Wiese, riechen Sie die Blumen, hören Sie die Insekten summen, genießen Sie die Wärme der Sonne auf Ihrer Haut.

Schauen Sie sich um. Ganz in Ihrer Nähe erkennen Sie einen Regenbogen. Gehen Sie darauf zu und treten Sie zuerst in die Farbe Rot ein. Lassen Sie die Farbe auf sich wirken, nehmen Sie ihre Kraft wahr. Schicken Sie dann die Farbe dorthin, wo sie Ihnen vorher gefehlt hat. Wenn Sie fertig sind, treten Sie in die Farbe Orange ein, danach in Gelb, Grün, Blau, Indigo und Violett.

Wenn Sie alle Farben durchgegangen sind, treten Sie aus dem Regenbogen heraus und stehen wieder auf der Wiese. Bleiben Sie einen Augenblick ruhig stehen, um dann in Ihren Körper zurückzukehren. Erden Sie sich.

Wohnzimmer

Falls Sie im Wohnzimmer Ihren Kraftplatz geschaffen haben, wird Ihnen dieser Raum kaum noch Arbeit machen. Wenn Sie Ihren Altar regelmäßig benutzen (und sei es auch nur für eine kurze Meditation), werden Sie merken, wie sich von hier aus Ruhe und Wohlbefinden ausbreiten, oder auch kreative Betriebsamkeit, je nachdem, was Sie herbeirufen. Auf jeden Fall wird dieser Raum erkennbar »Ihr« Raum sein.

Falls Sie Ihren Kraftplatz nicht im Wohnzimmer haben oder entschieden haben, daß Sie eher einen mobilen Altar möchten (siehe Seite 94), den Sie nur bei Bedarf aus dem Schrank holen, auch gut. Mit ein paar einfachen Kleinigkeiten können Sie viel für Ihr Wohnzimmer tun.

Auch für diesen Raum können Sie Pentagramme gut brauchen. Hängen Sie eines hinter die Gardine oder über das größte Fenster im Raum. Falls Sie einen Balkon oder eine Terrasse haben, hängen Sie eines auch über diese Tür. Auch hier können Sie für die anderen Elemente etwas hinzufügen: Bänder, Muscheln, Federn und so weiter. Toben Sie sich aus. Je mehr Spaß Sie bei der Sache haben, desto größer wird der Erfolg sein.

Wenn Sie ein Fensterbrett haben, auf dem Sie Pflanzen und Steine unterbringen können, können Sie das Ganze mit Farnen und Rosenquarz dekorieren. Farne sind besonders gut geeignet, um negative Energien umzuwandeln. Mit »negativ« sind hier nicht etwa böse Geister gemeint, sondern eher solch hinterhältige Biester wie Stress und schlechte Laune.

Wenn Sie neben die Farne nun noch einen oder mehrere Rosenquarze plazieren, werden Sie sich vor guter Laune und erfreulichem Besuch kaum mehr retten können. Rosenquarze fördern Freundschaft, Liebe und Verständnis, keine schlechte Sache, wenn Sie gern Freunde da haben oder die Wohnung mit jemandem teilen. Auch wenn Sie allein leben, kann ein wenig Liebe und Freundschaft nicht schaden.

Im Wohnzimmer ist es wichtig, ab und zu eine kleine Reinigung vorzunehmen, weil dies der Raum ist, in dem sich auch fremde Menschen aufhalten. Jeder, der den Raum betritt, bringt seine eigene Schwingung mit. Sie kennen dies sicher. Sie »können« mit bestimmten Menschen und mit anderen klappt es einfach nicht, synchron zu laufen. Gleich ob Sie sich mit den Menschen, die in Ihren Wohnraum kommen, verstehen oder nicht: Der Raum sollte vor allem Ihre eigene Energie (und die eventueller Mitbewohner) ausstrahlen. Einmal in der Woche ist der richtige Rhythmus für ein spirituelles »Reinemachen«, wenn Sie aber nicht so viel Zeit haben oder einmal länger nicht zu Hause sind, machen Sie es eben, wann immer es geht.

Reinigen Sie den spirituellen Raum am besten gleich mit, wenn Sie beim Saugen oder Wischen sind. Visualisieren Sie alle Energien, die nicht in Ihren Raum gehören, ins Wischwasser und den Staubbeutel. Fenster öffnen und hinauspusten funktioniert auch, leider jedoch nicht bei ordinärem Hausstaub.

Schlafzimmer

An diesem Punkt darf es ein wenig romantisch werden. Auch wenn Sie nicht gerade ein Fan der Farbe Rosa sind, können Sie die Liebeskraft dieser Farbe nutzen. Vor ein paar Jahren bekam ich ein Herz aus Rosenquarz geschenkt – damit in meinem Leben nie die Liebe fehlen sollte. Ich habe es auf meinem Nachttisch und lege es manchmal unter mein Kopfkissen.

Es muß nicht gleich ein Rosenquarz in Herzform sein, aber ein paar kleine Rosenquarze, die Sie in jedem Bastelgeschäft oder der entsprechenden Abteilung im Kaufhaus finden, tun es auch.

Große Steine eignen sich natürlich nicht, um sie unter das Kopfkissen zu legen, doch wenn sie flach genug sind, können Sie sie auch einfach unter die Matratze verfrachten. Nur möglichst nicht in der Mitte des Bettes, sonst kommen Sie sich vor wie die Prinzessin auf der Erbse.

Wo Sie Ihr Bett am besten hinstellen, ist schon fast eine Wissenschaft für sich. Da ich bereits ein halbes Dutzend mal umgezogen bin, habe ich fast jede Schlafvariante ausprobiert. Meiner Erfahrung nach gibt es nur eine Himmelsrichtung, die zum Schlafen zu anstrengend ist: den *Süden*. Dies ist nicht weiter verwunderlich, denn wer schläft schon gern feurig (schlafen hab ich gesagt ...). Das Liebesleben profitiert zwar von der Feuerkraft, kann sich daran aber auch überhitzen und zu heftigen Ausbrüchen führen, die nicht nur für heiße Liebesnächte, sondern auch für heftigen Streit sorgen können. Wenn Sie also finden, dass es in Ihrem Leben eindeutig zu langweilig zugeht, schlafen Sie mit dem Kopf nach Süden.

Wenn Sie ständig überdreht sind und unbedingt eine Pause machen müssen, probieren Sie es mit dem *Norden*. Sie werden erholsam und lang schlafen. Die Erdenergie in dieser Himmelsrichtung kann Sie wunderbar auf den Boden der Wirklichkeit zurückholen und vermittelt Ihnen innere, sozusagen bodenständige Stärke. Der Nachteil ist, dass es daraufhin in Ihrem Leben zu gemütlich werden könnte und Sie kaum noch Lust haben, einmal etwas zu riskieren oder Neues zu entdecken. Sie können übermäßiger Lethargie abhelfen, indem Sie sich die Farbe Rot ins Schlafzimmer holen, zum Beispiel in Form einer roten Kerze, die Sie abends vor dem Schlafen für einige Zeit brennen lassen.

Wenn Sie mit dem Kopf nach *Westen* schlafen, kann es sein, dass Sie prophetische Träume haben oder sich plötzlich zur alternativen Medizin berufen fühlen. In dieser Richtung werden all Ihre einfühlsamen Wahrnehmungsbereiche angesprochen und verstärkt. Wenn Sie diese Tendenz unterstützen möchten, nehmen Sie einen Spiegel mit ins Schlafzimmer, in den Sie vor dem Schlafengehen schauen und sich aussuchen, wovon Sie träumen möchten. Wickeln Sie den Spiegel in ein Seidentuch ein, nachdem Sie fertig sind. Benutzen Sie diesen Spiegel nur für diesen Zweck.

Wenn Sie gar nicht so genau wissen wollen, wer wen mit wem betrügt oder wo der Autoschlüssel der Nachbarin hin ist, können Sie den intuitiven Wahrnehmungsbereich auch etwas abbremsen, indem Sie an das Kopfende Ihres Bettes oder unter die Matratze einen kleinen Quarzkristall legen, den Sie vorher darauf programmieren, prophetische Träume und was immer Sie sonst wollen, in der Nacht von Ihnen fernzuhalten. Visualisieren Sie mit dem Kristall, um das Programm nachhaltig zu verankern.

Wenn Sie nach *Osten* schlafen, haben Sie gute Chancen, dass Ihnen eine Menge neuer Ideen kommen. Wenn Sie in einem Bereich Ihres Lebens festhängen und eine Inspiration brauchen, liegen Sie hier richtig. Verstärken Sie den Effekt wieder mit einem Kristall, den Sie in die Fensterbank legen. Sie können auch ein Mobile aufhängen und so die Windenergie einfangen. Wenn Sie nicht sehr geräuschempfindlich sind, können Sie es auch mit einem Windspiel versuchen. Ich hatte ein paar Jahre eines vor meinem Schlafzimmerfenster hängen, das mir so manchen guten Traum aus dem Wind holte.

Sollte das Kopfende Ihres Bettes nicht eindeutig in eine der vier Himmelsrichtungen zeigen, können Sie mit den Elementen für beide in Frage kommenden Richtungen spielen. Probieren Sie aus, wie sich Ihr Schlaf und der Rest Ihres Lebens verändern, wenn Sie mal die eine Energie, mal die andere verstärken.

Wenn Sie Ideen dafür brauchen, welche Richtung letztlich die richtige für Sie ist, machen Sie folgende kleine Übung.

Setzen Sie sich im Schneidersitz oder in einer anderen bequemen Haltung auf die Mitte Ihres Bettes. Damit Sie es wirklich gemütlich haben, können Sie Kissen um sich herum auftürmen und so Ihren Rücken entlasten. Legen Sie neben sich etwas zum Schreiben, damit Sie zwischendurch nicht aufstehen müssen.

Holen Sie einige Male tief Atem und gehen Sie in die Ruhe. Schließen Sie die Augen.

Stellen Sie sich vor, Sie stehen in einem hellen Raum mit weißen Wänden aus Leinwand. Sie wissen aus dem Gefühl heraus, dass jede der Wände genau in eine der vier Himmelsrichtungen weist.

Wenden Sie sich zuerst der Wand zu, die für den Osten steht, so als wollten Sie einen magischen Kreis ziehen. Sie sehen, dass sich die Leinwand leicht bewegt und ein Luftwesen dahinter zum Vorschein kommt. Sprechen Sie mit diesem Wesen und bitten Sie um Informationen darüber, was Sie erreichen können, wenn Sie mit dem Kopf nach Osten schlafen. Sammeln Sie alle Informationen, die Sie für wichtig halten. Verabschieden Sie sich von dem Wesen und bedanken Sie sich.

Drehen Sie sich nun zur Leinwand im Süden. Auch hier sehen Sie an kleinen Bewegungen, dass dahinter jemand wartet, der sich Ihnen jetzt zeigt. Sprechen Sie mit dem Feuerwesen.

Genauso machen Sie es im Westen und Norden.

Wenn Sie mit den vier Elementargeistern gesprochen haben, lassen Sie sich Zeit mit dem Zurückkommen. Lassen Sie die vier Leinwände langsam um Sie herum verblassen und kehren Sie dann bewusst in Ihren Körper zurück. Bewegen Sie Ihre Hände und Füße, öffnen Sie Ihre Augen und nehmen Sie bewusst wahr, wo Sie sich befinden. Erden Sie sich.

Am besten schreiben Sie die Informationen, die Sie erhalten haben, sofort auf. Es ist wie beim Träumen, Sie vergessen leicht, was Ihnen gesagt wurde, und Sie werden überrascht sein, dass Informationen, die heute keine große Bedeutung für Sie haben oder gar keinen Sinn ergeben, zu einem späteren Zeitpunkt außerordentlich nützlich sein können.

Wenn Sie geklärt haben, wo Ihr Bett stehen soll, können Sie noch ein Übriges tun, um einen erholsamen Schlaf zu gewährleisten. Sorgen Sie dafür, dass es in Ihrem Schlafzimmer keine Spiegel und kein laufendes Wasser gibt. Beides beschleunigt den Energiefluß im Raum. Wenn Sie unbedingt einen Spiegel im Schlafzimmer haben möchten, hängen Sie ihn an die Innenseite einer Schranktür oder verhängen Sie ihn mit einem dichten Tuch, wenn Sie ihn nicht gerade benutzen. Zimmerbrunnen verlegen Sie lieber ins Wohnzimmer oder einen anderen Raum, der mehr Energie vertragen kann.

Der Traumfänger

Wenn Sie handwerklich begabt sind, fertigen Sie sich einen Traumfänger. Im Geschäft sind sie furchtbar teuer, dabei ist es ganz einfach, sie selbst herzustellen. Vielleicht wird Ihr erster Traumfänger nicht so aussehen wie bei den Hopi, aber er wird ein unverwechselbares Original sein.

Suchen Sie sich im Frühjahr eine Weide und schneiden Sie einige etwa einen Meter lange, möglichst gerade Stecken ab (vergessen Sie nicht, die kleine Dankesgabe für die Geister dort zu lassen und sich bei dem Baum für seine Gabe zu bedanken). Die Zweige legen Sie für mindestens 24 Stunden ins Wasser, am besten in der Badewanne.

Nun nehmen Sie einen normalen Haushaltseimer (er muss nach unten etwas schmaler zulaufen) und formen aus einem Weidenzweig einen Kreis, der zwar über den Eimer passt, aber nicht über ihn hinausrutscht. Dann binden Sie den Zweig so zusammen, dass die beiden Enden fest übereinander liegen (siehe Seite 34, Abb. 1). Visualisieren Sie dabei, wie Sie die Kraft der Unendlichkeit (den Kreis) in Ihrem Traumfänger »einfangen«.

Zum Festzurren eignen sich Sehnen besonders gut, sie sind jedoch nicht überall erhältlich. Sie können es auch mit Lederresten probieren, die Sie in möglichst lange Streifen schneiden. Wenn Sie Leder nass machen, zieht es sich beim Trocknen wieder zusammen. Binden Sie also Ihre Weide mit nassen Leder-

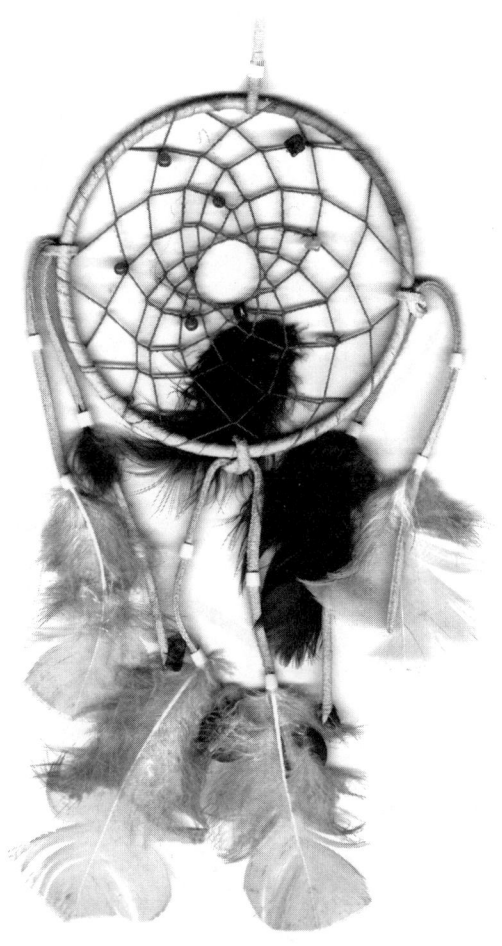

Traumfänger

streifen zusammen. Zur Not tut es auch Natur-Segelgarn oder der Zwirn aus Großmutters Nähkorb. Zwirn bekommen Sie überall, wo es Nähzubehör gibt. Wenn Sie den Kreis fertiggestellt haben, legen Sie ihn über den Eimer, bis er fest daraufsitzt und lassen Sie das Ganze gut trocknen. Sie haben jetzt einen perfekten Kreis. Für die Dekoration nehmen Sie am besten auch einen Zwirn oder Sehnen. Den Knoten fertigen Sie wie hier beschrie-

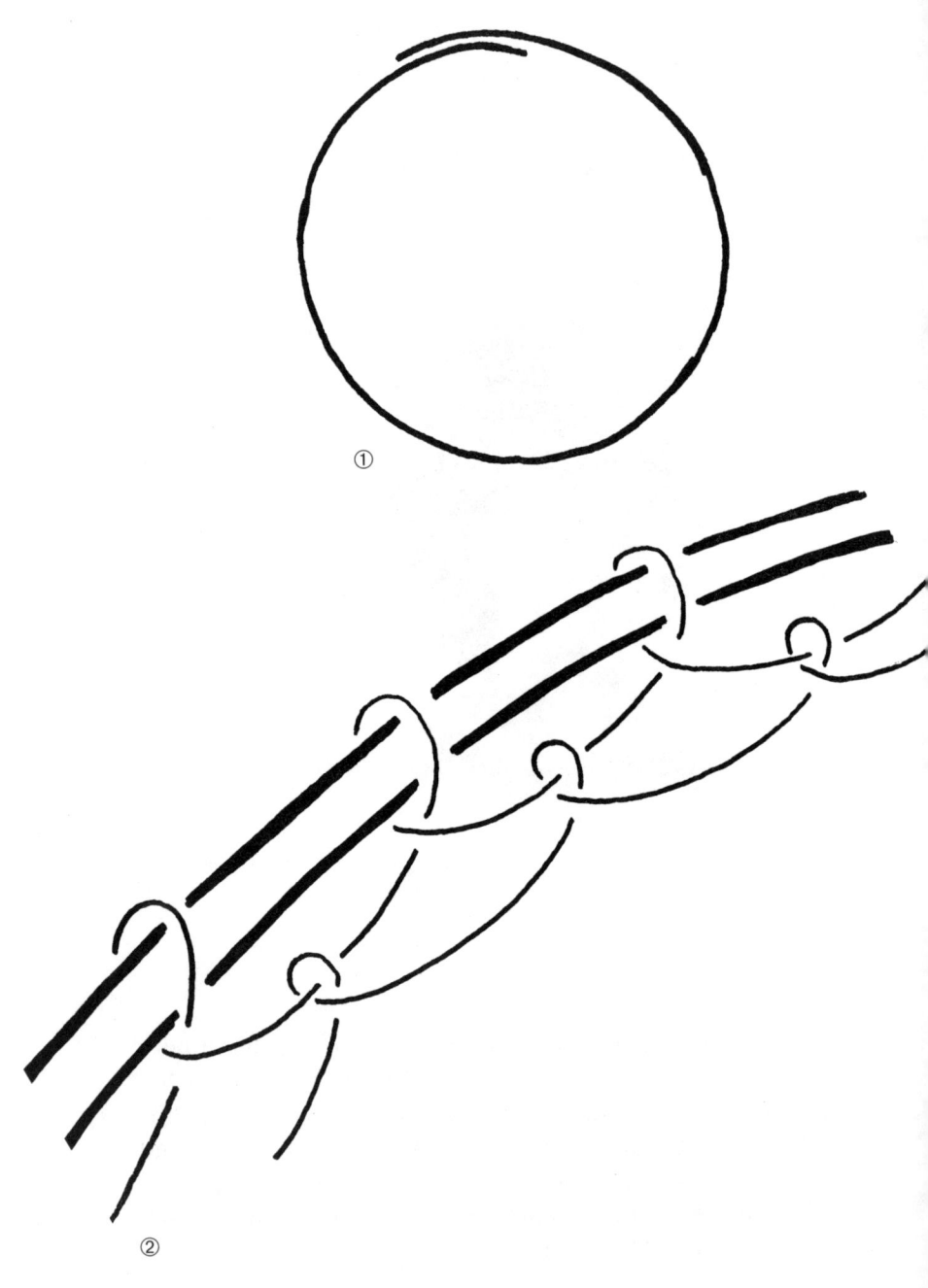

① ②

ben: Schlingen Sie zuerst eine Runde, dann geht es weiter nach innen (Abb. 2). Wenn Sie einzelne Steine, Muscheln, Federn, Schmuckstücke oder Sonstiges einweben wollen, tun Sie dies auf dem Weg ins Zentrum. Lassen Sie sich Zeit. Am günstigsten ist es, wenn Sie Ihren Traumfänger in einem Rutsch fertigstellen können. Die Energie hält dann besser zusammen. Es ist auch möglich, immer dann daran zu arbeiten, wenn Ihnen ein wichtiges Thema besonders am Herzen liegt. Wenn Sie in der Mitte angekommen sind, verknoten Sie den Faden. Umwickeln Sie die Stelle, an der sich die beiden Enden überlappen, mit Baumwollband, Leder oder Fell und machen Sie darunter eine Schlaufe zum Aufhängen fest. Hängen Sie Federn unten an den Traumfänger, die für Sie eine Bedeutung haben. Nun hängen Sie Ihr Werk über Ihrem Bett auf.

Wenn Sie keine Weidenzweige finden, ist es auch möglich, Haselnussruten für Traumfänger zu benutzen. Besorgen Sie diese aber unbedingt in den ersten Tagen des Frühjahrs, damit sie noch gerade und geschmeidig sind. Die Haselnuss gewährt nicht nur als Traumfänger Schutz, der Strauch ist an sich schon eine Pflanze mit schützenden Eigenschaften.

Sollten Sie sich einen Traumfänger kaufen wollen, hier die Adresse eines Versandhandels: »Tarot & Traumzeitung«, D-24796 Krummwisch, Tel.: 0 43 34/18 28 19, Fax: 0 43 34/18 28 24.

Badezimmer

Im Feng Shui bringen Badezimmer fast nur Probleme mit sich. Es schadet auf keinen Fall, den Toilettendeckel wenn möglich geschlossen zu halten, damit Ihre Energie nicht im Orkus verschwindet.

Ich mag Badezimmer und hatte noch keine Probleme mit ihnen. Mir gefallen solche wie bei Kleopatra: mit Pflanzen, Schmuck und vielen Badeutensilien. Nur den Sklaven mit dem Palmwedel hab ich bisher noch nicht gefunden. Doch gleich ob Sie es spartanisch lieben oder eher ausschweifend, auch in diesem Raum findet ein Pentagramm seinen Platz. Hängen Sie eines aus

Kupfer auf (es bekommt irgendwann eine grünliche Patina, Achtung giftig!) oder biegen Sie eines aus Weidenzweigen zusammen.

Im Bad lassen sich wunderbare Wasserzauber veranstalten. Hier ein paar Tipps, wie Sie die kräftige Wasserenergie im Bad ausgleichen oder verstärken können. Lieben Sie Wasser, nutzen Sie die Farben Blau und Türkis im Bad und vollziehen Sie jeden Zauber, der mit Wasser zu tun hat, in diesem Raum. Die Extraportion Energie kommt Ihnen sicher gelegen.

Wenn Sie die Wasserenergie besänftigen möchten, holen Sie Feuer ins Bad und wenn Sie nicht gleich das ganze Bad streichen wollen, holen Sie nur ein paar farbige Utensilien herein, die mit den anderen Elementen in Verbindung stehen: Kerzen oder rote Bänder für Ihr Pentagramm oder kaufen Sie zum Beispiel einen roten Toilettendeckel. Für Erdenergie eignet sich jede Art von Pflanzen. Ich bin ein Fan von Farnen jeder Art, zumal diese Pflanzen auch etwas für die feuchte Luft im Nassraum übrig haben.

Das Gute-Laune-Duschen finden Sie im Kapitel über Magie von morgens bis abends (siehe Seite 49), aber wie wäre es mit einer Abwandlung des Märchens von Goldmarie? Sie müssen dafür weder Apfelbäume schütteln noch Betten machen.

Die Reichtumsdusche

Wenn Sie unter der Dusche stehen, stellen Sie sich entspannt hin (auch hier die leicht gebeugten Knie nicht vergessen), schließen Sie die Augen und gehen Sie in die Ruhe.

Nehmen Sie die Wassertropfen auf Ihrer Haut wahr. Spüren Sie, wie sie sich langsam aus klarem Wasser in flüssiges goldenes Licht, in Gold verwandeln. Sie sind ganz und gar mit Gold überzogen, das leuchtet und funkelt. Ihre Haut atmet goldenes Licht.

Visualisieren Sie, wie das Gold langsam unter Ihre Haut sinkt, Sie können das Leuchten unter der Haut noch sehen. Wenn Sie über und über leicht golden schimmern, visualisieren Sie, wie sich in Ihren Händen, in Ihrer Börse, auf Ihrem Konto Gold ansammelt. Wenn Sie fertig sind, kommen Sie langsam in Ihren Körper zurück und öffnen wieder die Augen.

Kinderzimmer

Wenn Sie an Wiedergeburt glauben, stellen Sie sich vor, wie seltsam es sein muß, in einen neuen Körper geboren zu werden und nichts von dem zu können, was bisher mühelos gelang – wieder ganz von vorne anfangen zu müssen. Ich würde mich lauthals beschweren.

Doch selbst wenn Sie nicht an eine Wiedergeburt glauben, stellen Sie sich vor, Sie sind zu klein, um eine Tür zu öffnen oder sich den Saft aus dem Kühlschrank zu holen. Ganz schön viel Stress. Und dann noch der Kindergarten und die Schule. Erstaunlich, dass nicht schon Zweijährige einen Nervenzusammenbruch erleiden (obwohl das bei Schulkindern immer häufiger vorkommt).

Ihr Kind findet sich in seinem neuen Leben leichter zurecht, wenn Sie darauf achten, dass die vier Elemente im Raum im Gleichgewicht sind. Dabei achten Sie darauf, dass Sie bei allen Überlegungen das Temperament Ihres Sprößlings mit einbeziehen.

Wenn er oder sie ein Feuerkopf ist, hilft es, das Feuer mit Erde (Blumentöpfe oder Steine) auszugleichen. Wenn Ihr Kind sich bei den Schularbeiten nicht richtig konzentrieren kann, können Sie es unterstützen, indem Sie ihm einen entsprechend geladenen Kristall an seinen Arbeitsplatz legen oder als Anhänger schenken. Kindern, die sich oft in ihre Gefühle hineinsteigern, können Sie das Leben mit einem Sodalith erleichtern. Wenn Ihr Jüngstes zu erdenschwer ist, hängen Sie ihm ein Mobile aus bunten Federn ins Fenster.

Gerade im Kinderzimmer können Sie auch mit Farben gut einen Ausgleich schaffen. Lassen Sie sich von Ihrem Einfühlungsvermögen leiten und wenn Sie einmal nicht wissen, ob diese oder jene Maßnahme überhaupt sinnvoll ist, fragen Sie Ihr Kind. Er oder sie hat meist ein klares Verständnis dafür, was gerade nötig ist. Wenn Sie Ihr Kind aus irgendeinem Grund nicht direkt fragen können, sprechen Sie mit dem unsichtbaren Spielgefährten (siehe Seite 85) des Kindes oder mit seinem höheren Selbst.

Das höhere Selbst des Kindes befragen

> Wenn möglich setzen Sie sich zu diesem Gespräch mit dem höheren Selbst Ihres Kindes in das Kinderzimmer, sollte dies nicht möglich sein, an Ihren Kraftplatz. Schließen Sie die Augen und gehen Sie in die Ruhe. Visualisieren Sie das höhere Selbst Ihres Kindes, wie es vor Ihnen steht. Sprechen Sie mit ihm und fragen Sie nach, was es sich wünscht, was es braucht. (Auch bei Babys oder kleineren Kindern kann es sein, dass ihr höheres Selbst bereits als Erwachsener vor Ihnen erscheint. Äußeres Wachstum hat schließlich nichts mit innerer Größe zu tun.)

> Wenn Sie alle Informationen haben, die Sie benötigen, bedanken Sie sich bei Ihrem Kind und kehren in die alltägliche Wahrnehmung zurück. Erden Sie sich.

Sehr gut eignet sich diese Übung auch, wenn Sie mal nicht ganz sicher sind, ob das eine oder andere Ritual Ihrem Sprößling überhaupt nützlich sein kann. Wenn Sie im Zweifel sind, wenden Sie sich an das höhere Selbst (dies gilt im Übrigen für alle Übungen, die Sie mit gerade nicht »verfügbaren« Menschen durchführen).

Arbeitszimmer

Nicht in jedem Haushalt gibt es ein Arbeitszimmer. Die meisten Hexen arbeiten außer Haus. Deshalb mehr zu diesem Thema im

Kapitel »Bürohexen« auf Seite 97. Die dort vorgeschlagenen Zaubersprüche funktionieren im Arbeitszimmer zu Hause genauso gut wie in irgendeinem Großraumbüro.

Im Gegensatz zu einem außerhäusigen Büro haben Sie in Ihrem Zuhause mehr Freiheiten, Ihre Umgebung so zu gestalten, wie Sie es gern möchten. Nutzen Sie diese Möglichkeiten, um zum Beispiel alle Elemente in Ihrem Arbeitszimmer zu versammeln. Suchen Sie sich dafür Pflanzen, Steine, Farben und Gegenstände aus, die besonders mit Ihrem Arbeitsbereich zusammenhängen. Wenn Sie einen heilenden Beruf ausüben, bieten sich die Farbe Grün, Heilsteine und entsprechende Dekorationen an. Arbeiten Sie dagegen als Architektin, brauchen Sie viel Erde (nicht nur damit Ihre Gebäude stehen bleiben). Aber auch wenn Sie ein Element oder ein Tätigkeitsfeld besonders betonen, denken Sie daran, dass Sie sich am besten fühlen, wenn Leben und Arbeiten, Ruhe und Hektik, die Elemente und alles, was Sie an Ritualen, Meditationen und Übungen ausführen, miteinander im Gleichgewicht sind.

Die Küche

Der Küchenbereich ist für Hexen von Haus aus immens wichtig. Er erhält im Kapitel »Wein oder Wasser« auf Seite 58 die nötige Beachtung.

Der Keller

Es ist banal festzustellen, dass der Keller das Fundament eines Hauses ist. Wenn Sie in einem eigenen Haus wohnen, können Sie Ihr Untergeschoss gestalten, wie Sie möchten. Nicht nur aus praktischen Gründen bietet es sich an, alles, was Sie unterirdisch lagern, halbwegs aufgeräumt aufzubewahren. Klare Aufteilung und ordentliche Lagerung sparen nicht nur Zeit, sie fangen auch keine Energie ein, die Sie vielleicht für andere Dinge brauchen könnten.

Als chaotische Sammlerin, die alles »hamstert«, weiß ich, wovon ich spreche. Jedes Mal, wenn ich meinen Keller aufräume, bekomme ich wieder festen Boden unter die Füße. Es ist ein langsamer Prozess, ich kann aber allen Hamstern nur wärmstens empfehlen, es auszuprobieren. Vielleicht fangen Sie in einer Ecke an und wenn Sie nicht das Gefühl haben, dass sich dadurch etwas für Sie verändert, lassen Sie den Rest einfach liegen.

Doch ob Sie nun Ordnung schaffen (dazu gehört auch, nutzloses Zeug zu entsorgen) oder nicht, es lohnt sich, einen Eimer mit Erde in den Keller zu stellen, der für die Stabilität Ihrer vier Wände sorgt.

Stellen Sie den Eimer in die Mitte der Räume und setzen oder hocken Sie sich davor. Gehen Sie in die Ruhe und visualisieren Sie einen Felsen oder einen unterirdischen Berg, auf dem Ihr Haus ruht. Das Gleiche können Sie auch mit einem Kellerraum machen, der zu einem Mehrfamilienhaus gehört. Stellen Sie den Eimer in die Mitte des Kellerraums, der Ihnen zur Verfügung steht und machen Sie die Übung dort.

Der Eimer mit Erde sollte im Keller bleiben, solange Sie die entsprechende Wohnung oder das Haus bewohnen. Sie können ihn jederzeit umstellen. Schieben Sie ihn in eine Ecke, wenn er im Weg ist. Wenn Sie ausziehen, verteilen Sie die Erde an den Bäumen in der Nachbarschaft. So geben Sie etwas von der Energie zurück, die Ihnen Ihr Lebensraum gegeben hat.

Das Dachgeschoss

Meist sind Räume unter dem Dach nur zur Aufbewahrung gedacht. Das Dach eignet sich aber hervorragend dazu, einen Schutzschirm über das ganze Haus zu legen. Wenn Sie einen Raum unter dem Dach Ihr eigen nennen, hängen Sie dort ein kleines Amulett auf, das Sie für diesen Zweck anfertigen.

Sie brauchen dafür vor allem das Element Erde, das für die Stabilität Ihres Domizils steht. Besitzen Sie Steine mit Löchern? Hängen Sie einen von ihnen an ein bernsteinfarbenes Band. Flechten Sie so viele Gegenstände, wie Sie wollen, mit in das

Band, damit Sie auch andere Elemente beteiligen können. Wieder können Sie Muscheln oder Federn verwenden. Während Sie das Amulett herstellen, seien Sie sich bei jedem Gegenstand, den Sie mit einflechten, darüber im Klaren, wozu er dient: Federn für windschnelle Gedanken, Heilsteine für eine gute Gesundheit, Muscheln für ein ausgeglichenes Gefühlsleben, Kupferpfennige für genug Geld und so weiter.

Die Einrichtung

Beleuchtung und Teppiche

Die meisten von uns leben in mehr oder weniger rechteckigen Räumen. Wie jede gute Hausfrau weiß, sammelt sich in den Ecken der Staub und wo sich Staub sammelt, hängt meist auch Energie fest. Am besten lösen Sie dieses mögliche Problem, indem Sie die bewegungslose Energie wieder in Gang bringen. Eine gute Idee ist auf jeden Fall, in diese Ecken ein farbiges Mobile oder einen Kristall zu hängen. Sie können auch ein Amulett aus Federn unter der Decke befestigen, wichtig ist, dass sich dort etwas bewegt.

Mit der Lösung, einen Stuhl oder Ähnliches in diese Ecke zu stellen – wie es zum Beispiel das traditionelle Feng Shui vorschlägt – habe ich nicht so gute Erfahrungen gemacht. Zwar bringt dies die Energie im Raum in Schwung, im Vergleich leisteten beweglich aufgehängte Dekorationen aber einen besseren Dienst. Probieren Sie es einfach aus. Vielleicht funktioniert bei Ihnen die Lösung mit dem Stuhl oder einem schräg gestellten Möbelstück bestens.

Sie werden in jedem Raum bestimmte Möbelstücke stehen haben, die für ihn typisch sind: ein Bett im Schlafzimmer, ein Sofa im Wohnzimmer, vermutlich einen Esstisch in der Küche. Keine Sorge, Sie brauchen für Ihre neue Hexenwohnung keinen Überfall im nächsten Möbel-Mitnahmemarkt zu planen, um sich komplett neu einzurichten (obwohl es als Ausrede nicht schlecht ist). Benutzen Sie alles, was Sie bereits haben.

Fangen wir bei der Beleuchtung an. Kerzenlicht ist zwar jeder Hexe Traum, aber viel zu unpraktisch. Wenn Sie sich für bestimmte Farben in Ihren Wohnräumen entschieden haben, nutzen Sie zum Beispiel Deckenfluter oder andere Formen der indirekten Beleuchtung, um die jeweilige Farbe zu intensivieren. Leuchten aus Glas, gerade Tiffany-Lampen, können wie Prismen wirken und vielfarbiges Licht in einen Raum bringen, der vielleicht nicht so von der Sonne verwöhnt wird. Farbige oder getönte Birnen in den Lampen können fast unbemerkt die Energie einer bestimmten Farbe im Raum verteilen, ohne dass es kitschig oder übertrieben wirkt. Farbige Lampenschirme eignen sich ebenso.

Nur von Neonleuchten rate ich ab. Sie flackern zwar in einer Geschwindigkeit, die Sie nicht bewusst wahrnehmen, Ihr Unterbewusstsein nimmt dieses Flackern aber um so deutlicher wahr. Diese Art »nervöser«, »zappeliger« Energie ruiniert Ihnen jeden Zauberspruch. Wenn Sie mit Neonbeleuchtung arbeiten müssen, löschen Sie die Lampen zumindest so lange, wie Sie im magischen Kreis arbeiten. Falls es dunkel ist, sorgen Sie für ausreichende Kerzenbeleuchtung oder für anderes Licht.

Wenn Sie keine Teppichböden in der Wohnung haben, sondern einzelne Teppiche, achten Sie auf deren Form. Am weitesten verbreitet sind einfache viereckige Teppiche. Sie haben in dieser Form die magische Zahl Vier (zur Zahlenmagie finden Sie weiteres auf Seite 156), die unter anderem für die vier Elemente steht. So mit der alltäglichen Welt verbunden, fördern viereckige Teppiche gut den Geist, wenn Sie klares Denken und Analysefähigkeiten brauchen. In Büros, im Flur, in der Küche und in allen Räumen, wo sachliches Denken von Nutzen ist, passt diese Form besonders gut.

Wenn Sie eher Ihr Einfühlungsvermögen unterstützen möchten, legen Sie sich lieber einen runden Teppich ins Zimmer. Der Kreis steht für die Ewigkeit, für den Kreislauf des Lebens, für Energie, die sich ständig erneuert. Gleichzeitig symbolisiert er auch den Schutzkreis, den Sie beispielsweise für Ihre Rituale aufbauen. Ideal ist daher ein runder Teppich, den Sie nur für Rituale benutzen. Wenn Sie ihn nicht brauchen, rollen Sie ihn zusammen und bewahren Sie ihn wenn möglich in der Nähe Ihres Altars auf.

Ovale Teppiche eignen sich für alle Wohnbereiche. Diese Form steht für das Weltei. Diese universale Form können Sie in jedem Raum verwenden.

Möbel

Möbel können aus den unterschiedlichsten Materialien bestehen. Sie wissen am besten über Ihre eigenen Vorlieben Bescheid. Möglicherweise mögen Sie Möbel aus Holz oder Sie stehen mehr auf Edelstahl und Chrom. Was auch immer Sie bevorzugen, jedes Stück in Ihrem Haushalt können Sie magisch aufladen und benutzen.

Holzmöbel: Wenn Ihre Möbel aus Holz sind, können Sie die Energie bestimmter Hölzer für die entsprechenden magischen Rituale verwenden. Kiefernholz ist eines der am weitesten verbreiteten Hölzer im deutschen Sprachraum (zur altdeutschen Eiche komme ich gleich noch).

Die *Kiefer* steht für ein stark ausgeprägtes Gefühlsleben. Wenn Sie mit dieser Kraft in Verbindung treten, bekommen Sie Zugang zu weiteren Ebenen Ihrer spirituellen und emotionalen Entwicklung.

Buchenholz dient oft als Parkettfußboden. Dieses Holz erleichtert es Ihnen, sich körperliche Erfahrungen einzuverleiben. Alles was mit Besitz, Geld und anderen materiellen Gütern zu tun hat, ist hier gut aufgehoben. Wenn Sie beim Geldzauber also Ihre grüne Kerze auf ein Buchenbrett stellen oder auf ein Möbelstück aus diesem Holz, können Sie den Effekt Ihres Zaubers damit gut verstärken (seien Sie trotzdem vorsichtig, Holz ist nun einmal brennbar).

Weidenholz eignet sich besonders gut, wenn es um Einfühlungsvermögen, Heilung und sanften Schutz geht. Deshalb sind die Zweige dieses Baums auch ideal für die Anfertigung von Traumfängern. Einem Heilzauber, bei dem Sie dieses Holz mit verwenden, ist ein gutes Gelingen beschieden.

Auch die deutsche *Eiche* gibt es noch häufig. Die Eiche steht für große spirituelle Kraft und für Erdmagie. Traditionell entspricht dieser Baum der männlichen Kraft. Türen, die aus Eiche gefertigt sind, halten Schaden von einem Haus fern. Auch gegen Blitzschlag soll die Eiche helfen (was inzwischen allerdings wissenschaftlich widerlegt wurde), da sie in allen nordischen Kulturen den Göttern des Donners und der Blitze zugeordnet wird. Ihre Haltbarkeit macht sie zu einem hervorragenden und langlebigen Baustoff. In alten Häusern bestehen tragende Holzelemente häufig aus Eichenbohlen. So steht das Hamburger Rathaus auf Hunderten von Eichenstämmen, die im morastigen Boden verankert wurden. Eichenfrüchte, die im Haus aufgehängt werden, bieten ebenfalls Schutz. Wenn Sie ein paar davon an Ihr Treppengeländer hängen, können Sie sicher sein, dass niemand auf den Stufen stolpert.

Die *Birke* ist der traditionelle Maibaum. Ihr Holz steht für Neuanfänge und eignet sich besonders gut als Material für Kinderwiegen, da es vor bösen Geistern schützt.

Metallmöbel: Die meisten Metalle leiten hervorragend Energie. Wenn Sie sie für ein Ritual verwenden, kann dieser Umstand von großem Vorteil sein. Wenn Sie allerdings nur Möbelstücke wie Regale, Stühle, Tische oder Betten aus Metall Ihr eigen nennen, kann dies schwierig sein.

Von einem Metallbett ist auf jeden Fall abzuraten. Gleich in welcher Tradition, die Leitfähigkeit von Metall und ein erholsamer Schlaf passen leider nicht zusammen. Wenn die anderen Möbelstücke aus Metall nicht zu zahlreich sind, können Sie diese sehr schnelle, hektische Energie ausgleichen, indem Sie das Element Erde verstärken. Pflanzen aller Art sind dafür gut geeignet, besonders Farne, die eine starke Schutz- und Abschirmfunktion haben.

Die meisten Metallmöbel enthalten mehr als nur ein Metall, wie Stahl, Kupfer, Aluminium oder Messing.

Stahl ist ein relativ neues Metall, mit dem es in der magischen Tradition wenige Erfahrungen gibt. Stahl gehört zum Element Feuer und strahlt eine starke bewegte Energie aus (zu Metallen siehe auch Küchenzauber, Seite 59).

Andere Metalle dagegen haben längere magische Traditionen. *Kupfer* gehört zum Element Wasser und ist ein ungeheuer vielseitiges Metall. Sie können es für Geld- und Liebeszauber verwenden, für Heilungsrituale, als Glücksbringer und zum Schutz. Hier ein einfacher Kupferzauber, um Ihr leeres Portemonnaie aufzufüllen:

Sammeln Sie Kupfermünzen, gleich welcher Währung, und legen Sie sie in ein Marmeladenglas. Visualisieren Sie dabei, wie es Ihnen finanziell hervorragend geht. Lassen Sie Einzelheiten weg, visualisieren Sie nur, wie Sie Ihren Reichtum genießen.

Achten Sie darauf, dass das Glas nicht ganz voll ist. Füllen Sie es dann mit Kamillenblüten auf, verschließen Sie es und stellen Sie es an einen sonnigen Ort auf einer Fensterbank.

Erneuern Sie diesen kurzen Zauber jedes Jahr. Besonders gut eignen sich dazu Vollmondnächte oder die Zeit des zunehmenden Mondes. Wenn möglich wählen Sie einen Jupiter-Tag oder eine Jupiter-Stunde (siehe Seite 188).

Messing gehört zum Element Feuer und eignet sich besonders gut für alles, was mit Schutz und Heilung zusammenhängt. Große Messingplaketten schmückten früher Pferdegeschirre. Die Tiere, ihre Kutscher und Reiter sollten damit vor Krankheiten und Unfällen bewahrt werden. Ornamente aus Messing lassen sich wunderbar über Eingangstüren anbringen, oder Sie stellen einen altmodischen Stiefelknecht aus Messing vor Ihre Tür. Sollte Ihnen einmal ein Zauberspruch unterkommen, bei dem Sie mit Gold arbeiten sollen, können Sie in Ermangelung des edlen Metalls auch Messing verwenden.

Spiegel

Sie kennen sicher den Spruch, dass ein zerschlagener Spiegel sieben Jahre Unglück bedeutet. Meist sorgt die eigene Angst dafür, dass dies auch eintritt. Wenn Sie einmal das Pech haben, einen Spiegel zerschlagen zu haben, sammeln Sie einfach die Scherben zusammen und legen Sie sie in ein verschließbares Glas. Wenn Sie es ganz mit den Scherben angefüllt haben, drehen Sie den Deckel darauf und visualisieren Sie dabei, wie die Spiegelstücke alles reflektieren, was Ihnen nicht gut tut. Dann stellen Sie das Glas an ein sonniges Fenster.

Die lieben Nachbarn

Nicht immer können wir uns aussuchen, wer in die Wohnung neben uns einzieht oder neben wem wir unser neues Hexendomizil beziehen. Sind die Nachbarn liebenswert, brauchen Sie keinen besonderen Zauber, außer einem freundlichen Morgengruß. Wenn Sie allerdings einen Nachbarn erwischt haben, der sich in Ihr Leben einmischt oder zu laut ist, der einen bellenden Hund hat oder ein allzu interessantes Liebesleben, lohnt sich der eine oder andere Zauberspruch.

Bei neugierigen Nachbarn können Sie eine Abwandlung des Zaubers gegen Einbrecher von Seite 25 verwenden, denn seine Nase überall hineinzustecken ist auch eine Form des Einbruchs (in Ihren privaten Raum). Nehmen Sie wieder einen Kristall, den Sie darauf programmieren, wie die Blicke und Gedanken Ihrer Nachbarn glatt an Ihnen und Ihrem Leben vorbeigleiten. Legen Sie diesen Kristall dann in einen Blumentopf, der der Nachbarwohnung am nächsten steht. Benutzen Sie diesen Blumentopf für nichts anderes und geben Sie der darin wohnenden Pflanze regelmäßig etwas Lichtenergie (und natürlich Wasser).

Wenn Sie einen Nachbarn haben, dessen Hund laut bellt oder der selbst zu laut ist, hilft auch eine Lichtübung:

Setzen Sie sich an Ihren Kraftplatz und gehen Sie in die Ruhe.

Stellen Sie sich die betreffende Person oder das Haustier vor, wie sie bzw. es vor Ihnen steht und hüllen Sie den Lärmverursacher liebevoll in einen Lichtmantel. Die Bezeichnung »liebevoll« ist hier nicht etwa ein Witz, sondern vollkommen ernst gemeint.

Lassen Sie den Lichtfluss andauern, bis Sie das Gefühl haben, dass es vorerst genug ist. Wenn Sie dem Anderen ehrlich Gutes wünschen, wird es nicht lange dauern, bis Sie ein Ergebnis sehen.

Bei hartnäckigen Fällen kann dies dazu führen, dass der Nachbar wegzieht, weil er sich nicht mehr wohl fühlt (es gibt viele Menschen, die mit Lichtkraft nicht umgehen wollen) oder weil er niemanden mehr hat, der sich über ihn ärgert. Im Normalfall wird sich die Beziehung zu dem Nachbarn einfach besser gestalten: Er geht mit dem Hund mehr Gassi, was ihn glücklich und still macht; er stellt das Radio leiser oder hört plötzlich gern Musik, die Ihnen auch gefällt oder Sie finden plötzlich etwas, das Sie mit ihm »tauschen« können.

Unter mir wohnten einmal zwei junge Männer noch bei ihrer Mutter. Sie hörten monatelang oft so laut Musik, dass die Stifte auf meinem Schreibtisch im Takt hüpften (und meine Nerven mit). Als ich genug hatte, setzte ich mich hin und machte eine Licht-und-Liebe-Übung. Die Musik nahm nicht ab, aber am folgenden Sonntag hatte ich plötzlich um elf Uhr einen grimmigen jungen Mann vor der Tür stehen, der sich beschwerte, ich ginge auf so lauten Schuhen durch das Zimmer, dass er nicht mehr schlafen konnte (worauf ich nie gekommen wäre, weil ich – wie immer – Chinalatschen trug). Wir kamen überein, dass ich in Zukunft sonntags auf Socken laufen würde und die beiden es bei einigen wenigen richtig lauten Songs bewenden ließen – und alle waren zufrieden.

Probieren Sie es auch bei einem zu lauten Liebesleben der Nachbarn oder anderen Nervereien mit der Licht-und-Liebe-Übung. Sonst hilft nur noch Ohropax.

Magie von morgens bis abends

Mit dem richtigen Fuß zuerst aufstehen

Um es gleich vorweg zu nehmen: Wenn Sie mit dem »richtigen« Fuß zuerst aufstehen möchten, nehmen Sie den rechten (siehe oben). Damit fangen Sie den Tag an, indem Sie die Energie der Nacht als Unterstützung mit in den Tag nehmen. Wenn Sie also während der Nacht gut geschlafen und angenehm geträumt haben, setzen Sie bewusst zuerst den rechten Fuß aus dem Bett. Ein gesprochenes oder gemurmeltes »So soll es sein« unterstützt Ihre Absicht.

Wenn Sie dagegen schlecht geschlafen haben und womöglich Alpträume hatten, setzen Sie bewusst zuerst den linken Fuß auf den Boden. Machen Sie sich dabei ganz klar, dass Sie von der unverträglichen Energie der vergangenen Nacht nichts mit in den Tag nehmen wollen. Auch hier verstärkt ein »So soll es sein« gut Ihre Absicht.

Zähne putzen, fertig, los

Nutzen Sie das erste Zähne putzen am Morgen nicht nur zur Reinigung Ihrer Zähne, sondern auch, um klar in den Tag zu gehen. Während Sie Ihre Beißer und das Zahnfleisch wienern, visualisieren Sie, wie jedes Wort, das an diesem Tag aus Ihrem Mund kommt, aus Ihrem Herzen spricht. Sehen Sie sich, wie Sie aufrichtig mit allen umgehen, denen Sie an diesem Tag begegnen. Das heißt nicht, dass Sie sich wie ein Lamm verhalten sollen. Wenn Sie auf jemanden wütend sind, gehört es zur Aufrichtigkeit, dass Sie dies dem anderen mitteilen, wenn es Ihnen wichtig ist. Achten Sie aber darauf, dass Sie anderen Ihre neue Aufrichtigkeit nicht wie einen nassen Waschlappen um die Ohren hauen. Wenn Sie Ihre Zähne auch tagsüber putzen, können Sie diese Visualisierungsübung jedes Mal wie am Morgen wiederholen.

Putzen Sie abends vor dem Schlafen Ihre Zähne, lassen Sie den Tag los. Übergeben Sie die Energie des Tages an eines der Elemente, zum Beispiel an das Wasser, wenn Sie sich den Mund ausspülen. Vergessen Sie aber nicht, dabei dem Wasser zu danken und darum zu bitten, dass die Energie an passender Stelle verwandt werden möge (Sie mögen es auch nicht, wenn Ihnen jemand ohne ein erklärendes Wort seinen Müll vor die Tür schüttet).

Diese Übung lässt sich besonders gut unterstützen, wenn Sie eine Zahncreme mit Kräutern verwenden. Vorausgesetzt, es sind echte Kräuterauszüge, künstliche Aromastoffe bringen leider gar nichts, da ihnen die energetische Schwingung des Originals fehlt. Pfefferminze, die in vielen Zahncremes vorkommt, eignet sich hervorragend für eine solche spirituelle Reinigung. Ansonsten sehen Sie in der Kräuterliste auf Seite 167 nach, welche Energie aus Ihrer Zahncreme Sie besonders gern verstärken und bewusst mit in den Tag nehmen wollen.

Wenn Sie zu den Menschen gehören, die gern duschen, nehmen Sie sich eine Minute Zeit und lassen Sie das Wasser bewusst über Ihren Körper laufen. Hören Sie den kleinen Wassergeistern zu, wie sie kichernd Richtung Erde fallen. (Falls Sie jetzt denken, dass ich spinne, ist das ganz in Ordnung. Das Kichern hören Sie erst mit etwas Übung.) Aber ganz im Ernst: Jeder Wassertropfen aus der Dusche steht unmittelbar mit der Kraft der Ozeane und sintflutartiger Regenfälle in Verbindung. Nutzen Sie dies für die folgende Gute-Laune-Übung, die Ihnen neben einem guten Tagesbeginn auch etwas Übung im Visualisieren gibt.

Gute-Laune-Duschen

Wenn Sie unter der Dusche stehen, führen Sie Ihre Atemübung durch. Ein paar Augenblicke genügen völlig.

Dann richten Sie Ihre ganze Aufmerksamkeit auf die Wassertropfen, die über Ihre Haut laufen. Geben Sie ihnen alles mit, was Sie vielleicht noch vom gestrigen Tag mit sich herumtragen und lassen Sie die klare Wasserkraft in jede Pore ein.

Führen Sie diese Übung so oft und so lange wie Sie mögen durch (bald werden Sie immer sparsamer mit dem Wasser umgehen – wer schickt seine guten Freunde schon gern in den Ausguss), bis Sie spüren, wie das Wasser nicht nur um Sie herum fließt, sondern auch in Ihnen (Sie bestehen zum größten Teil aus diesem großartigen Nass). Hören Sie das Rauschen in Ihren Ohren, legen Sie die Hände über die Ohren, falls Sie es sonst nicht hören können. Es ist das Meeresrauschen.

Murmeln Sie leise vor sich hin »Alles ist gut«, gleich wer zuhört, oder sagen Sie es sich zumindest im Kopf. Vollziehen Sie diese Übung so lange wie Sie möchten. (Sagen Sie nicht »Alles *wird* gut«, dann liegt das Gute bis in alle Ewigkeit in der Zukunft.)

Falls Sie nicht der Typ fürs Duschen sind, legen Sie sich in die Badewanne und lassen Sie sich vom Wasser tragen. Lassen Sie zu, dass sich die Wassertropfen innen und außen verbinden – es ist schließlich nur eine dünne Schicht Haut zwischen ihnen. Vergessen Sie nicht, sich zu versichern: Alles ist gut.

Selbst bei der spartanischen Morgenwäsche können Sie Verbindung mit den Wassergeistern aufnehmen: Schöpfen Sie mit den Händen Wasser und spritzen Sie es sich ins Gesicht. Das erfrischt nicht nur, Sie können so auch die oben beschriebene Verbindung herstellen. Oder lassen Sie das Wasser einfach über Ihre Hände oder Arme oder Füße laufen.

Die Kleiderfrage

Sehen Sie heute alles durch eine rosarote Brille oder sehen Sie eher schwarz? Welche Farbe passt zu Ihrer Stimmung, welche ist Ihnen zu grell, zu nichtssagend oder heute einfach nicht gut?

Jede Farbe, die Sie den Tag über tragen, hat Auswirkungen nicht nur auf Sie selbst, sondern auch auf die Menschen, denen Sie begegnen. Sie fühlen sich in einem grünen Wald entspannt, also tragen Sie Grün, wenn Sie mit jemandem zusammentreffen werden, der sich in Ihrer Gegenwart entspannt fühlen soll. Sie wollen, dass Ihr Gegenüber weiß, dass Sie eine Powerfrau sind? Greifen Sie zu Rot.

An dieser Stelle ein Wort der Vorsicht: Wenn Sie von Kopf bis Fuß in Feuerwehrrot auftauchen, könnte dies »nach hinten« losgehen. Schließlich wollen Sie nicht den nächsten Weltkrieg vom Zaun brechen. Falls Sie sich nicht ganz sicher sind, welche Farbe für die wichtige Besprechung, das erste Rendezvous mit *ihm* oder den Besuch bei der kranken Tante richtig ist, nehmen Sie einige unterschiedlich farbige Kleidungsstücke hervor und legen Sie sie nacheinander auf Ihre Hand. Schließen Sie die Augen und spüren Sie, welche Art von Energie von jedem Kleidungsstück ausgeht. Schließlich kommt es nicht nur auf die Farbe an. Das kleine Schwarze tragen Sie mit ganz anderen Gefühlen als Ihren Rock für Beerdigungen, gemeinsam haben die beiden Teile nur die Farbe. Sie können hier auch wunderbar Ihr Pendel einsetzen und damit herausbekommen, welche Bekleidung für welche Gelegenheit richtig ist.

Naturstoff oder Kunstfaser

Genau genommen ist es schwierig zu sagen, was nun ein Naturprodukt ist und was ein Kunstprodukt. Schließlich werden auch die Kunstprodukte meist aus natürlichen Rohstoffen hergestellt. Praktischerweise lässt sich höchstens festhalten: Je weniger ein Stoff bearbeitet ist, desto natürlicher ist er. Damit eignen sich Naturstoffe für das Hexengewand allemal besser als allzu künstliche. Wenn Sie ein seidenes Hemd anziehen, das noch nicht einmal gefärbt ist, hat das energetisch mit Sicherheit eine andere Auswirkung, als wenn Sie ein Kunstseide-Top überwerfen, das Meilen von seinem erdöligen Ursprung entfernt ist.

Wenn Sie es eher bequem mögen, vermeiden Sie künstliche Stoffe. Stark veredelte oder künstlich bearbeitete Stoffe machen magisch zu viel Arbeit, als dass sie zum Anziehen oder gar für ein Ritual geeignet sind. Wenn Sie sie unbearbeitet verwenden, treffen Sie zu häufig mit unerwünschten Energien zusammen.

Die Mode kann es einem schon ganz schön schwer machen. Wenn Naturmaterialien gerade nicht in sind (oder Sie vom Öko-Look die Nase voll haben), bleibt Ihnen nichts anderes übrig, als die gekauften Klamotten in ein magisches Bad zu werfen und so von zahlreichen Einflüssen zu befreien, die Sie nicht hautnah abbekommen wollen. Wenn Sie Ihre neuesten Modelle in die Waschmaschine werfen können, geben Sie beim letzten Spülwasser zwei Tropfen Orangenöl und zwei Tropfen Teebaumöl dazu. Danach wenn möglich an der frischen Luft trocknen.

Was dann noch übrigbleibt, können Sie durch Visualisieren neutralisieren.

Schmuck

Schönheit kommt von innen, aber warum nicht ein wenig nachhelfen? Ketten, Ringen, Armreifen und anderen Schmuckstücken werden seit frühester Zeit magische Eigenschaften nachgesagt. Aus bearbeiteten Tierknochen, Edelsteinen und verschiedenen Metallen entstanden schmückende Ornamente, die mit der Zeit ihre magische Bedeutung zum größten Teil verloren. Königskronen oder Eheringe sind die Ausnahmen.

Die in sich geschlossene *Ring*-Form steht für die Unendlichkeit. Einheit symbolisiert auch heute noch der Ehering. Ringe binden Kraft, und wenn Sie Ihre persönliche Power gegen die schon mal erwähnten Energie-Vampire schützen wollen, können Sie einen Fingerring entsprechend programmieren und tragen.

Probieren Sie einmal aus, wie es ist, wenn Sie eine Übung mit oder ohne Ringe am Finger durchführen. Die bindende Kraft eines Ringes bedeutet auch, dass es schwerer ist, Energie von außen aufzunehmen oder zu formen. Das heißt im Klartext: Wenn Sie Ringe tragen, während Sie ein Ritual abhalten, könnte es sein, dass Sie damit Ihre magischen Kräfte verwässern. Sie laufen Gefahr, mit weniger Energie arbeiten zu müssen, als Sie ohne den Ring am Finger zur Verfügung hätten.

Bei Heilungsritualen kann es allerdings hilfreich sein, ein Schmuckstück auf dem offiziellen Ringfinger zu tragen, da ein entsprechend aufgeladener Ring den Heilungsprozess beschleunigen hilft. Sie holen sich dabei verstärkende Heilkraft aus Ihrem Heil-Ring.

Eine *Halskette* ist ebenfalls ein Ring, er hat nur einen größeren Durchmesser. Wenn Sie Anhänger an einer Kette um den Hals tragen, die bis zum Herzen reicht, können Sie je nach Stein, den Sie tragen, Ihre Herzenergie beeinflussen. Besonders bei Liebeskummer kann ein kleiner Rosenquarz oder Sodalit über dem Herzen helfen, die Traurigkeit loszulassen.

Ohrringe sind eine weitere Ringvariante. Einen Ring im Ohr zu tragen sollte dieses Organ schützen. Da wir unser Gehör nicht abschalten können (den Mund können Sie schließen, ebenso die Augen), ist dieser Sinn besonders anfällig gegen unbemerkte Einflüsse oder Einflüsterungen. Wenn Sie ein Ritual an einem Platz abhalten wollen, an dem Sie sich schlecht von äußeren Einflüssen abschotten können, programmieren Sie einen Ohrring darauf, störende Energie von Ihnen fernzuhalten.

Spüli & Co. – magische Hausarbeit

Die Hausarbeit ist ein lästiges Thema, falls Sie zu den Menschen gehören, die kein Vergnügen daran haben, den Staubsauger zu schwingen oder den Abwasch zu erledigen. Vielleicht können die folgenden Anregungen Sie jedoch dazu bewegen, diese notwendigen Übel ab und an mit Überzeugung anzugehen. Falls Sie Hausarbeit tatsächlich gern tun, wird sie Ihnen anschließend noch mehr Befriedigung bringen.

Der Abwasch

Wie schon erwähnt, lohnt es sich beim Abwasch, darauf zu achten, dass man die Bürste links herum bewegt (schließlich wollen Sie etwas loswerden). Der Schmutz läßt sich so schneller entfernen.

Eine Freundin gab mir den Tip, es einmal mit einer »Abwasch-Meditation« zu versuchen, die sie schon seit Jahren mit Erfolg durchführt. Man nehme dafür einen ganz normalen Abwasch (Sie können das Ganze auch mit jeder anderen Art von Hausarbeit bewerkstelligen). Wenn Sie mit Ihrer Aufgabe anfangen, gehen Sie mit Ihrer ganzen Aufmerksamkeit in die Arbeit, die Sie gerade erledigen. Lassen Sie sich durch nichts ablenken. Beobachten Sie, wie sich das Wasser bewegt und anfühlt, wie die ungewaschenen und abgewaschenen Geschirrteile aussehen, wie der Herd nass glänzt, wenn Sie ihn abgewischt haben. Führen Sie nicht nur eine mechanische Tätigkeit aus. Bleiben Sie von Anfang bis Ende mit Aufmerksamkeit bei der Sache. Sie werden sehen, es ist nicht so einfach, wie es aussieht – aber ungeheuer effektiv.

Staubsaugen und Fegen

Wenn Sie die Wohnung saugen, können Sie diese Arbeit hervorragend dazu nutzen, »Wind zu machen«. Sofern Sie nicht einen der modernen Staubsauger besitzen, die gar keinen Wind mehr produzieren, visualisieren Sie das Gerät als perfekte Reinigungsmaschine, die vorn verbrauchte Energie einsaugt und hinten frisch aufgemischte abgibt. Schicken Sie diese neue Energie durch Ihre ganze Wohnung, um auch den letzten Winkel neu zu beleben.

Möchten Sie den Effekt noch verstärken, streuen Sie vorher einige wohlriechende Kräuter auf Ihre Fliesen und Teppiche. Nehmen Sie Pfefferminze, wenn Sie vorrangig schützende Energie wünschen, bei Rosenblättern blüht die Liebe. Suchen Sie sich ein passendes Kraut für Ihre Anliegen aus (die magischen Kräuter finden Sie ab Seite 167).

Die Hexe ist mit dem Besen in einer langen Tradition verbunden, ritt sie doch angeblich auf ihm zu ihren geheimen Zusammenkünften. Besen sind für so manche magische Angelegenheit gut.

Stellen Sie einen umgedrehten Besen hinter Ihre Eingangstür, er wird Ihnen Glück ins Haus bringen. Wenn Sie umziehen, lassen Sie den alten Besen zurück. Ihn von Ihrem alten in ein neues Domizil zu bringen bringt Unglück. Vor eben diesem schützen Sie zwei gekreuzte Besen.

Wenn Sie den Eindruck haben, Ihre Wohnung könnte etwas frischen Wind vertragen, öffnen Sie Ihre Eingangstür, nehmen Sie einen Besen und fegen Sie schwungvoll alles zur Tür hinaus, was Sie nicht brauchen. Dabei ist es nicht wichtig, ob Sie tatsächlich den Fußboden fegen, wenn Sie zum Beispiel Teppichböden in der Wohnung haben. Entscheidend ist wie immer Ihre Absicht und der Elan, mit dem Sie den Besen schwingen.

Wäsche waschen

Wenn Sie Ihre Wäsche von unliebsamen Energien reinigen wollen, geben Sie dem letzten Spülgang einige Tropfen Teebaumöl und Orangenöl zu. Wenn Sie die Möglichkeit haben, Ihre Wäsche im Freien zu trocknen, nutzen Sie diese Gelegenheit, um sie mit der Kraft der Elemente aufzuladen. Stellen Sie sich vor Ihren Wäscheständer und visualisieren Sie zuerst die Kraft des Wassers (schließlich ist das Zeug ja nass) und wie Sie diese in Ihrem Leben umsetzen möchten. Dann machen Sie das gleiche auch mit den anderen Elementen. Wenn Sie bei der Energie des Feuers sind, können Sie auch einfach Licht visualisieren, das von Ihrer Kleidung strömt. Beim Element Luft könnten Sie sich beispielsweise vorstellen, wie frischer Wind in Ihre Gedanken kommt. Für das Element Erde brauchen Sie Ihre Sachen nicht etwa schmutzig zu machen. Da sie aus Materie bestehen, verstärken Sie einfach das Material. Geben Sie ihm Schutzkraft für Ihren Alltag.

Halten Sie kurz Ihre Hände mit der Handfläche nach unten über den Wäscheständer und visualisieren Sie, wie sich Ihre Kleidung wie eine schützende zweite Haut um Sie legt, wenn Sie sie das nächste Mal aus dem Schrank nehmen. Geben Sie noch etwas Lichtenergie dazu und Ihr Immunsystem wie Ihre Mitmenschen werden es Ihnen danken, weil Sie bester Laune in Ihren Tag gehen.

Fenster putzen

Wenn Sie Ihre Fenster mit Essigwasser putzen, laden Sie besonders die Energie des Windes ein (übertreiben Sie es nicht, schließlich wollen Sie ja keinen Sturm produzieren). Denken Sie dabei daran, beim Putzen gegen den Uhrzeigersinn zu wischen, beim Polieren dann mit dem Uhrzeigersinn. Visualisieren Sie Gedankenblitze und Inspirationen, während Sie putzen.

Einkaufen

Der Einkauf ist heikles Thema, denn wenn alles magisch miteinander verbunden ist, warum sich dann noch die Mühe machen, aus biologisch kontrolliertem Anbau zu kaufen? Schließlich läßt sich doch mit einem Fingerschnippen die Energie verwandeln.

Bei dem vielen Geschnippe werden allerdings ganz schnell die Finger wund – und wozu erst mühsam etwas gerade biegen, wenn Sie es auch gleich und bequem gerade bekommen können. Wenn Sie es ganz genau nehmen, können Sie leicht in die Lage geraten, dass Sie gar nichts mehr kaufen können, denn wer garantiert Ihnen schon, dass etwas wirklich so produziert wurde, wie die Beschreibung auf der Packung es behauptet. Lassen Sie sich von Ihrer Eingebung leiten. Auch wenn Ihnen einmal ein Ausrutscher passiert, Sie werden merken, dass Sie immer klarer spüren, welche Lebensmittel oder auch Reinigungsmittel für Ihren magischen Haushalt gut sind.

Für magische Gerichte empfiehlt es sich, ökologisch unbedenkliche Lebensmittel zu verwenden. Sie haben damit eine größere Sicherheit, was die Energie Ihrer Zutaten betrifft. Wenn Sie keine Lust auf »Ökofutter« haben, reinigen Sie Ihre Einkäufe, bevor Sie sie für ein Ritual oder ähnliches verwenden (siehe Seite 114). Wenn Sie sich nicht ganz sicher sind, ob sich etwas für ein Ritual verwenden lässt, nehmen Sie ein Pendel zu Hilfe (siehe Seite 152) und pendeln Sie aus, ob sich dieses Stoffkissen oder jene Banane für Ihr Vorhaben eignet.

Wein oder Wasser – Küchenzauber

Beim Rundgang durch das Knusperhaus habe ich bisher die Hexenküche ausgespart, nicht weil es darüber nichts, sondern vielmehr weil es dazu viel zu viel zu sagen gibt.

Schon unsere Vorfahren betrachteten die Küche als besonderen Ort, kam aus ihr doch nicht nur die Leben spendende Nahrung, die Küche beherbergte auch das Feuer. Das Feuer im Herd war für unsere Ururgroßmütter die lebendige Gegenwart der Götter. Im Feuer zeigten diese ihr Gesicht, sie demonstrierten damit ihre Macht. Feueropfer sind aus vielen Kulturen und Zeitepochen überliefert.

Feuer übt auch heute noch auf die meisten Menschen eine starke Anziehungskraft aus, wir zünden Kerzen an und sitzen gern am Lagerfeuer. Bereits kleine Kinder sind von diesem ungebändigten Element fasziniert. In unseren Breiten ist die Urkraft des Feuers nur noch in Blitzen oder in einem verheerenden Brand spürbar. Die wenigsten Haushalte haben noch ein offenes Feuer – und schon gar nicht in der Küche. Ein Gasherd kommt dem vielleicht noch am nächsten.

Wenn Sie einmal über ein Ritual lesen, bei dem man vom Kamin einen Span anzünden soll, mit dem man die Kerzen oder Lampen im Haus anzündet, nehmen Sie Streichhölzer und Ihren Gasherd. Und voilà, schon haben Sie eine offene Flamme. Beim Elektroherd ist es dagegen schon schwieriger, zu einer offenen Flamme zu kommen. Was immer Sie auch auf dem Elektroherd ankokeln könnten, es wäre viel zu (brand-)gefährlich. Die Besitzerinnen von Elektroherden bleiben besser bei einer einfachen Kerze, die sie in der Küche anzünden. Holen Sie sich von dort Ihr Feuer für den Rest der Wohnung. Während Sie in Ihrem Hexenkessel rühren, können Sie Ihre Energie besonders gut mit Hilfe einer braunen Kerze stärken. Wenn Sie mögen, gewöhnen Sie sich einfach an, die Kerze anzuzünden, sobald Sie in der Küche etwas vorbereiten. Visualisieren Sie dabei kurz, wie zusätzliche Erdenergie in Ihre Mahlzeit fließt.

Geschirr und Besteck

Jede halbwegs eingerichtete Küche hat eine Vielzahl von mehr oder weniger nützlichen Gegenständen, mit denen Sie Ihr Essen zubereiten. Um es gleich vorweg zu sagen: Lassen Sie Plastikgeschirr und -besteck weg, ihre Energie ist so stark ver- und bearbeitet, dass sich die Einflüsse auf Ihre Suppe schlecht abschätzen lassen.

Ein Plastiklöffel kann aus Hunderten verschiedener chemischer Bestandteile zusammengesetzt sein, deren Herkunft nicht unbedingt nachzuvollziehen ist. Bei einem naturbelassenen Holzlöffel wissen Sie dagegen, woraus er besteht. Probieren Sie einfach aus, welche Art von Besteck Ihnen liegt. Dies können Sie zum Beispiel mit einer »Löffel-Meditation«:

Nehmen Sie einen Löffel (oder anderen Küchengegenstand) mit an Ihren Kraftplatz, von dem Sie sich nicht sicher sind, ob Sie ihn benutzen sollten.

Entspannen Sie sich, schließen Sie die Augen und gehen Sie in die Ruhe.

Nehmen Sie den Küchengegenstand in die Hand und lassen Sie Ihre Aufmerksamkeit in ihn hineinfließen. Lassen Sie sich dabei viel Zeit. Beobachten Sie nur, was Sie wahrnehmen. Betrachten Sie Bilder, die kommen, bewerten Sie nichts. Wenn Sie genug gesehen haben, legen Sie den Gegenstand aus der Hand.

Kehren Sie allmählich in Ihre alltägliche Wahrnehmung zurück, stellen Sie sicher, dass Sie wieder ganz im Hier und Jetzt sind und öffnen Sie die Augen. Schreiben Sie Ihre Erfahrungen auf. Sie können diese Übung mit beliebig vielen Gegenständen durchführen, ich empfehle Ihnen allerdings, nicht zu viele Gegenstände auf einmal zu betrachten.

Folgen Sie den Eingebungen, die Sie erhalten, und beobachten Sie, was sich daraus ergibt. Wenn Sie sich nicht sicher sind, ob es eine gute Idee ist, einen bestimmten Gegenstand, ein bestimmtes Gewürz, Gemüse oder eine Frucht zu verwenden, lassen Sie es sein.

Utensilien aus Holz, Metall, Keramik oder Email sind schon eher berechenbar. Bei Holz können Sie davon ausgehen, dass Sie mit dem entsprechenden Kochlöffel das Element Erde mit in Ihr Ratatouille rühren. Wenn Sie noch entsprechende Gemüse, Gewürze und Kräuter wählen, können Sie sich bestens erden. Wenn Sie Ihre Lebensmittel mit Metalltöpfen in Berührung bringen, kommt es darauf an, welches Metall beteiligt ist. Eine Pfanne aus Gusseisen zum Beispiel gehört zum Element Feuer und wird vom Mars beherrscht. Wenn Sie Ihr Gericht in so einem Topf anrühren, können Sie zusätzlich die schützende, erdende, stärkende Kraft dieses Metalls mit in die Nahrung holen. Wenn Sie ein Küchensieb aus Eisen besitzen, hängen Sie es in der Küche auf, um sowohl die Köchin als auch die Lebensmittel und zubereitete Gerichte vor unliebsamen Einflüssen zu schützen. Das gleiche Sieb können Sie auch verwenden, wenn Sie noch keinen Traumfänger für Ihr Schlafzimmer haben (der verhindert, dass sie unter Alpträumen leiden). Legen Sie das Sieb unter Ihr Bett oder hängen Sie es über Nacht neben dem Kopfende Ihres Bettes auf. Störende Energien und böse Träume bleiben buchstäblich in den Maschen oder Löchern hängen.

Benutzen Sie Stahl oder eine Legierung, sollten Sie herausfinden, welches andere Metall darin noch verarbeitet ist. Stahl gibt es noch nicht sehr lange, so dass es relativ wenige Erfahrungen mit diesem Element gibt. Der Tradition nach schützt Stahl gegen Geister und vor allem Elfen (nicht nur die netten kleinen Flatterwesen aus dem Bilderbuch, die größere Variante kann erheblich unangenehmer sein, besonders, wenn sie sich schlecht behandelt fühlt). Das Metall hat außerdem eine ähnliche Schutzfunktion wie Eisen. Probieren Sie es einfach mal aus. Bereiten Sie gleiche Gerichte in unterschiedlichen Gefäßen zu und achten Sie darauf, was für eine Energie Sie spüren. Sie werden vermutlich nicht nur einen Unterschied zwischen verschiedenen Behältnissen herausfinden, sondern auch Unterschiede an verschiedenen Tagen der Woche, zu bestimmten Mondphasen und Jahreszeiten.

Bevor Sie nun die Flinte ins sprichwörtliche Korn werfen, nehmen Sie auch diese Regeln nicht *zu* ernst. Spielen Sie damit, denn das Kochen soll Ihnen auch weiterhin Spaß machen.

Wenn Sie einen Zinnbecher besitzen, zum Beispiel für Bier, benutzen Sie ihn einmal für eine Weissagung. Sie füllen ihn in diesem Fall nicht mit Alkohol, sondern mit klarem Wasser

Setzen Sie sich damit an Ihren Kraftplatz und zünden Sie eine Kerze an, die in der Farbe zu Ihrer Frage passt. Beobachten Sie einen Augenblick lang Ihren Atem, schließen Sie die Augen und gehen Sie in die Ruhe.

Sehen Sie in den Zinnbecher und denken Sie an Ihre Frage. Lassen Sie Bilder aus dem Wasser aufsteigen. Wenn es nicht gleich beim ersten Mal klappt, probieren Sie es einfach wieder. Auch diese Art der Wahrnehmung will geübt sein.

Kupfertöpfe und -pfannen sehen in der Küche nicht nur besonders gut aus. Das Metall gehört zum Element Wasser und wird von der Venus beherrscht. Sie können Kupfer in der Küche auch für fast jede Art von Ritual nehmen, ob es um Schutz, Heilung, Glück im Allgemeinen, Liebe oder Geld geht. Probieren Sie einmal ein Ritual aus, bei dem Sie nachher in einem Kupfertopf ein Essen zubereiten. Unterstützen Sie dies wieder mit den entsprechenden Kräutern und Zutaten – und Sie sind nicht mehr zu bremsen.

Man nehme ...

Jeder Bestandteil der Nahrung, die wir täglich zu uns nehmen, erhält unseren Körper. Wir sind, was wir essen – und wie wir essen. Ich bin keine Vegetarierin, esse allerdings kein Fleisch, das industriell »produziert« oder bearbeitet wurde. Die physische und energetische Qualität des Fleisches ist mir bei der Verdauung zu anstrengend. Mein Körper braucht zu viel Energie, um es zu verarbeiten. Wenn ich mir dann noch vorstelle, wie die Tiere leben und sterben, ist es mit meinem Appetit endgültig vorbei.

Vor ein paar Jahren fragte mich einer meiner Lehrer, wie ich darauf käme, dass der Salat oder mein Broccoli nicht auch etwas empfindet. Diese »Empfindungen« mögen nach menschlichen Maßstäben möglicherweise nicht messbar sein, aber wenn wir davon ausgehen, dass wir mit allen Wesen die gleiche Energie, die gleiche Erde und die Elemente teilen, teilen wir nach den Regeln der Magie und der Logik auch *ein* Bewusstsein mit ihnen. Nachdenklich machte ich daraufhin eine schamanische Reise zu den Pflanzengeistern, die mir freundlich mitteilten, es sei schließlich ihre Aufgabe, uns Zweibeiner am Leben zu erhalten, dies sei ihr Anteil an dem Kreislauf, zu dem wir gemeinsam gehörten. So viel Großzügigkeit bei so viel menschlicher Unachtsamkeit finde ich nach wie vor atemberaubend.

Gewürz und Kraut, Kaffee und Tee

Mit *Pfeffer* (Element Feuer) und *Salz* (Element Erde) läßt sich fast jedes Essen würzen. Interessanter wird es, wenn Sie mit anderen, vielleicht weniger vertrauten Gewürzen experimentieren. Dafür besorgen Sie sich am besten einen Mörser und einen Stößel, mit denen Sie Gewürze mischen und zerkleinern können.

Die meisten Gewürze und Kräuter gehören zum Element Feuer oder zur Luft. Wenn Sie also einen Ausgleich zu anderen Elementen schaffen möchten, geben Sie zum Beispiel ein luftiges Gewürz zu Kartoffeln, um die Erde etwas zu erleichtern. Genauso können Sie zur Suppe ein feuriges Gewürz geben, um das Element Wasser auszugleichen. Auch hier geht Probieren über Studieren. Fügen Sie Ihre Beobachtungen Ihrem Kochbuch – falls Sie über eines verfügen – hinzu oder schreiben Sie Ihre Entdeckungen in Ihr magisches Tagebuch.

Besonders in Weihnachtskeksen schmeckt eine Prise Anispulver (Element Luft, Planet Jupiter) gut, Sie können es aber auch zu vielen asiatischen Gerichten geben. Da der Geschmack sehr intensiv ist, probieren Sie es erst einmal mit einer Prise.

Dieses Gewürz passt zu allen Gerichten, die mit Liebe und dem Festigen einer Beziehung zu tun haben.

Basilikum (Element Feuer, Planet Mars) verarbeite ich am liebsten im Sommer, wenn ich die aromatischen Blätter auf meiner Fensterbank ziehen kann. Zu anderen Jahreszeiten bekommen Sie in den meisten Supermärkten zwar inzwischen auch frisches Basilikum, da dieses aber oft lang unterwegs gewesen ist, verwässert sich seine Energie. (Generell gilt: Je kürzer ihr Transportweg, desto mehr haben Sie von der Frucht, dem Gemüse oder Gewürz. Bei getrockneten oder anderweitig konservierten Lebensmitteln gilt das Gleiche, es sei denn, Sie haben etwas selbst haltbar gemacht und dabei mit der Energie aufgeladen, die Sie sich in diesem Gewürz oder Gemüse wünschen.)

Basilikum ist ein gutes Allround-Gewürz, das Sie zu allen Gerichten geben können, die mit Liebe, Schutz oder Geld zu tun haben.

Schon meine Großmutter bestand darauf, dass hart arbeitende Schulkinder mindestens zweimal in der Woche Fisch essen sollten, weil dies gut fürs Gehirn sei. Regelmäßig gab sie im Sommer frischen und im Winter selbst getrockneten *Dill* (Element Feuer, Planet Merkur) zum Fisch. Sie sagte, der Dill sei gut für unsere grauen Zellen. In der Tat macht Dill Sie geistig wach. Eine Fisch-Dill-Mahlzeit eignet sich besonders gut, wenn Sie nach dem Essen noch arbeiten müssen (zum Beispiel im Büro). Geben Sie dieses Kraut außerdem zu den Gerichten, die Ihre Aufmerksamkeit in der alltäglichen oder der Anderswelt stärken sollen.

Sie kennen *Kümmel* (Element Luft, Planet Merkur) nur als Mittel gegen Magenbeschwerden? Lassen Sie sich dieses unscheinbare Gewürz nicht entgehen, wenn Sie eine Liebesbeziehung auffrischen wollen. Visualisieren Sie beim Kochen mit Kümmel eine heiße Liebesnacht. Sie werden schon sehen, was Sie davon haben.

Die Blätter des *Lorbeerbaums* (Element Feuer, Planet Mars) wurden schon in der Antike verwandt, wenn auch nicht immer zum Essen. Geben Sie ein Lorbeerblatt zu allen Gerichten, die mit Heilung, Reinigung und Schutz zu tun haben. Legen Sie sich ein Lorbeerblatt unters Kopfkissen, wenn Sie sich Träume wünschen, die Ihnen auf bestimmte Fragen Antworten geben sollen. Vergessen Sie nicht, zusätzlich zu visualisieren.

Mit *Nelken* (Element Feuer, Planet Jupiter) sollten Sie sparsam umgehen, besonders bei Nelkenpulver reicht meist eine kleine Prise aus. Geben Sie dieses Gewürz allen Gerichten bei, die mit Liebe, Geld oder Schutz zusammenhängen. Wir kennen Nelken hauptsächlich in süßen Speisen. Auch Reis schmeckt jedoch vorzüglich, wenn Sie ihn mit etwa sechs ganzen Nelken kochen.

Dank der italienischen Küche ist uns *Oregano* (Element Luft, Planet Merkur) inzwischen zum vertrauten Gewürz geworden. Sie wollen Frieden zwischen Freunden stiften? Würzen Sie die Versöhnungspizza kräftig mit Oregano (verzichten Sie dabei allerdings auf Fleisch, da dessen starke Feuer-Energie Ihnen sonst dazwischenfunkt).

Pfeffer (Element Feuer, Planet Mars) können Sie fast jedem Gericht beigeben, selbst in Süßspeisen gibt Pfeffer eine pikante Note (probieren Sie einmal grünen Pfeffer im Obstsalat aus). Seine feurige Natur macht ihn bestens für Gerichte geeignet, die mit Schutz und Reinigung in Verbindung stehen.

Zimt (Element Feuer, Planet Sonne) können Sie nicht nur benutzen, wenn Sie abnehmen wollen (ein Nachtisch, der mit Zimt gewürzt wird, schmeckt süß, auch wenn Sie weniger Honig oder Zucker beigeben). Auch er gehört zu den Gewürzen, die für einen Liebeszauber gut sind. Zusammen mit einem Apfel (siehe unten) ist er besonders wirkungsvoll.

Knoblauch: Durch die Einwanderer aus südlichen Ländern haben auch im deutschsprachigen Raum viele Menschen die Vorzüge des Knoblauchs entdeckt. In der Magie gehört Knoblauch zum Element Feuer, das vom Mars beherrscht wird. Wenn Sie auch nicht von Vampiren verfolgt werden, lohnt es sich trotzdem, eine Prise der Knolle an Gerichte zu geben, die für Schutz sorgen sollen (außerdem freuen sich Ihre Arterien und Ihr Immunsystem darüber).

Honig: Der Honig ist ein besonderer Stoff. Von Tieren hergestellt, wie Milch, gehört Honig zum Element Luft und wird von
der Sonne beherrscht. Schon bei unseren Vorfahren war er als
Süße in zahlreichen Speisen hoch geschätzt. Sie können ihn in
allen Ritualen einsetzen, bei denen es um Liebe und Sexualität
geht (nicht umsonst heißt die Hochzeitsreise im Englischen
honeymoon, übersetzt Honigmond).

Da Honig trotz seiner Süße antiseptisch wirkt, wirkt er – aufgelöst in heißer Milch – nicht nur bei Heiserkeit wahre Wunder.
Sie können ihn auch bei jedem Ritual verwenden, in dem es um
Reinigung, Schutz und Heilung geht. Medizin muss eben nicht
immer bitter schmecken. Wie bei vielen anderen Zutaten gilt
auch beim Honig: Je weniger er bearbeitet ist, desto unver-
fälschter ist seine Energie, mit der Sie arbeiten können. Es lohnt
übrigens nicht, Honig durch Zucker zu ersetzen. Zucker (vor allem raffinierter) ist so stark verarbeitet, dass seine Energie wenig
Nutzen bringt. Zudem gibt Zucker als Nahrungsmittel wenig
her: Der Energieschub einer Zuckerration verfliegt schnell wieder und Sie brauchen den nächsten (Zucker-)Kick. Im Gegensatz
zum Honig kann Zucker abhängig machen.

Tee: Wenn es möglich ist, stellen Sie Ihre Kräutertees selbst zusammen. So wissen Sie genau, was in Ihren Becher kommt. Falls
Sie keine Möglichkeit haben, lose Kräuter zu kaufen, befreien
Sie sie zumindest aus ihren Teebeuteln, wenn Sie das Getränk
für ein magisches Ritual benutzen (beim Frühstückstee können
Sie sich den Aufwand sparen). Damit Sie nicht die kleinen Kräu-
terkrümel mittrinken, benutzen Sie einen Teefilter aus Papier
oder hängen einen Kaffeefilter in Ihren Becher, in den Sie die
Kräuter geben (der Nachteil dabei ist, dass Sie jeweils immer nur
eine Trinkportion herstellen können).

Schwarzer Tee ist für magische Zwecke nur bedingt geeignet.
Sie können ihn in Maßen benutzen, wenn Sie für ein Ritual besonders wach sein wollen. Die anregende Wirkung können Sie
verlängern, indem Sie etwas Milch in den Tee geben.

Wie bei jedem Stoff, der abhängig macht, ist aber auch bei Tee
Vorsicht geboten. Auch wenn wir es normal finden, dass Men-

schen erst nach mehreren Tassen des dunklen Gebräus »in die Pötte« kommen, lässt sich nicht verleugnen, dass zuviel Tee ungesund ist. Wenn Sie in eine Abhängigkeit geraten, verläuft sich Ihre magische Kraft wie Wasser durch ein Sieb.

Kaffee: Für Kaffee gilt Ähnliches wie für Tee. Allerdings ist die energetische Schwingung von Kaffee noch kräftiger als die von Tee. Wenn Sie also wach bleiben müssen, trinken Sie eine Tasse Kaffee (wundern Sie sich allerdings nicht, wenn Sie später um so müder werden). Auch bei Kaffee gilt, dass eine Abhängigkeit von dem Getränk dafür sorgt, dass Sie es für magische Unternehmungen nicht mehr nutzen können.

Rezepte von Liebestrank bis Geldkeks

Ein Liebestrank

Als Liebestrank empfehle ich Traubensaft (Sie können auch Rotwein verwenden), den Sie zu einer Art Glühwein verarbeiten. Sie brauchen außer dem Saft etwas Zimt, die Schale einer unbehandelten Orange und zwei rote Kerzen.

> Legen Sie alle Zutaten, einschließlich Ihrer Küchengeräte, auf dem Küchentisch bereit. Segnen Sie die Geräte und alle Zutaten. Während Sie den Trank zubereiten visualisieren Sie Ihren Wunsch deutlich. Achten Sie darauf, sich selbst als liebende und liebenswerte Person zu visualisieren. Nur so wird der oder die Richtige auf Sie aufmerksam werden. Visualisieren Sie eine bereits bekannte Person nur, wenn zu ihr schon eine Beziehung besteht.

> Geben Sie einen Liter Traubensaft in einen Topf und erhitzen Sie ihn (nicht kochen). Wenn möglich nehmen Sie einen Topf aus Email, er kann auch aus Metall sein, wenn Sie keinen anderen besitzen.

Während der Saft warm wird, legen Sie die Hände darüber und spüren die aufsteigende Wärme.

Schließen Sie die Augen und gehen Sie in die Ruhe.

Öffnen Sie Ihren magischen Kreis. Sie können an dieser Stelle die alten Liebesgötter und -göttinnen zu Hilfe holen. Rufen Sie Aphrodite, Venus oder Freya und wenden sich dann wieder dem Herd zu.

Die Wärme unter Ihren Händen ist pure Liebesenergie. Spüren Sie, wie sie im Topf tanzt. Hören Sie es wispern, lachen, kichern (und kichern Sie ruhig mit). Die Kraft der Liebe ist pure Lebensfreude, tauschen Sie diese Kraft aus und spüren Sie, wie liebenswert Sie sind. Sagen Sie es sich immer wieder (nur Sie hören es). Visualisieren Sie sich als glücklichen, geliebten und liebenden Menschen, ohne sich auf einen bestimmten Partner festzulegen.

Öffnen Sie langsam die Augen (und achten Sie darauf, dass Ihr Saft nicht kocht). In den heißen Traubensaft geben Sie etwas Zimt, zwei Löffel Honig und die abgeriebene Schale der Orange. Schließen Sie den Topf mit einem Deckel oder einem Holzbrett und stellen Sie den Herd ab.

Schließen Sie wieder für einen Augenblick die Augen und visualisieren Sie, wie sich alle Zutaten miteinander verbinden und dabei ihre Kraft vervielfältigen. Sie haben einen starken Liebestrank gebraut.

Öffnen Sie Ihren Kreis.

Wenn Sie sofort von Ihrem Getränk kosten möchten, gießen Sie sich einen Becher ein, stellen Sie ihn zwischen die beiden roten Kerzen und zünden Sie diese an. Nehmen Sie das Getränk mit beiden Händen und halten Sie es zwischen Ihre Kerzen. Visualisieren Sie eine wärmende, allumfassende und – wenn Sie wollen – auch leidenschaftliche Liebe. Und dann prost! Während Sie den Saft trinken, visualisieren Sie sich wieder als liebenswerten Menschen.

Falls Sie noch nichts von dem Liebestrank zu sich nehmen möchten, lassen Sie ihn langsam abkühlen. Im Kühlschrank ist das Getränk für mindestens eine Woche haltbar. Trinken Sie abends vor dem Zubettgehen einen Becher des aufgewärmten Getränks und vergessen Sie nicht, jedes Mal wenn Sie etwas davon zu sich nehmen, Ihr Ziel zu visualisieren.

Wenn Sie Ihren Liebestrank für andere zubereiten, weisen Sie auf jeden Fall darauf hin, dass es sich nicht um einfachen Traubensaft handelt.

Obstsalat und Liebesapfel

In der wärmeren Jahreszeit nehmen die meisten Menschen nicht so gern heiße Getränke zu sich. Wie wäre es also statt des glühenden (Liebes-)Weins mit einem anregenden Obstsalat aus Äpfeln, Aprikosen, Bananen, Nektarinen, Orangen, Pfirsichen, Ananas, Himbeeren und Erdbeeren. Wählen Sie jeweils die Früchte aus, die zur Jahreszeit passen. Streuen Sie etwas Zimt über das Ganze, süßen Sie mit Honig und geben Sie eventuell etwas Kirschgeist hinzu.

Wie wäre es mit einem Liebesapfel? Wie wirksam diese so unschuldig aussehenden Früchte sind, wissen wir seit Adam und Eva. Im günstigsten Fall nehmen Sie sich für dieses Ritual eine Woche Zeit, möglichst bei zunehmendem Mond. Besorgen Sie sich sieben Äpfel, für jeden Abend einen.

Vor dem Zubettgehen nehmen Sie den ersten Apfel in die Hand.

Schließen Sie kurz die Augen und gehen Sie in die Ruhe.

Öffnen Sie die Augen wieder, ritzen Sie in die Schale des Apfels mit dem Fingernagel ein Herz und essen Sie ihn. Denken Sie daran, währenddessen klar Ihren Wunsch zu visualisieren.

Geldgrießbrei

Die meisten Kinder essen ihn gern, den guten alten Grießbrei. Erinnern Sie sich noch an das Märchen vom Töpfchen, das nicht stehen bleiben wollte und immer weiter kochte, das Überfluss ohne Ende produzierte? Ihr Geldgrießbrei soll zwar nicht überkochen, er eignet sich aber bestens für einen gesunden Geldsegen. Sie brauchen dafür eine Packung Grieß, Milch, einen Topf und einen flachen Teller oder ein großes Brett.

Stellen Sie alles vor sich auf den Tisch, schließen Sie die Augen und gehen Sie in die Ruhe.

Öffnen Sie langsam die Augen wieder und schütten Sie den Grieß in den Teller oder auf das Brett. Breiten Sie ihn gleichmäßig aus. Während Sie sich selbst sehen, wie Sie Ihren Wohlstand genießen, malen Sie mit einem Finger je nach Nationalität das Wort »D-Mark«, »Schilling« oder »Franken« in den Grieß («Euro« tut's natürlich auch). Halten Sie Ihre Hände darüber und lassen Sie Energie in den Grieß fließen, bis Sie spüren, dass er völlig aufgeladen ist.

Danach bereiten Sie Ihren Geldgrieß nach der Anleitung auf der Grießpackung zu. Während Sie den Brei essen, visualisieren Sie wieder Ihren Wohlstand. Himbeersirup schmeckt übrigens köstlich dazu. Diese Art von Wohlstandszauber können Sie auch mit jeder anderen Art von Getreide zelebrieren.

Schutzsuppe

Bei diesem Küchenzauber geht es darum, den persönlichen Schutz auf allgemeiner Ebene zu verbessern. Falls Sie Schutz in einer bestimmten Situation oder gar vor einem bestimmten Menschen benötigen, ist es besser, zusätzliche Maßnahmen ins Auge zu fassen. Der Suppenzauber ersetzt nicht den Anruf bei der Polizei oder der Selbsthilfeorganisation, wenn Sie zum Beispiel gemobbt, verfolgt oder geschlagen werden. Einen wirkungsvollen Abwehrzauber gegen derartige Übergriffe sollten Sie erst nach einem solchen Anruf und möglichst gemeinsam mit einer erfahrenen Hexe vollziehen.

Es gibt zahlreiche Gemüsearten und Früchte- und Getreidesorten, die sich für einen Schutzzauber eignen. Ich habe einige ausgesucht, die einfach zu besorgen sind und deren Zubereitung nicht viel Arbeit erfordert.

Experimentieren Sie auch einmal mit einer Mischung aus verschiedenen Gemüsen und Kräutern. In diesem Fall habe ich mich für Broccoli, Porree, Paprika, Kartoffeln und Tomaten entschieden. Eines dieser Gemüse ist immer erhältlich. Achten Sie darauf, möglichst Gemüse und Früchte der Saison zu kaufen, sie haben nicht nur mehr Inhaltsstoffe, sondern auch mehr Energie, gleich ob Sie sie für einen Schutzzauber oder einen Liebestrank brauchen.

Für die Suppe stellen Sie wieder alle Zutaten bereit. Wenn Sie nicht genau wissen, wie viel Gemüse Sie für eine bestimmte Menge Suppe brauchen, sehen Sie im Kochbuch nach. Die Mengenangaben dort können Sie ohne weiteres nicht nur bei diesem Gericht übernehmen.

Stellen Sie sich entspannt vor den Tisch mit den Zutaten (denken Sie an die leicht gebeugten Knie), schließen Sie die Augen und gehen Sie in die Ruhe.

Spüren Sie die goldene Schutzglocke, die über Ihrer Wohnung liegt, füllen Sie sie auf und polieren Sie sie auf Hochglanz. Nun spüren Sie Ihr persönliches goldenes

Schutzei (nicht lachen, es existiert). Am einfachsten geht dies, indem Sie sich die Sonne vorstellen, die mit ihren goldenen Strahlen beide Schutzschilde auflädt, bis sie strahlend hell und golden sind.

Schließen Sie in diesem goldenen Licht Ihren magischen Kreis, wenn Sie die Kraft des Rituals verstärken wollen. (Wenn Sie nicht völlig ungestört sind, es nicht für nötig halten oder zwischendurch etwas anderes machen wollen, lassen Sie diesen Teil des Rituals einfach weg. Denken Sie daran, dass Sie nicht aus dem Kreis heraus treten sollten, wenn Sie ihn einmal geschlossen haben.)

Halten Sie jetzt beide Hände über Ihre Zutaten und lassen Sie das goldene Licht fließen, bis alle Zutaten davon eingehüllt sind.

Öffnen Sie die Augen und bereiten Sie die Suppe zu. Waschen und zerkleinern Sie das Gemüse. Wenn Sie eine Tomatensuppe zubereiten, schneiden Sie die harten Strünke heraus, sie stören später in der Suppe. Geben Sie alles in den Topf und geben Sie etwa einen halben Liter Wasser dazu. Besonders sinnvoll ist es, statt simplem Leitungswasser Wasser zu verwenden, das Sie bereits am Vorabend abgefüllt haben und dem Sie einen Schutzstein (zum Beispiel einen entsprechend programmierten Kristall) beigegeben haben.

Lassen Sie das Gemüse kochen, bis es gar ist und geben Sie nach Geschmack Knoblauch (für magische Zwecke nur frischen), Pfeffer und eine Messerspitze Senf dazu.

Visualisieren Sie Standfestigkeit, Sicherheit und Schutz in das Gericht.

Rühren Sie die Suppe ab und zu im Uhrzeigersinn um und lassen Sie sie etwa eine halbe Stunde kochen. Nehmen Sie nun einen Pürierstab und rühren Sie Ihre Suppe damit glatt. Um die volle Kraft Ihres Gerichts zu erhalten, lassen Sie Verfeinerungen wie Sahne weg.

Falls Sie einen magischen Kreis gezogen haben, öffnen Sie ihn an dieser Stelle. Die goldene Schutzglocke bleibt bestehen.

Während Sie von der Suppe essen, visualisieren Sie, wie sich Ihr Körper stärker fühlt, Ihr Geist wach ist und wie Ihr spiritueller Schutzmantel hell leuchtet.

Heiltee

Haben Sie immer Salbei, Pfefferminze und Kamille im Haus. Diese Kräuter sind vielfältig verwendbar und preiswert. Wenn Sie sie in dunklen Gläsern aufbewahren, halten sie sich über Monate. Kaufen Sie trotzdem nicht zu viele Vorräte auf einmal, da die Kraft der Pflanzen mit der Zeit nachläßt.

Wenn Sie spüren, dass eine Erkältung im Anzug ist, »brühen« Sie dagegen an. Nehmen Sie zu gleichen Teilen Salbeiblätter, Minze und Kamille und gießen Sie die Kräuter mit heißem, aber nicht kochendem Wasser auf.

Während Sie den Tee etwa vier Minuten ziehen lassen, halten Sie Ihre Hände über den Dampf, atmen Sie den Duft der Kräuter tief ein und visualisieren Sie sich als gesund und kräftig.

Gießen Sie den Tee ab und trinken Sie ihn heiß. Dabei visualisieren Sie wieder, wie wohl und gesund Sie sich fühlen.

Der magische Snack: Bananen-Jogurt für den Geist

Falls Sie zu den Menschen gehören, die morgens keine großen Mahlzeiten vertragen, beflügelt dieser Jogurt Sie für den Tag. Besonders wirkungsvoll ist diese Speise, wenn Sie den Jogurt selbst herstellen. Wenn Sie ihn kaufen, nehmen Sie das Glas oder den

Becher kurz zwischen die Hände, bevor Sie den Jogurt auf Ihren Teller geben. Visualisieren Sie seine kraftvolle Energie. Nehmen Sie eine flache Dessertschale und schneiden Sie Bananenscheiben hinein (die beflügeln Ihren Geist). Streuen Sie passende Gewürze darüber, zum Beispiel Zimt, Nelken oder Anis. Geben Sie einen Teelöffel Honig dazu – fertig ist Ihr magischer Snack.

Freundschaftskuchen

Nach vielem Ausprobieren komme ich immer wieder auf ein Rezept zurück, das in seinem Ursprung von Scott Cunningham aus seinem Buch *The Magic in Food* stammt (die Variante unten ist eine Abwandlung des Originals). Es ist denkbar einfach und ich habe noch nichts Schmackhafteres oder Besseres in dieser Richtung entdeckt. Für diesen sogenannten »Friedlichen Cidre-Kuchen« benötigen Sie:

300 Gramm Mehl
125 Gramm Zucker
2–3 Eier
$^1/_2$ Teelöffel Backpulver
je $^1/_4$ Teelöffel Muskat und Zimt
$^1/_2$ Tasse Cidre (Apfelwein)

Legen Sie alles bereit, segnen Sie Ihre Zutaten und Arbeitsgeräte und legen Sie los. Da es sich hier um einen länger dauernden Vorgang handelt, ist es besser, keinen magischen Kreis zu ziehen, denn Sie könnten zu leicht unterbrochen werden. Eine starke Vision von Ihrem Wunsch reicht aus.

Mischen Sie zuerst das gesiebte Mehl und das Backpulver miteinander, während Sie sich als friedliche und freundliche Person visualisieren. Geben Sie den Zimt und die Muskatnuss dazu (gut macht sich auch eine Prise Nelkenpulver, das sonst eher zu den Gewürzen für Liebeszauber gehört). Eine Prise Salz sorgt nicht nur für guten Geschmack, sondern auch für angemessene Erdung.

Rühren Sie die weiche Butter, die Eier und den Zucker in einer großen Rührschüssel schaumig. Dann geben Sie immer abwechselnd etwas von der Mehlmischung und von der halben Tasse Cidre dazu. Sie beginnen mit der Mehlmischung und hören auch damit auf. Vergessen Sie nicht, während des Rührens (im Uhrzeigersinn) zu visualisieren.

Backen Sie den Kuchen bei etwa 220 Grad für eine Stunde (er darf innen nicht mehr klebrig sein).

Teilen Sie den Kuchen mit lieben Freundinnen und Freunden oder verschenken Sie ihn zu einem Fest oder als Mitbringsel, wenn Sie eingeladen werden. Während Sie Ihren Kuchen essen, visualisieren Sie sich als einen Menschen, der mit anderen freundschaftlich verbunden ist.

Nahrungsmittel, die Sie meiden sollten

Meiden Sie stark bearbeitete Nahrung aus der Dose oder Tiefkühlkost. Auch die Mikrowelle ist magisch gesehen keine gute Angelegenheit. Als Faustregel gilt: Je mehr Sie Ihre Speisen aus frischen Produkten zubereiten, desto wirkungsvoller sind sie. Bei Heilritualen sollten Sie darauf achten, dass Sie keine Zutaten ins Essen mischen, die Ihrer Absicht zuwiderlaufen (auf Fertig- und Dosengerichten sind die Zutaten zwar relativ genau angegeben, wie sie auf Sie wirken, wissen Sie deshalb noch lange nicht).

Wenn Sie keine andere Wahl haben und nur Tiefkühlkost oder Fertiggerichte zur Verfügung haben, geben Sie zumindest einige

Kräuter hinzu und machen Sie sich die Mühe, jede Mahlzeit vor dem Essen zu segnen (siehe auch »Bürohexen«, Seite 104).

Wenn wirklich gar nichts mehr geht und Sie auf Schokoriegel oder das allseits bekannte Koffein-Getränk aus der Dose zurückgreifen, kann es sein, dass Ihnen nach so einer Mahlzeit nicht soviel Energie wie sonst zur Verfügung steht. Wenn Sie also ein ausgefeiltes Ritual vorhaben, lassen Sie Chips und Limo lieber weg.

Grünlilien, Schmusetiger und andere Hausgenossen

Für diejenigen, die zwar gern im Grünen hausen würden, aber die dafür notwendige Million im Lotto noch nicht gewonnen haben, gibt es zahlreiche Möglichkeiten, die Natur ins Haus zu holen.

Im traditionellen Hexengarten gibt es eine Reihe von Pflanzen, die sich nicht für die Wohnung eignen: Bäume, Sträucher und andere Gewächse, die nicht auf eine Fensterbank oder einen Balkon passen. Mit etwas Geschick lassen sich aber auch diese ins Hexendomizil bringen.

Zauberhafte Hauspflanzen

Wenn Sie mehrere Pflanzen derselben Gattung haben, probieren Sie einmal einen Schutzzauber mit Pentagramm aus. Stellen Sie fünf Pflanzen einer Art (wenn dies nicht möglich ist, nehmen Sie eben verschiedene Sorten) so auf, das sie ein Pentagramm bilden. Jede Pflanze markiert dabei eine Spitze des Sterns. Lassen Sie im Zentrum des Pentagramms genug Platz, damit Sie sich dort bequem hinlegen können. Wo Sie diese Übung machen, ist nicht so wichtig, falls Sie an Ihrem Kraftplatz nicht genug Raum zum Liegen haben, machen Sie diese Übung, wo es eben geht.

Legen Sie fest, wo bei Ihrem Pentagramm Oben ist und legen Sie sich mit Ihrem Kopf in diese Richtung. Strecken Sie nun Ihre Arme und Beine so aus, dass sie jeweils genau auf eine Pflanze zeigen. Sie bilden jetzt mit Ihrem Körper ein Pentagramm.

Schließen Sie die Augen und gehen Sie in die Ruhe. Werden Sie sich allmählich der Lebensenergie der Pflanzen um Sie herum bewußt und danken Sie ihnen für Ihre Anwesenheit.

Visualisieren Sie genau über Ihrem Scheitel eine golde-ne Lichtkugel. Schicken Sie das Licht von dort in Ihren rechten Fuß, von dort in Ihre linke Hand, dann in die rechte, in Ihren linken Fuß, in den rechten und zurück zum Kopf. Lassen Sie die Lichtenergie fließen, bis Sie einen Rhythmus gefunden haben und weitermachen können.

Erweitern Sie nun das Pentagramm und nehmen Sie die Pflanzen als Endpunkte für den Lichtstern. Gehen Sie dabei behutsam vor. Verweben Sie die Lichtenergie vor-sichtig mit der Ihrer Pflanzen. Visualisieren Sie, wie Ih-re Pflanzen nur so vor Kraft strotzen, wie sie Ihre Woh-nung und ihre Bewohner schützen.

Wenn Sie sich und die Pflanzen genug aufgeladen ha-ben, halten Sie die Lichtkugel über Ihrem Kopf an und lassen sie langsam wieder verblassen.

Kehren Sie in Ihr alltägliches Wachbewußtsein zurück und bleiben Sie noch einen Augenblick liegen, um die Übung nachwirken zu lassen.

Wenn Sie wieder ganz im Hier und Jetzt sind, setzen Sie sich auf. Nehmen Sie die Pflanzen und stellen Sie sie in der ganzen Wohnung als Pentagramm auf, wenn Ihre vier Wände dies zulassen. Stellen Sie sich dafür vor, Sie vergrößern das Pentagramm auf dem Fußboden auf die ganze Wohnung.

Sie können diese Übung noch unterstützen, indem Sie entspre-chend programmierte Steine in die Pentagramm-Blumentöpfe legen.

Eine Pflanze für alle Gelegenheiten ist die *Grünlilie*. Sie ist nicht nur eine entschieden anspruchslose Mitbewohnerin, sie ist auch gut gegen eine Reihe von Wohngiften und daher besonders für

Büros geeignet. Nutzen Sie die Grünlilie auch als Pflanze zum Schutz gegen spirituelles und magisches Chaos. Lassen Sie sich von dieser Pflanze in Ihrer Aufmerksamkeit unterstützen.

Meine Lieblingshauspflanze habe ich schon erwähnt: den *Farn*. Der Nestfarn beispielsweise ist besonders für den Schutz von Babys und Kindern geeignet. Andere Farne eignen sich für jede Art von Schutz.

Ebenso gute Schutzpflanzen sind *Kakteen*. Stellen Sie in jeder Himmelsrichtung einen auf, verzichten Sie allerdings im Schlafzimmer darauf. Sonst kann es Ihnen passieren, dass sich Ihr Liebesleben plötzlich ungewollt abkühlt. Wenn Sie dagegen einen zu heißblütigen Liebsten etwas bremsen wollen, schenken Sie ihm einen Kaktus.

Wenn Sie ruhig schlafen wollen, stellen Sie einen *Ficus benjamini* oder einen anderen *Gummibaum* in Ihr Schlafzimmer. Sie sorgen für eine erholsame Nachtruhe.

Palmen im Haus sorgen für eine Stärkung Ihres Geistes und helfen bei religiösen Ritualen.

Efeu hat stark schützende Eigenschaften, die er sowohl im Freien entfaltet, wenn Sie ihn am Haus pflanzen, als auch im Haus als Topfpflanze.

Auch die *Aloe-Vera*-Pflanze eignet sich hervorragend zum Schutz. Stellen Sie sie dafür möglichst in der Nähe der Eingangstür auf, wenn Sie keine unangenehmen Besucher wünschen oder an einem Fenster, das auf die Straße hinausgeht, von der die »Störenfriede« kommen könnten.

Wenn es Ihnen an Geld fehlt, pflanzen Sie ein paar *Tulpen* im Garten oder auf dem Fensterbrett. Mit Schnittblumen habe ich in diesem Zusammenhang nicht so gute Erfahrungen gemacht, weil ihnen zuviel Energie buchstäblich »abgeschnitten« wird.

Tipps und Tricks
Wenn Sie eine Pflanze kaufen möchten und sich für keine bestimmte entscheiden können, bitten Sie die Pflanzen, dies für Sie zu tun. Eine kurze Meditation vor oder in dem Geschäft hilft. Behandeln Sie Ihre Pflanzen wie Ihre Freunde.

Für magische Pflanzen eignet sich Gießwasser besonders gut, in dem ein Bergkristall liegt. Laden Sie ihn mit allem auf, was für Sie und Ihre Pflanzen gut ist.

Magische Bäume

Traditionell gehören Bäume wie die Eiche, die Esche oder der Weißdorn zu den magischen Pflanzen. Sie läßt sich allerdings schwer im Wohnzimmer ziehen.

Eiche: siehe »Möbel«, Seite 44

Esche: In der nordischen Tradition trägt dieser Baum die Welt. Die Weltesche Yggdrasill verbindet Unter-, Mittel- und Oberwelt miteinander. Ihre Wurzeln stehen im Reich der Unterweltgöttin Hel, in der Mittelwelt – nahe dem Stamm – leben die Menschen und in der Oberwelt – der Krone – die Götter und Göttinnen. Nach der nordischen Überlieferung war auch der erste Mann aus diesem Holz (die erste Frau war aus Ulmenholz, siehe unten).

Weil die Esche im Zentrum des Lebens steht, bringt es Unglück, sie ohne wichtigen Grund zu schlagen. Wenn Sie aber ein Stück Eschenholz von einem bereits geschlagenen Stamm nehmen, um daraus einen Zauberstab herzustellen, ist dies in Ordnung (den Dank wie immer nicht vergessen).

Haselnuss: Dieser Strauch steht für Weisheit und Schutz. Wer seine Nüsse ißt, soll sogar die Sprache der Tiere verstehen lernen. Aus den Zweigen dieses Strauchs lassen sich besonders gut Wünschelruten anfertigen. Jede Art von Weissagung gelingt besser, wenn ein Stück dieses Holzes beteiligt ist, ebenso gut ist Haselnuß für Schutzzauber geeignet. Wenn Sie zum Beispiel einen Traumfänger aus diesem Holz herstellen, gibt er besonders guten Schutz. Nehmen Sie dafür nur junge, frische Zweige, damit sie sich noch gut biegen lassen (siehe Seite 32).

Ulme: Die erste Frau soll einer nordischen Sage nach aus Ulmenholz gewesen sein. Der Baum steht auch für die vorchristliche dreifaltige Göttin, die als junge Jägerin, fruchtbare Mutter und weise Alte erscheint. Aufgrund dieser Verbindung zur Figur der weisen Alten gelten Särge aus Ulmenholz als besonders gut, weil sie die Verstorbenen sicher in das Reich der Großen Mutter bringen.

Schlehe: Unter Schlehen wohnen Elfen, heißt es in Irland. In Südengland ist traditionell der Stecken einer Weisen Frau aus diesem Holz. Eine Schlehe zu schlagen bringt Unglück, weil es die Erdgeister verärgert. Schlehenwein oder Marmelade aus dieser Frucht ist gut für jede Art von Schutzzauber, vor allem gegen schwarze Magie.

Weide: Die Weide gilt als Baum der weiblichen Energie, sie gewährt Schutz und sanfte Heilung. Aus ihren biegsamen Zweigen lassen sich besonders gut Traumfänger herstellen (siehe Seite 32). Mit Blättern oder Zweigen einer Weide lassen sich kleine Medizinbeutel gegen Unwohlsein und Krankheit füllen.

Weißdorn: Dieser dornige Busch hat ähnliche Qualitäten wie die Schlehe. Auch unter ihm wohnen Elfen, die allerdings besser gelaunt sein sollen als ihre Verwandten unter den Schlehen. Jede Art von Schutzzauber gelingt mit Hilfe eines Weißdorns besonders gut. Ähnlich wie bei der Schlehe sollten Sie auch diesen Busch möglichst nicht fällen.

Hexenkräuter

Gegen alles ist ein Kraut gewachsen, heißt es so schön, und was wäre eine Hexe ohne ihre geheimnisvollen Kräuter? Kräuter gelten heute nicht mehr als geheimnisvoll, dafür wird ihre Wirkung um so mehr geschätzt. Ich stelle hier eine Auswahl von Kräutern vor, die im Alltag leicht zu besorgen, vielseitig verwendbar und ungefährlich sind. Wenn Sie tiefer in die Geheimnisse der magischen Kräuter eindringen und sie vielleicht selbst sammeln möchten, lohnt es sich, ein gutes Nachschlagewerk zu diesem Thema zu erstehen. Wenn Sie dieses Wissen mit einem speziellen Buch über Kräutermagie kombinieren, finden Sie gute Anhaltspunkte für Zaubersprüche jeglicher Art.

Borretsch: Dieses sehr würzig schmeckende Kraut sollten Sie im Salat nur sparsam verwenden. Wenn Sie allerdings Mut zu einer Entscheidung oder Auseinandersetzung brauchen, langen Sie beim Borretsch ordentlich zu.

Johanniskraut: Extrakte aus Johanniskraut sind bei Niedergeschlagenheit ebenso hilfreich wie eine Mischung aus Baldrian und Johanniskraut. Leiden Sie allerdings länger unter schlechter Laune oder fühlen Sie sich depressiv, suchen Sie unbedingt eine Ärztin oder einen Arzt auf und doktern Sie keinesfalls an sich selbst herum. Bei allen magischen Schutzritualen können Sie Johanniskraut hinzunehmen.

Kamille: Tee aus Kamillenblüten ist seit frühester Zeit ein gutes Mittel gegen Magenverstimmung. Spülungen aus Kamille wirken antiseptisch und beruhigend. Wenn Sie Kamille (in Maßen) verbrennen, hilft Ihnen der Rauch beim Einschlafen. Außerdem unterstützt Kamille jede Art von Wohlstandsritual.

Katzenminze: Ihre Katze wird Sie anhimmeln, wenn Sie Ihr dieses Kraut nach Hause bringen. Lassen Sie sie mit einigen Blättern spielen. Stärken Sie Ihre Verbindung mit Ihrem Haustier durch entsprechendes Visualisieren. Mischen Sie die Katzenminze ebenfalls in Kräutermischungen, die für einen Liebeszauber gedacht sind.

Löwenmaul: Sie haben eine Besprechung vor sich und wollen sicher gehen, dass Ihr Gegenüber nicht das Blaue vom Himmel lügt? Wenn es die passende Jahreszeit ist, stellen Sie einen Strauß Löwenmäulchen auf den Tisch. Wenn Sie Ihrem Kind diese Blumen vor das Fenster pflanzen, fällt es dem Sprößling leichter, bei der Wahrheit zu bleiben.

Pfefferminze: Tee aus Pfefferminzblättern erfrischt, wenn Sie allerdings ein frisches Blatt zwischen den Fingern zerreiben und daran riechen, hat dies die Wirkung einer Schlaftablette. Minze können Sie im Haus oder in der Wohnung als Räucherwerk verbrennen, wenn Sie einen Schutzzauber zelebrieren möchten.

Ysop: Dieses Kraut können Sie allen Kräutermischungen beigeben, bei denen es um Schutz und Reinigung geht. Für Kräuterbäder dieser Art eignet sich der Ysop besonders gut.

Vierbeiner und Flattertier

Tierische Helfer sind jeder Hexe willkommen, besonders die schon sprichwörtlichen schwarzen Katzen. Wenn Sie in einer Etagenwohnung leben, kann dies allerdings bedeuten, daß Sie sich gegen ein Haustier entscheiden, weil dies wegen der beengten Verhältnisse in Tierquälerei ausarten würde. Überlegen Sie sich also gut, ob sie sich einen Vierbeiner zulegen.

Wenn Sie bereits ein Haustier haben, werden Sie feststellen, dass sie stark auf magische Rituale oder Übungen reagieren, besonders Katzen. Mein Kater hat zum Beispiel die Angewohnheit, bei Reiki-Einweihungen wildfremden Menschen auf den Schoß zu springen und es sich schnurrend gemütlich zu machen. Wundern Sie sich also nicht, wenn Sie plötzlich von Haustieren oder auch Kindern umringt sind, die etwas von Ihrer Energie »abbekommen« wollen.

Während Sie ein Ritual durchführen, darf durchaus eine Katze durch den Kreis spazieren, da sie für gewöhnlich nichts durcheinanderbringt. Wenn Sie allerdings mit einem wilden Kater gesegnet sind und nicht ständig eine Pfote aus Ihrem Räucherwerk vertreiben wollen, sperren Sie den Stubentiger lieber aus.

Hunde sind häufig irritiert und ein wenig zu neugierig. Da sie es nicht gewohnt sind, ihre Pfoten so vorsichtig zu setzen wie Katzen, bringen sie schneller Unordnung in Ihr Ritual und gehören für dessen Dauer in ein anderes Zimmer. Vor allem wenn Ihr Hund zu freudigem Gebell neigt, ist seine Anwesenheit eher von Nachteil.

Vögel sind meist kein Problem, wenn sie in einem Käfig leben (hier haben eher die Tiere das Problem des Eingesperrtseins). Wenn Ihre gefiederten Freunde sehr lebhaft sind, lassen Sie sie lieber nicht während eines Rituals fliegen, damit es kein Unglück mit den Kerzen gibt. Amulette mit (ausgefallenen) Federn Ihres Vogels lassen sich besonders leicht herstellen. Sie brauchen dafür die Federn nicht mehr zu reinigen, da Ihre Energie und die des Tieres bereits miteinander verbunden sind.

Schutzzauber für Hund und Katze

Wenn Ihr Liebling ein Halsband hat, besorgen Sie sich einen kleinen Stein, der sich besonders gut als Schutz für das Tier eignet. Lassen Sie sich von Ihrer Intuition leiten oder nehmen Sie einen der Steine, die im Kapitel über magische Gegenstände auf Seite 171 aufgelistet sind. Kaufen Sie im Tiergeschäft eine kleine Kapsel (in der sonst die Adresse des Tierhalters aufbewahrt wird) oder nehmen Sie einen Stein mit einem Loch, den Sie selbst an das Halsband hängen können. Achten Sie aber unbedingt darauf, dass der Stein trotzdem klein genug bleibt. Sie wollen weder dem Tier einen Mühlstein am Hals zumuten, noch neugierige Mitmenschen animieren, sich damit zu beschäftigen.

Nehmen Sie den Stein mit an Ihren Kraftplatz und wenn Ihre Katze bzw. Ihr Hund mitmacht, auch das Tier. Halten Sie den Stein in einer Hand. Wenn Ihr Tier neben Ihnen ist, legen Sie ihm eine Hand auf.

Schließen Sie die Augen und gehen Sie in die Ruhe.

Visualisieren Sie, wie der Stein in Ihrer Hand Ihr Tier vor allem schützt. Sehen Sie Ihr Tier mit dem Stein am Halsband fröhlich und sicher herumtollen.

Wenn Sie fertig sind, nehmen Sie den Stein noch einmal in beide Hände und pusten Sie kräftig darauf, während Sie »So soll es sein« denken.

Kehren Sie in Ihre alltägliche Wahrnehmung zurück und befestigen Sie den Stein am Halsband.

Die Hexenfamilie

Hexenvermehrung

Auch Hexen vermehren sich und gründen Familien. Wenn die Hexe sich also zur »Vermehrung« entschieden hat, kann sie einiges tun, um dem Kinderwunsch magisch nachzuhelfen. Den folgenden Fruchtbarkeitszauber sollten Sie aber nur anwenden, wenn Sie sich wirklich Kinder wünschen.

Sie brauchen etwas Baumwollwatte, einen kleinen Amethyst, eine kleine halbe Geode (eine Art Steinei, in dem sich Kristalle befinden; am häufigsten sind Amethystgeoden, die allerdings recht teuer sein können). Ihre Geode sollte groß genug sein, um den kleinen Amethyst und etwas Watte darin unterzubringen.

Nehmen Sie das Zubehör mit an Ihren Kraftplatz. Machen Sie es sich bequem und führen Sie Ihre Atemübung durch, bis Sie ruhig und entspannt sind.

Schließen Sie nun den magischen Kreis. Rufen Sie in diesem Fall die Muttergöttinnen (siehe Seite 224) herbei, damit sie Sie bei Ihrem Vorhaben unterstützen können.

Nehmen Sie in die eine Hand Ihren Amethyst und in die andere die Geode. Führen sie die beiden langsam zusammen und visualisieren Sie dabei, wie Sie schwanger sind. Spüren Sie, wie es sich anfühlt.

Legen Sie den Stein in die Geode und bedecken Sie ihn so mit Watte, dass er nicht mehr herausfallen kann. Schließen Sie einen Augenblick Ihre Hände um diese Kristallgebärmutter und spüren Sie die Kraft Ihres Wunsches.

Heben Sie Ihre Hände mit der Geode über Augenhöhe hinaus und zeigen Sie den Göttinnen, um was Sie bitten. Legen Sie das Kristallei auf Ihren Altar/Kraftplatz und öffnen Sie den magischen Kreis.

Legen Sie die Geode in Ihrem Schlafzimmer in die Nähe des Bettes. Sobald Ihr Kind geboren worden ist, vollziehen Sie ein kurzes Dankesritual, bei dem Sie die Watte und den kleinen Amethyst aus der Geode herausnehmen. Sie können diesen Stein gut als Schutzstein für Ihr Kind verwenden.

Kinder

Wenn Sie Ihren Lebensraum mit Kindern teilen, können Sie die magische Energie auch für sie nutzen. Im Kinderzimmer können Sie ohne weiteres ein paar Heinzelmännchen brauchen, nicht nur zum Aufräumen. Mal ganz im Ernst, haben Sie nicht auch früher mit unsichtbaren Spielgefährten Ihren Spaß gehabt? Erinnern Sie sich noch an sie?

Der unsichtbare Spielgefährte

Setzen Sie sich abends, wenn Ihr Kind schläft, vor Ihren Kraftplatz auf den Boden oder auf einen Stuhl und führen Sie erst einmal die Atemübung von Seite 113 durch. Schließen Sie den Kreis. Diesmal brauchen Sie keinerlei Handwerkszeug.

Zünden Sie eine Kerze an, wenn es für Sie dazugehört.

Wandern Sie mit Ihren Gedanken ins Kinderzimmer und stellen Sie sich vor das Bett Ihres Nachwuchses. Halten Sie Ihre Hände, als wenn Sie darin einen Schmetterling halten. Zwischen Ihren Händen entsteht ein goldenes Licht, und wenn Sie die Hände öffnen, wächst es und Sie lassen es über Ihr Kind fließen, bis es ganz davon eingehüllt ist. (Eine so einfache Lichtübung können Sie für jeden Menschen durchführen, auch ohne vorher um Erlaubnis zu fragen, denn wer dieses Licht nicht möchte, wird es einfach an sich »ablaufen« lassen.)

Als nächstes wünschen Sie sich einen Spielgefährten für Ihr Kind, wenn es noch einen braucht, oder einfach einen Beschützer und Begleiter. Auch in diesem Fall ist es in Ordnung, wenn Sie Ihrem eigenen Wunsch folgen. Ihr Kind hat sich Ihnen anvertraut und Sie haben eine Verantwortung übernommen. Nur wenn sich Ihr Vorhaben falsch anfühlt, lassen Sie es sein.

Lassen Sie dem Wesen Zeit, sich eine Form zu suchen, die Ihrem Kind gefallen würde. Was auch immer es ist, ein Tier, ein Mensch, groß oder klein, verändern Sie es nicht. Es ist nicht Ihre Aufgabe, diesem Wesen ins Handwerk zu pfuschen. Bitten Sie darum, dass es auf Ihr Kind aufpaßt. Und wenn Sie einmal überhaupt nicht weiterwissen mit Ihrem Sprößling (auch wenn er oder sie inzwischen dem Teenageralter entwachsen sein sollte), reden Sie mit dem Begleiter Ihres Kindes. Sie werden vielleicht nicht immer die Antwort zu hören bekommen, die Sie gern hätten, aber immer eine ehrliche Meinung.

Für Ihre Jüngsten ist es immer wichtig, einen guten Schutz zu haben. Daher ist es »erlaubt«, für sie einen Zauber zu zelebrieren – im Gegensatz zum Zauber für andere Erwachsene.

Führen Sie die Übung mit dem goldenen Schutzmantel (siehe Seite 118) auch für Ihre Kinder durch. Wenn Sie noch ein Übriges tun wollen, suchen Sie für jedes Kind einen Schutzstein aus, mit dem Sie ein Schutzritual durchführen. Laden Sie dabei den Stein mit allen guten Wünschen und Gaben auf. Danach legen Sie den so programmierten Stein Ihrem Kind unter die Matratze. Frischen Sie den Schutzzauber ab und zu auf.

Beulen, Kratzer und Gebrüll

Es ist so sicher wie das Amen in der Kirche: Kinder haben Beulen und einige Sprößlinge nehmen sich nicht einmal die Zeit, die schmerzenden Flecken von Blau über Grün und Gelb verblassen zu lassen, bevor sie sich neue zuziehen. Wenn Sie unterwegs sind, haben Sie immer ein Fläschchen Rescue-Tropfen aus dem Bachblütensortiment dabei. Geben Sie kleinen Kindern nur ein oder zwei Tropfen (am besten wirken sie sofort verabreicht), Schulkindern zwei bis drei und erwachsenen »Kindern« bis zu vier. Blaue Flecken können Sie gut mit etwas Massageöl und ätherischen Ölen behandeln. Für den Abend nehmen Sie einige Tropfen Lavendelöl (beruhigend) dazu (denken Sie daran, dass es immer sinnvoller ist, eine Unterdosis zu geben als eine Überdosis), tagsüber ist Rosmarinöl (anregend) besser geeignet. Während Sie das Öl sanft einmassieren, visualisieren Sie, wie sich der blaue Fleck auflöst (abgesehen davon, dass Mamis Aufmerksamkeit und liebevolle Hände ein Übriges tun).

Kratzer und größere Wunden – natürlich – erst vernünftig versorgen, gleich ob nur ein Pflaster nötig ist oder ein Arztbesuch. Sie können die Heilung unterstützen, indem Sie ein Lichtpflaster auf die Wunde visualisieren. Dabei ist es gar nicht nötig, dass Ihr Jüngstes bei Ihnen ist. Sie können sich abends entspannt (soweit möglich nach dem »Aua«-Kindergebrüll) an Ihren Kraftplatz setzen. Gehen Sie kurz in die Ruhe und legen Sie ein leuchtend goldenes »Pflaster« auf die Wunde Ihres Kindes. Diese Mini-Visualisierung lässt sich auch ohne Kraftplatz an jedem anderen Ort durchführen. Wenn Ihr Kind beispielsweise im Krankenhaus liegt, können Sie eine Lichtmeditation am Bett vollziehen.

Wie auch Väter zaubern können

Im Prinzip genauso wie Mütter. Vielen Männern ist allerdings beim Umgang mit dieser Art von Energie nicht wohl zumute. Wenn es den einen oder anderen Mann jedoch interessiert, kann er die Rituale und Übungen in diesem Buch genauso ausführen wie Frauen. Vermutlich wird es ihm bei den Göttern und Göttinnen leichter fallen, sich bei ersteren wiederzufinden (deshalb finden sich auf der Liste nicht nur weibliche Gottheiten). Auch hier ist Mut zum Ausprobieren gefragt und schließlich ist nichts gegen einen Familienzauber einzuwenden, besonders die Jahreszeitenfeste lassen sich wunderbar mit der ganzen Familie feiern.

Für Väter, die sich für den Schutz und das Wohlergehen ihrer Familie einsetzen wollen, eignet sich ein Ritual, bei dem der Vater sich einen Krieger zum Schutz seiner Lieben holt. Wenn Sie jetzt allerdings an eine Art Wild-West-Helden mit Hau-drauf-Mentalität denken, liegen Sie völlig falsch. Der wahre Krieger ist friedlich. Ganz wichtig ist, dass der Mann während der Übung mit seinem Krieger spricht und ihm sagt, was er sich von ihm wünscht. Er sollte dabei darauf achten, ihm Friedfertigkeit zu signalisieren. Hier die Übung für den Familienmann:

Machen Sie es sich an Ihrem Kraftplatz bequem und gehen Sie in die Ruhe.

Wenn Sie wollen, können Sie den magischen Kreis um sich schließen, notwendig ist es für diese Übung nicht. Wenn Sie die Kräfte der vier Himmelsrichtungen rufen, visualisieren Sie dabei Gottheiten oder Elementarwesen in Ihren schützenden und bewahrenden Eigenschaften.

Visualisieren Sie, wie Sie eine Lichtkugel in der Hand halten. Werfen Sie diese Lichtkugel hoch und bitten Sie das Universum darum, Ihnen diese Energie geklärt und gestärkt wieder zurück zu schicken. Sie bekommen daraufhin die Lichtkugel sofort heller zurück. Formen Sie aus dieser Energie einen Krieger, geben Sie ihm auf jeden Fall einen Schild oder einen Speer, wenn Sie es für nötig halten. Letzteren benutzt Ihr Krieger, um allen möglichen Bedrohungen den Zugang zu verwehren. Mit dem Schild schützt er vor Angriffen aller Art (von Virus bis Hauswirt). Statten Sie Ihren Krieger mit allem aus, was er sonst noch braucht.

Wenn Sie soweit sind, segnen Sie ihn und schicken ihn los, seine Aufgabe zu erfüllen.

Kehren Sie in Ihr Wachbewußtsein zurück. Falls Sie den magischen Kreis benutzt haben, öffnen Sie ihn an dieser Stelle. Erden Sie sich.

Wenn Sie keine Person als Schutz wollen, können Sie auch ein Tier wählen, einen Stier zum Beispiel oder einen Schwan. Beide sorgen in ihren Familien gut für den Schutz von Partnerin und Kindern.

Auf dem Besen unterwegs

»Unterwegs« steht hier nicht nur für Urlaubsreisen oder die Autofahrt zu den Eltern. Unterwegs ist die Hexe auch beim Einkaufen, beim Joggen oder am Arbeitsplatz. Solange wir uns nur in unseren vier Wänden aufhalten, haben wir es vorrangig mit unserer eigenen Energie zu tun, mit der unserer Partner und Kinder, von Nachbarn, Freunden und Verwandten. Normalerweise entscheiden wir selbst darüber, wann wir mit wem und auf welche Weise Kontakt haben. Sobald wir uns aber außerhalb unserer Wohnung bewegen, kommen wir mit den unterschiedlichsten Energien in Berührung.

Die eigenen vier Räder

Lange Jahre besaß ich kein Auto, weil die öffentlichen Verkehrsmittel gut zu erreichen waren. Inzwischen wohne ich verkehrsmäßig nicht mehr so günstig und besitze einen fahrbaren Untersatz. Dieses Auto habe ich zu einem magischen Raum gemacht.

Fangen wir bei den Rädern an. Mit ein paar Tropfen Petitgrain (für die bodenständige Verlässlichkeit) habe ich dafür gesorgt, dass ich Bodenhaftung behalte. Was nicht heißen soll, dass ich nicht bei nassen Straßen einen Gang zurückschalte. Magisch zu arbeiten bedeutet schließlich nicht, den gesunden Menschenverstand an der Garderobe abzugeben.

Im Auto habe ich stets ein Fläschchen mit Rosmarin-Öl griffbereit, für den Fall, dass ich beim Fahren müde werde. An meinem Rückspiegel hängt ein kleines Amulett aus Federn, das mit einem grünen Band für die Erdkräfte zusammengebunden ist. Die Federn stammen von Möwen und helfen meinem Gefährt, sich geschickt durch den Verkehr zu bewegen. Versteckt im Motorraum – wozu meinen Mechaniker irritieren? – liegt ein kleiner Bernstein, damit mein Auto auch bei nassem Wetter gut anspringt.

Wenn Sie allzeit gute Fahrt haben wollen, nähen Sie etwas Rosmarin und Salbei in ein Stück Stoff ein und stecken Sie es unter eine der Radkappen. Die ständige Bewegung wirbelt die Kräuter gut durch, lädt sie immer wieder auf und sorgt gleichzeitig dafür, dass sich die Energie gut verteilt.

Wenn ich in den Wagen einsteige, nehme ich mir ein paar Sekunden Zeit und schaffe mir eine goldene Lichtkugel, in der ich mich bewege. Der Vorteil beim Autofahren liegt darin, dass Sie diesen Raum für sich allein haben (zumindest meistens) und so seine magische Atmosphäre selbst bestimmen können.

Bahn und andere öffentliche Verkehrsmittel

Wenn Sie mit öffentlichen Verkehrsmitteln unterwegs sind, sind Sie ständig im Kontakt mit anderen Menschen. Das kann von Vorteil, aber auch von Nachteil sein. Wenn Sie sich gern mit anderen austauschen, kann es außerordentlich entspannend sein, in der Bahn oder im Bus sitzend eine kurze Meditation durchzuführen.

Vorausgesetzt, Sie haben einen Sitzplatz, machen Sie es sich bequem (nicht die Beine übereinanderschlagen), sitzen Sie einigermaßen aufrecht und schließen Sie die Augen. Vollziehen Sie die Übung mit dem goldenen Ei (siehe Seite 118). Spüren Sie seine Energie um Sie herum und genießen Sie das Gefühl, gut aufgehoben zu sein. Schicken Sie nun ein paar goldene Strahlen zu den Menschen in Ihrer Umgebung. Verstreuen Sie sie wahllos an alle Anwesenden. Keine Sorge, falls jemand sie partout nicht haben möchte, wird er sich dagegen abschirmen.

Während Sie auf einen Bus oder die Bahn warten, können Sie eine andere interessante Übung machen: Nehmen Sie Kontakt mit Ihrem Gefährt auf.

Fixieren Sie einen Punkt am Boden vor Ihnen. (Vorsicht: Stehen Sie niemandem im Weg, weder den anderen Passagieren noch dem Gepäckwagen.) Stehen Sie entspannt mit leicht gebeugten Knien. Lassen Sie Ihre Aufmerksamkeit in die Richtung wandern, aus der Ihr Bus oder der Zug kommen wird. »Hören«

Sie, was Ihr Gefährt Ihnen zu sagen hat: Braucht es Energie, gehört es in die Werkstatt, ist es alt oder neu? Wenn Sie dabei das Gefühl bekommen, dass Ihr Bus nagelneu sein muss und dann kommt eines der ältesten Modelle um die Ecke, lassen Sie sich davon nicht irritieren. Sie können nicht wissen, ob in diesen Bus nicht vor zwei Tagen ein neuer Motor eingesetzt wurde oder er gerade von der Inspektion kommt. Möglicherweise ist auch der Busfahrer neu eingestellt worden. Mit der Zeit wird Ihre Wahrnehmung genauer werden.

Fremde Länder, fremde Sitten

Als erste und wichtigste Reiseregel für Hexen gilt: Verletzen Sie niemals die Überzeugungen, den Glauben oder die Privatsphäre anderer Menschen (von unbeabsichtigten Fehltritten mal abgesehen). Ihre oder meine Art zu leben ist nicht die einzige, die selig machen kann, sondern eine von unendlich vielen. Wie die Speichen eines Rades führen alle in die Mitte.

Verletzen Sie auch nicht die Regeln eines fremden Gotteshauses, selbst wenn Sie es vielleicht albern finden, dass Sie zwar mit einem kurzen Rock in den Petersdom dürfen, Ihr Partner aber lange Hosen tragen muss. Wenn Sie einen Tempel nur barfuß betreten dürfen, ziehen Sie entweder die Schuhe aus oder bleiben Sie draußen.

Schwieriger wird es, wenn Sie ein Heiligtum besuchen und feststellen müssen, dass hier keineswegs der gleiche Respekt herrscht wie bei den etablierten Religionen. In Stonehenge können Sie heute nicht mehr in die Nähe der Steine gelangen, weil zu viele Menschen Stücke von ihnen abbrechen wollten oder auf den Steinen herumgeklettert sind, von diversen Graffiti ganz abgesehen (wer kommt schon auf den Einfall, der Pietà im Petersdom einen Schnurrbart zu malen).

Wenn Sie gern ein Ritual an einem heiligen Ort feiern möchten, fragen Sie die Hüter dieses Ortes auf jeden Fall um Erlaubnis. Dies gilt sowohl für die uniformierten Hüter in dieser Welt als auch für die weniger formellen in der Anderswelt. Wenn Sie ein Nein zu hören bekommen, suchen Sie sich ohne Groll einen anderen Ort aus.

Kraftplätze gibt es genug. Brunnen und alte Parkanlagen eignen sich hervorragend als solche. Wenn sie von guten Gartenarchitekten geplant wurden, finden Sie darin starke Energieplätze. Oder Sie suchen sich einen alten Baum. Selbst auf der Aussichtsplattform eines Wolkenkratzers können Sie einen Kraftplatz entdecken. Lassen Sie sich nicht von vorgefassten Meinungen (weder von denen anderer Menschen, noch von Ihren eigenen) davon abhalten, Ihre Kraftplätze zu entdecken und zu nutzen. Vielleicht entdecken Sie einen Kraftort an einer Autobahnraststätte – fein, benutzen Sie ihn, ob dies nun irgendwelchen Regeln entspricht oder nicht.

Machen Sie es sich zur Gewohnheit, einen Ort, an dem Sie meditiert, ein Ritual abgehalten haben oder in anderer Form magisch/spirituell tätig waren, sauberer und besser zu hinterlassen, als Sie ihn vorgefunden haben. Das heißt, dass Sie Ihren Müll wieder mitnehmen – und vielleicht auch noch die eine oder andere Dose oder die herumliegenden Papiertüten einsammeln und entsorgen. Sie können auch einen kleinen Edelstein dort lassen und ihn mit fruchtbaren oder dankbaren Energien aufladen. Halten Sie es dabei möglichst allgemein. Wer immer Energien braucht, wird sich das Richtige heraussuchen.

Bei Freunden und Verwandten

Wenn Sie bei Menschen zu Besuch sind, die Sie kennen, gilt im Prinzip das Gleiche, als wenn Sie sich unter wildfremden Menschen bewegen. Zwingen Sie niemals einem anderen Menschen Ihre Überzeugung oder Ihren Glauben auf. Es ist nicht Ihr Job, die Welt zu retten oder vermeintlich ungläubige Seelen vor der Verdammnis zu bewahren. Wenn Sie gefragt werden, warum Sie diese komischen Steine und Glöckchen um den Hals tragen, erklären Sie es einfach.

Gerade bei Menschen, die Ihnen nahestehen, kann es schwierig sein, sich herauszuhalten. Wenn Sie sehen, dass es jemandem offensichtlich schlecht geht oder eine Person unglücklich oder krank ist, können Sie freundschaftliche Hilfe anbieten. Wenn Ihr Gegenüber allerdings Nein sagt, heißt das Finger weg. Jedes noch so gut gemeinte Ritual würde den freien Willen des Anderen außer Acht lassen – und damit würden Sie geradewegs bei der schwarzen Magie landen. Auch wenn es Ihnen schwer fällt und selbst wenn Sie zusehen müssen, wie sich jemand zugrunde richtet: Halten Sie sich raus.

Eine Ausnahme gibt es allerdings: Wenn es um Kinder geht, gelten diese Regeln nur bedingt. Sicher können Sie nicht in jedem Fall beurteilen, was wirklich vor sich geht. Doch wenn Kinder unter einer Situation leiden, können Sie meist etwas für ihren Schutz tun, ob dies nun ein Anruf bei der Polizei ist oder ein Schutzritual. Machen Sie am besten beides.

Der mobile Reisealtar

Was Sie unbedingt für ein Ritual brauchen, finden Sie an fast jedem Punkt dieser Erde: Wasser, Erde, Luft und Feuer. Trotzdem ist es schön, in fremden Landen die eigenen Dinge dabei zu haben. Da ich im Sternzeichen Stier geboren wurde (der die schönen Dinge im Leben schätzt), lege ich Wert darauf, meine schönen Hexenutensilien immer bei mir zu haben. Für mich ist wichtig, bei einer Meditation, Übung oder bei einem Ritual mit meiner ganzen Aufmerksamkeit bei den Inhalten sein zu können und nicht daran denken zu müssen, ob ich irgendwo eine Kerze kaufen kann oder wo ich wohl ein Päckchen Streichhölzer herbekomme.

Ein mobiler Altar hat viele Vorteile. Wenn Sie eine besonders kleine Wohnung haben, können Sie ihn einfach »wegräumen«, wenn Sie ihn nicht präsent haben wollen – energetisch wirkt er auch aus einer Schublade heraus. Und auf Reisen ist dieser Altar ideal, wenn Sie alle Nötige – aber auch nicht mehr – bei sich haben möchten.

Achten Sie bei der Zusammenstellung der Gegenstände für Ihren Reisealtar darauf, dass möglichst viele davon in mehrfachen Funktionen auftreten können. Schwere Gegenstände oder besonders unhandliche eignen sich eher weniger, es sei denn, Sie brauchen im Urlaub ein Krafttraining.

Wenn Sie keine Möglichkeit haben, für das Element Luft eine Feder zu transportieren, ohne dass sie dabei völlig zerzaust, nehmen Sie ein paar Räucherstäbchen mit. Falls auch die schlecht zu transportieren sind, versuchen Sie es mit einer blauen Glasmurmel. Meine reist schon seit Jahren mit mir umher und verschafft mir hervorragend Zugang zur Luftenergie, wenn ich sie auch nur ansehe.

Für das Feuer stecken Sie einen kleinen Glasbehälter für Teelichter und fünf oder sechs solcher Kerzen ein. Damit Sie sicher sein können, dass Sie auf dem Mahagoni der Tante keine hässlichen Brandflecken hinterlassen, kaufen Sie kleine runde Korkuntersetzer für die Kerzengläser (besonders ratsam, wenn Sie keine Glas-, sondern Alubehälter für die Teelichter haben), sie sind leicht und preiswert.

Als Wasserbehälter würde sich Metall am besten eignen, aber ich rate davon ab. Nach meiner Erfahrung stört das Metall die Wasserenergie, probieren Sie es aber gern selbst aus. Als Reisekelch eignet sich eine Eiskrem-Schale, Sie wissen schon, diese flachen Glasteile, in denen gerade drei Kugeln Platz haben. Sie sind aus dickem Industrieglas gefertigt und sehr haltbar. Und wenn wirklich mal einer in Scherben geht, ist er leicht zu ersetzen.

Für das Element Erde bietet sich Salz an. Besonders gut lässt es sich in ausgedienten Filmdosen transportieren (die im Übrigen auch für Räucherwerk, kleine Edelsteine und vieles mehr geeignet sind). Schreiben Sie aber am besten drauf, was drin ist, damit Sie nicht aus einem Dutzend Döschen die richtige herausfinden müssen

Ich habe mein Sammelsurium für alle Fälle immer dabei. Mit den oben beschriebenen Dingen können Sie zu jeder Zeit und an jedem Ort jedes Ritual durchführen. Einen besonderen Kraftplatz können Sie auch überall finden. Falls er einmal an einem Ort liegen sollte, an dem Sie sich nicht so frei bewegen können, wie Sie es vielleicht gern täten, meditieren Sie und visualisieren

Sie den Kraftplatz nur und lassen die »Äußerlichkeiten« weg. Das geht immer und überall, auch wenn Sie dabei vielleicht nicht ganz so viel Energie für Ihren Zauber zur Verfügung haben wie sonst.

Der kleine Zauber für unterwegs

Wenn Sie unterwegs sind und Ihre Hexenausrüstung vergessen haben – keine Steine zur Hand, kein Wasser in Sicht, keine Kerzen, kein Zauberstab, kein Räucherwerk, kein Salz, nix –, nehmen Sie, was Sie bei sich haben: Ihren Körper.

Sie tragen alle Elemente in sich. Sie haben die Luft in Ihrem Atem, Wasser fließt in jeder Zelle Ihres Körpers, Ihre Gedanken liefern die Energie des Feuers und Ihre Gliedmaßen sind so solide wie die Erde.

Haben Sie nicht genug Platz oder keine Gelegenheit den magischen Kreis zu schließen und sich dabei zu drehen, reicht es auch aus, wenn Sie sich nur im Geist »drehen«, das heißt, Sie visualisieren den Kreis der Elemente nur und rufen die Schutzgeister an.

Auch alle anderen Teile des Rituals passen Sie an. Das Besondere an solchen Ritualen ohne jegliches Zubehör ist, dass Sie jeden beliebigen Gegenstand verwenden können. Doch Vorsicht: Verlieren Sie sich nicht in zu ausgefeilten Einzelheiten, dann geht zu viel Ihrer Energie in die Bilder statt in das Ritual.

Wenn Sie mit Ihrem kleinen Zauberkunststück fertig sind, öffnen Sie den Kreis wieder. Stellen Sie sicher, dass Sie wieder ganz und gar bei sich sind, bevor Sie herumlaufen. Bei einem Ritual, das Sie ausschließlich visualisiert haben, ist es besonders wichtig, dass Sie wieder ganz da sind, bevor Sie etwas anderes machen. Da Sie in diesem Fall keine körperliche Verankerung der Energieströme benutzen, ist es nach solch einem Ritual nötig, Ihren Körper zu erden. Planen Sie unbedingt Zeit zum Essen – der Erdung – ein.

Bürohexen

Zwischen Schreibtisch und Aktenregal

Wenn Sie Glück haben, sind Sie stolze Nutzerin eines eigenen Büros, das Sie mit niemandem teilen müssen. Wenn dem so ist, nutzen Sie die Vorschläge aus dem Wohnungs-Kapitel (siehe Seite 17), um sich Ihr Zauberreich am Arbeitsplatz zu schaffen. Wenn Sie aber, wie der Großteil der arbeitenden Bevölkerung, Ihren Arbeitsplatz mit anderen Kolleginnen und Kollegen teilen, gilt es einige Überlegungen anzustellen, bevor Sie das Büro magisch umkrempeln. Stellen Sie zuerst fest, ob die Menschen, mit denen Sie täglich zusammenarbeiten, wissen, womit Sie sich beschäftigen, und werden Sie sich klar darüber, ob Sie überhaupt wollen, dass alle in der Firma von Ihrem hexischen Treiben Kenntnis haben.

Häufig hagelt es dumme Bemerkungen, was sehr lästig ist, oder es entsteht aus Unverständnis eine ablehnende Haltung. Wenn Sie die Sache lieber für sich behalten wollen, tun Sie das. Es gibt kein Hexengesetz, nach dem Sie sich outen müssten.

Allerdings bedeutet dies auch ein gewisses Maß an Verschwiegenheit und Diskretion. Sie können schlecht in jeder Abteilung Pentagramme verteilen, ohne darüber ein paar Fragen oder Bemerkungen zu hören. Wie wäre es da zum Beispiel mit handelsüblichen Pflanzenuntersetzern, in die Sie kleine selbst gefertigte Pentagramme aus Kupfer- oder Silberdraht legen? Auch unter Lampenfüßen (sofern diese hohl sind) lassen sich die kleinen Beschützer gut unterbringen.

Heutzutage ist es auch kein Problem mehr, auf dem Schreibtisch den einen oder anderen Stein liegen zu haben. Aufgeladene Steine bei sich zu tragen ist inzwischen auch salonfähig. Rosenquarz macht sich besonders gut, wenn Sie viel im Austausch mit anderen Menschen erledigen. Auch ein Kristall ist sinnvoll, weil sie ihn im Zweifelsfall immer auf die gewünschte Energie programmieren können. Er sollte nicht zu groß sein, damit Sie ihn auch in eine Besprechung mitnehmen können.

Wenn Sie mit einem Computer arbeiten, ist allerdings Vorsicht mit Bergkristallen geboten. Halten Sie diese Steine unbedingt von Ihrer Festplatte fern oder es kann passieren, dass sich Ihre Programme verabschieden. Vor ungesunder Strahlung Ihres Bildschirms schützen Sie eine Reihe von Pflanzen, unter anderem Kakteen aller Art. Für bessere Luft sorgen zum Beispiel Grünlilien oder ein Ficus.

Wenn möglich, können Sie vor einem Fenster in der Nähe Ihres Tisches ein Glasprisma aufhängen, falls durch dieses Fenster die Sonne scheint. Falls nicht, hängen Sie ein schönes Mobile auf. Hängen Sie an einem Zweig, den Sie nicht von einem lebenden Baum geschnitten haben, alles auf, was Sie an Energie in Ihr Büro holen wollen. Wenn Sie handwerklich begabt sind, können Sie aus Silber- oder Kupferdraht kleine Kettenglieder formen, an denen Sie Federn, Muscheln, Halbedelsteine, Schmuckstücke, Holzstücke oder ähnliche Dinge befestigen. Schmücken können Sie das Mobile außerdem mit indianischen Glasperlen in den entsprechenden Farben der Elemente (wie der Draht im Bastelgeschäft erhältlich). Weniger aufwendig ist es, einfachen Zwirn zu nehmen. Sie können Ihre Lieblingsstücke auch mit Makramee-Knoten aneinanderbinden und diesen Glücksbringer ins Fenster hängen. Was auch immer Sie herstellen, visualisieren Sie dabei, was Sie sich von Ihrem Werk wünschen.

Zaubersprüche für Erfolg und Wohlstand passen besonders gut ins Büro. Probieren Sie einmal folgenden kurzen Geldzauber aus:

Nehmen Sie ein Glasgefäß (eine Schale oder ein großes Glas), ein paar Körner Reis und einen kleinen Spiegel (Kosmetikspiegel).

Setzen Sie sich entspannt an Ihren Schreibtisch, schließen Sie einen Augenblick die Augen und gehen Sie in die Ruhe.

Legen Sie den Spiegel unten in das Glasgefäß und lassen Sie die Reiskörner einzeln auf den Spiegel fallen. Visualisieren Sie dabei, wie sich der Reichtum der Firma mehrt und Ihr Gehalt steigt. Bedecken Sie die Spiegelfläche nur so weit, dass Sie noch gut die Reflexion der Körner erkennen können (Sie »verdoppeln« so Ihren Reis).

Kommen Sie ins Hier und Jetzt zurück und öffnen Sie die Augen. Achten Sie darauf, während dieser Übung nicht gestört zu werden.

Stellen Sie das Glasgefäß so auf, dass es niemand sehen kann. Achten Sie darauf, dass niemand es findet und anrührt (dies gilt auch für das Reinigungspersonal). Wenn Sie keinen anderen ungestörten Ort finden, können Sie es auch in Ihren Schrank oder Spind stellen. Das Gefäß muss auf jeden Fall auf dem Gelände Ihres Unternehmens bleiben.

Vergessen Sie bei dieser Übung auf keinen Fall, das Universum darum zu bitten, dass Ihr Zauber allen nutzen und niemandem schaden soll. Falls Ihr Betrieb beispielsweise Handgranaten herstellt, könnte es sein, dass ein größerer Erfolg nicht dem Wohl aller dient.

Auch auf Ihrem Schreibtisch können Sie mehr oder weniger offensichtlich die vier Energien einladen. Eine Feder zwischen Ihren Stiften schenkt Ihnen besondere Fähigkeiten beim Entwerfen von Schriftstücken. Ein Blumentopf mit einer Pflanze steht für die Erde, vor allem wenn Sie »zu Füßen« der Pflanze die passenden Steine auf die Blumenerde legen. Für das Element Feuer können Sie ein normales Teelicht unter Ihre Erdpflanze stellen oder eine normale Kerze neben Ihrem Computer platzieren. Für das Wasser benutzen Sie zum Beispiel eine Duftlampe oder einen Zimmerbrunnen auf einem Aktenregal. Experimentieren Sie und legen Sie Ihre magischen Dinge nicht immer an dieselben Stellen, spüren Sie, wie sich die Energie verändert, beobachten Sie, an welchen Tagen Sie welche Art von Energie besser oder schlechter vertragen.

Denken Sie daran, alle magischen Gegenstände von Ihrem Schreibtisch regelmäßig zu reinigen – nicht nur von Staub (siehe Seite 114). Sie können dies »vor Ort« erledigen, indem Sie einmal länger im Büro bleiben und sich die dazu benötigten Utensilien mitbringen. (Seien Sie sich allerdings bewußt, daß auch Ihre Kollegen gelegentlich Überstunden machen.) Sonst nehmen Sie Ihre magischen Dinge mit nach Hause und vollziehen die Reinigung dort. Achten Sie allerdings darauf, dass Sie keinen Ihrer magischen Gegenstände mit etwas beauftragen, was den freien Willen eines anderen Menschen außer Acht lassen könnte.

Wenn Sie eine Duftlampe an Ihrem Arbeitsplatz stehen haben, können Sie jeder Zeit »dicke Luft« im Büro verbessern und gespannte Nerven beruhigen. Es gibt sie in allen Formen, Farben und Größen. Selbst in konservativen Unternehmen wird sich kaum jemand daran stören. Unsere Nasen sind zum Glück darauf eingestellt, einen ständig vorhandenen Duft nach einigen Minuten der Aufmerksamkeit zu ignorieren. Die Duftlampe kann für alle Elemente gleichzeitig stehen: Wasser haben Sie in der Verdunstungsschale (regelmäßig erneuern), Feuer in der Flamme darunter; Luft im ätherischen Öl, das Sie verdampfen lassen und die Erde haben Sie in der Duftlampe selbst. Besonders gut eignet sich für einen solchen Gegenstand ein Material wie Ton (sprich Erde).

Wenn Sie in Ihrem Beruf mit Werkzeug arbeiten, vollziehen Sie damit ein Schutzritual, das dafür sorgt, dass Sie mit den Gegenständen weder jemand anders noch sich selbst verletzen:

Legen Sie Ihre Werkzeuge zusammen auf den Boden oder auf ein sauberes Tuch (am besten aus Seide oder Baumwolle).

Hocken oder setzen Sie sich entspannt davor und gehen Sie in die Ruhe.

Visualisieren Sie goldenes Licht, das Ihre Werkzeuge einschließt und in sie eindringt. Sehen Sie sich mit den Gegenständen sicher und erfolgreich arbeiten.

Kehren Sie ins Hier und Jetzt zurück und öffnen Sie die Augen. Wiederholen Sie diese Übung regelmäßig, vor allem, wenn außer Ihnen noch jemand das Werkzeug benutzt.

Der Altar in der Schublade

Falls Sie in einer Umgebung arbeiten, in der weder ein kleiner Kristall herumliegen kann noch Pflanzen stehen dürfen, können Sie trotzdem magisch arbeiten. Schließlich können Sie überall und ohne jegliche Hilfsmittel visualisieren und meditieren. So können Sie schon viel erreichen. Das jeweils passende Ritual vollziehen Sie in diesem Fall erst, wenn Sie wieder zu Hause sind.

Wenn Sie nicht unbedingt von den Dächern rufen wollen, dass Sie magisch arbeiten, tragen Sie einen Kristall bei sich, und zwar als Kette oder als Stein in der Tasche. Sie können ihn sich auch in einen Ring schmieden lassen oder an einer dünnen Kette um den Bauch legen – was immer Ihnen gefällt und am unauffälligsten ist. Benutzen Sie den Kristall, wenn Sie einen Kraftschub und Unterstützung brauchen (siehe auch »Notfallmagie«, Seite 105).

Wenn Sie einen Platz im Büro haben, zu dem außer Ihnen niemand Zugang hat, richten Sie sich dort Ihren Büroaltar ein. Nehmen wir an, dies ist eine abschließbare Schreibtischschublade.

Legen Sie ein seidenes Tuch in die Schublade. Seide isoliert spirituell. Es ist ein lebendes Gewebe, ein Faden, der in der Form, in der er verarbeitet wird, auch in der Natur vorkommt. Auf das Seidentuch legen Sie einen feuerfesten Untersatz (zum Beispiel einen Topfuntersetzer aus Kork) und stellen darauf ein Teelicht, möglichst in einem Glasbehälter, den Sie in jeder Drogerie kaufen können. Zünden Sie dieses jedoch unbedingt nur außerhalb der Schublade an und schließen Sie die Schublade niemals mit einem noch brennenden oder glimmenden Teelicht darin. Sie können um das Teelicht herum einen Steinkreis legen, einen Kranz aus Zweigen, ein Kupferpentagramm (es muss so groß sein, dass Ihr Teelicht sicher in seinem Zentrum stehen kann) oder was Ihnen sonst an Ihrem Arbeitsplatz wichtig ist und womit Sie arbeiten möchten.

Reinigen Sie alles regelmäßig, einschließlich der Schublade und achten Sie darauf, gelegentlich die Gegenstände von Ihrem Schubladen-Altar vollständig auszutauschen. So können Sie verhindern, dass Sie Energien in Ihrer magischen Arbeit haben, die da nichts zu suchen haben.

Computer

Wenn Sie mit einem Computer arbeiten, können Sie das gute Stück sowohl von außen als auch von innen magisch vernetzen. Achten Sie unbedingt darauf, bei allen Ritualen, in die Sie einen Computer einbeziehen, ohne Kristalle zu arbeiten (es sei denn, Sie wollen ihn sowieso neu programmieren).

Wie oben schon kurz beschrieben, eignen sich Pflanzen besonders gut, um Sie vor Strahlungsenergie und Ähnlichem zu schützen. Stellen Sie sie möglichst nahe an den Computer, lassen Sie die Zweige der Pflanze bis an den Rand des Bildschirms ragen, dann wirken sie am besten. Doch Vorsicht: Stellen Sie niemals eine Pflanze auf den Bildschirm, sonst könnte Ihnen beim Blumengießen mehr als ein kleiner Kurzschluß passieren.

Innerhalb Ihres Computers können Sie sich eine Datei anlegen, die Sie magisch »aufladen«. Wählen Sie als Dateinamen zum Beispiel den Namen einer Gottheit. Falls Ihnen das zu offensichtlich ist – weil auch andere mit Ihrem Terminal arbeiten – wählen Sie sich einen Begriff aus, der für Sie eindeutig mit Magie zu tun hat, aber für andere neutral genug klingt. Wenn es gar nicht anders geht, titulieren Sie Ihre Datei schlicht als »privat«. Auf einem Computer hatte ich mir einmal einen Ordner namens »Ravenowl« angelegt, was ich heute noch als meine E-Mail-Adresse verwende.

Öffnen Sie Ihre Datei und schreiben Sie Texte in sie hinein, die Sie besonders in Ihrer magischen Arbeit unterstützen. Halten Sie das Ganze möglichst kurz und einfach. Wenn Sie die Datei schließen, visualisieren Sie, wie sich die Kraft der Worte in Ihrem Computer ausbreitet und darüber hinaus in Ihrem ganzen Arbeitsbereich.

Wenn Sie die Möglichkeit haben, Bilder einzuscannen und als Dateien aufzubewahren, speichern Sie Abbildungen von magischen Gegenständen ab. Wenn Sie zum Beispiel ein Bild Ihres Kraftplatzes im Computer haben, können Sie die Verbindung zu diesem Ort bei jedem Ritual und jeder Übung im Büro aufnehmen. Wenn Sie mal einen Durchhänger haben, rufen Sie einfach das entsprechende Bild vom Computer auf und klinken sich in die Energie ein. Falls Sie keine ständige Datei mit magischen Kleinigkeiten wollen, können Sie auch eine magische Diskette dabei haben.

Kollegen und Chefs

Die Kolleginnen und Kollegen am Arbeitsplatz kann man sich ähnlich wie Nachbarn nicht immer aussuchen. Sie können die Licht-und-Liebe-Übung (Seite 46) für Ihre Arbeitsumgebung deshalb genauso wie für Hausgenossen durchführen (gilt auch für den Chef).

Ein immer wieder belastendes Thema am Arbeitsplatz ist das Mobbing. Vorbeugend für solche Fälle und auch andere Unannehmlichkeiten von Tratsch bis Diebstahl sollten Sie regelmäßige Reinigungs- und Schutzrituale durchführen. Wie bei anderen Themen gilt allerdings auch hier: Suchen Sie sich neben der magischen Hilfe auch Unterstützung bei den professionellen Stellen, die dafür zuständig sind, ob dies nun der Chef oder die Chefin oder eine Vertrauensperson ist. Vor allem bei sexueller Belästigung ist es für Frauen wichtig, sich nicht nur auf ihre Fähigkeiten als Hexe zu verlassen. Schließlich geht es hier darum, das Verhalten eines anderen Menschen zu ändern bzw. dem Belästiger seine Machtstellung zu entziehen und da kann eine Frau gut Unterstützung von anderen gebrauchen.

Die Kantine

In den meisten Büros gehört eine Kantine oder Snackbar zum Büroalltag. Auf die dort angebotenen Speisen haben Sie keinen direkten Einfluss. Sie können gerade noch wählen, ob Sie lieber zur Bockwurst oder zum Salat greifen. Doch auch hier können Sie magisch etwas auf den Weg bringen.

Stellen Sie aus Ihrem Kräutervorrat zu Hause eine Mischung zusammen, die Sie in ein Mini-Marmeladenglas geben. Die Mischung, mit der ich gute Erfahrungen gemacht habe, besteht aus ein wenig zerstoßenem Kreuzkümmel (steht für Frieden und Glück, gehört zum Element Feuer), etwas getrockneter Petersilie (steht für Schutz, Sexualität und Geld, gehört zum Element Luft) und ein wenig Rosmarin (für Gesundheit, Heilung und einen klaren Verstand, gehört ebenfalls zum Element Feuer). Vermischen Sie diese Bestandteile, halten Sie das Glas zwischen Ihren Händen und bitten Sie die Kräuter, für Ihr Wohlbefinden zu sorgen.

In der Kantine schütten Sie jeweils ein wenig von der Mischung über Ihr Essen. Guten Appetit – und vergessen Sie nicht, wenigstens kurz beim Essen zu visualisieren, wie Sie nach dem Essen gestärkt und voller Wohlbefinden an Ihren Arbeitsplatz zurückkehren.

Notfallmagie

Sicher kennen Sie auch das Gefühl »Heute geht einfach alles schief«. Als erstes haben Sie sich den Zeh gestoßen, als Sie aus dem Bett gesprungen sind, weil der Wecker nicht rechtzeitig geklingelt hat. Dann hat auch noch die Kaffeemaschine das braune Lebenselixier in der halben Küche verteilt, weil der Filter übergelaufen ist. Und das Auto wollte auch nicht gleich anspringen ... ein absoluter Katastrophentag. Sie meinen, da ist nichts mehr zu machen. Bevor Sie verzweifeln und sich von der nächsten Brücke stürzen, versuchen Sie es einmal mit der folgenden kleinen Übung.

Anti-Stress-Zauber

Suchen Sie sich einen ruhigen Platz. Zu Hause ist dies Ihr Kraftplatz. Wenn Sie unterwegs sind, nutzen Sie, was sich Ihnen anbietet, dies kann eine Kirche, ein Park oder auch ein ruhiges Café sein.

Stellen oder setzen Sie sich entspannt hin (in Ihren eigenen vier Wänden können Sie sich – falls Sie nicht zu nervös dazu sind – hinlegen). Im Sitzen stellen Sie die Füße etwa schulterbreit auf den Boden, legen die Arme locker auf die Oberschenkel und halten den Rücken gerade (nicht zu gerade, Sie sind hier nicht beim Militär, wenn Sie eine Lehne haben, lehnen Sie sich aufrecht an).

Schließen Sie die Augen und gehen Sie in die Ruhe.

Erste Möglichkeit: Sie sind von einem Menschen »genervt«.
Visualisieren Sie den Menschen, der Sie zuletzt vollkommen entnervt hat. Sehen Sie, wie diese Person jemandem einen Blumenstrauß auf den Tisch stellt. Sie wissen, dass

dieser Jemand sich sehr darüber freuen wird. Nun sehen Sie, dass es Ihr Tisch ist. Es kann Ihr Küchentisch, Ihr Schreibtisch oder auch Ihr Werk- oder Schminktisch sein. Spüren Sie, wie liebenswert diese Geste ist.

Zweite Möglichkeit: Sie sind von einer Situation (dem Wetter, einer Örtlichkeit oder Situation) genervt.

Stellen oder setzen Sie sich hin und entspannen Sie sich. Sie schließen die Augen und gehen in die Ruhe.

Gehen Sie nun noch einmal in die betreffende Situation, in jede Einzelheit. An der Stelle, an der Sie den Stress zu spüren beginnen, verändern Sie die Situation. Statt des Regengusses, der Sie voll erwischt, schaffen Sie es, rechtzeitig in die U-Bahn zu kommen, und bleiben trocken. Oder Sie erreichen den Bus noch, der Ihnen vor der Nase wegfuhr. Spüren Sie genau, wie sich die veränderte Situation anfühlt. Machen Sie sich klar, dass es zum jetzigen Zeitpunkt keinen Unterschied mehr macht, ob Sie den Bus verpaßt haben oder nicht. Ersetzen Sie den Stress durch eine angenehme Erinnerung.

Wenn Sie diese Übung das erste Mal durchführen, wird sich Ihr Intellekt möglicherweise heftig dagegen wehren, die Vergangenheit auf diese Weise zu verändern. Dabei weiß jeder Polizist, dass niemand so gut lügt wie ein Augenzeuge. Im Klartext: Was auch immer Sie als Erinnerung im Kopf haben, es entspricht eh nicht dem tatsächlichen Ereignis. Sie ersetzen also nur eine verfälschte Wahrnehmung durch eine anders gefärbte Erinnerung.

Ein Kristall für alle Fälle

Tragen Sie stets einen Quarzkristall bei sich. Wenn Sie auf die Schnelle magische Unterstützung – gleich wofür – brauchen, suchen Sie sich zuerst einen einigermaßen ruhigen Platz.

Stellen Sie sich entspannt hin (denken Sie an die leicht gebeugten Knie), atmen Sie tief und halten Sie den Kristall zwischen den Hände.

Wenn Sie den Kristall schon eine Weile mit sich herumgetragen haben, ist es wichtig, ihn zunächst von den »herumsausenden« Energien zu reinigen. Pusten Sie auf den Kristall und visualisieren Sie, wie er sich von allen fremden Energien löst, die auf Ihrem Atem davonschweben.

Als Nächstes visualisieren Sie Ihren Wunsch: einen Parkplatz an der richtigen Stelle, Power für das bevorstehende Bewerbungsgespräch, den richtigen Tonfall beim Gespräch mit der Schwiegermutter. Spüren Sie, wie die Kraft Ihres Wunsches in den Kristall fließt, bis er ganz und gar damit ausgefüllt ist.

Kommen Sie langsam ins Hier und Jetzt zurück.

Nun nehmen Sie den Kristall und legen ihn auf Ihre Haut. Stecken Sie ihn in einen Strumpf oder klemmen Sie sich ihn in den Bauchnabel (damit habe ich beste Erfahrungen gemacht). Spätestens jetzt erweist es sich als sinnvoll, getrommelte Steine zu verwenden, scharfkantige Natursteine sind dafür nicht geeignet.

Eine andere Variante sind Kristall-Halsketten. Ich empfehle allerdings die Variante ohne Metallhalterungen. Leder- oder Stoffbänder sind besser geeignet und stören nicht den Fluss der magischen Energie.

Ausnahmen sind Einfassungen aus Metallen, die mit dem gewünschten Zauber in Verbindung stehen. Mit ihnen verliert allerdings der Kristall einen Teil seines Potenzials, weil Sie ihn nur noch für diesen einen Bereich nutzen können. Sie müssten eine ganze Sammlung von Steinen mit sich herumtragen, was nicht gerade bequem wäre. Machen Sie sich das Leben nicht so schwer: Kleine getrommelte Steine aus dem Bastelladen reichen aus.

Hexisches Grundwissen und magische Praxis

Die Anderswelt

Bei der Magie geht es um einen bewußten und klar ausgerichteten Kontakt mit der Anderswelt. Diese Welt liegt neben und innerhalb unserer sonstigen Wahrnehmung. Wenn wir träumen, auch wenn wir tagträumen, berühren wir diesen Raum. In der Anderswelt können wir andere Teile der Wirklichkeit wahrnehmen als in unserem üblichen Alltag. Es gibt dicke Bücher zu diesem Thema, für den Anfang reicht es aber völlig aus zu wissen, dass Sie mit der Anderswelt Kontakt aufnehmen, wenn Sie magisch arbeiten.

In den Übungen und Ritualen geht es immer wieder darum, zwischen verschiedenen Ebenen der Wahrnehmung hin- und herzuwechseln. Im Alltag nehmen Sie die Welt mit Ihrem alltäglichen Bewusstsein und der alltäglichen Wahrnehmung auf. Wenn Sie mit Magie arbeiten, verschieben Sie Ihre Wahrnehmung. Es ist ein Zustand, der sich so ähnlich anfühlt, als wenn Sie vor sich hin träumen, nur dass Sie nicht nur »driften«, sondern Ihre Wahrnehmung auf die Anderswelt richten. Wenn Sie noch ungeübt sind, sollten Sie nach Ritualen nicht sofort Auto fahren oder gefährliche Tätigkeiten ausüben. Stellen Sie unbedingt sicher, dass Ihre Aufmerksamkeit wieder vollständig im Hier und Jetzt ist, bevor Sie etwas anderes anfangen. Sofort geerdet sind Sie, wenn Sie etwas essen oder trinken, ein paar Nüsse und Wasser reichen schon aus (die können Sie auch bei Ritualen außerhalb Ihrer vier Wände immer dabeihaben).

Visualisieren

Wenn Sie magisch etwas bewirken wollen, sollten Sie lernen, wie man visualisiert. Sie brauchen diese Technik in jedem Bereich der Magie. Nur wenn Sie ein klares Bild von dem vor sich haben, was Sie erzeugen wollen, lohnt es sich, ein Ritual anzufangen. Und je komplizierter Ihre Wünsche sind, desto mehr müssen Sie im Kopf behalten. Wie gesagt: Ein sonst hilfreicher Spickzettel ist während eines Rituals eher hinderlich. Der Begriff Visualisieren klingt furchtbar technisch und schwierig. Stellen Sie sich vor, Sie säßen in Ihrem Lieblingsrestaurant. Sie können die Musik im Hintergrund hören und riechen, was da Gutes in der Küche gebrutzelt wird. Sie können es schon fast schmecken. Und schwuppdiwupp, schon können Sie visualisieren. Um es gleich vorweg zu sagen, je mehr Sie üben, desto leichter fällt es Ihnen und desto mehr Spaß macht es auch. Suchen Sie sich für die folgende Übung eine ruhige Tageszeit. Sorgen Sie dafür, dass Sie ungestört sind. Ich probiere neue Dinge gern frühmorgens aus, weil mein Kopf dann noch recht frei ist, wenn Sie sich aber lieber am Abend, nachdem alles erledigt ist, auf den Weg machen wollen, ist dies auch gut.

Wie Sie das Visualisieren üben

Setzen Sie sich in einen bequemen Stuhl, legen Sie die Füße hoch, wenn dies zu Ihrer Entspannung beiträgt.

Sitzen Sie ganz ruhig da und spüren Sie in Ihren Körper hinein, beobachten Sie Ihren Atem. Verändern Sie nichts. (Es sei denn, Ihr Hosenbund zwickt, dann öffnen Sie ihn am besten. Lassen Sie auch ein Kratzen im Hals, Husten, Niesen und Ähnliches heraus, es ist alles gestattet.)

Schließen Sie die Augen, damit Sie sich mehr auf Ihre innere Wahrnehmung verlassen können.

Lassen Sie die Gedanken einfach vorüberziehen, Sie können sich später um alles kümmern, was nötig ist.

Wenn Sie ruhig geworden sind, stellt sich ein Gefühl wie kurz vor dem Einschlafen ein, eine Art Schwebezustand, in dem Sie zwar entspannt, aber gleichzeitig hellwach sind.

Wenn Sie so weit sind, gehen Sie in Gedanken in Ihre Küche und holen Sie sich Ihre Lieblingstasse aus dem Schrank (oder einen anderen vertrauten Gegenstand). Spüren Sie, wie Sie sie in der Hand halten, sehen Sie die Farbe.

Für den Anfang reicht dies schon aus, tragen Sie den Gegenstand wieder zurück in die Küche und kehren Sie an Ihren Platz zurück. Nehmen Sie wieder ganz bewußt Ihren Atem wahr, bleiben Sie einige Zeit ruhig und entspannt sitzen. Seien Sie sicher, dass Sie wieder ganz und gar in Ihrem Körper angekommen sind. Dann öffnen Sie die Augen.

Seien Sie beim Aufstehen vorsichtig, damit Ihnen nicht schwindelig wird.

An den darauf folgenden Tagen können Sie Ihre Übung erweitern. Wenn Sie Ihre Tasse (oder was auch immer) geholt haben, halten Sie den Gegenstand in Augenhöhe und verändern Sie seine Farbe, nicht gleich zu dramatisch, wandeln Sie nur seinen Farbton ein wenig ab. Schauen Sie sich die neue Farbe an und verändern Sie dann das Ganze wieder zurück ins Original. Stellen Sie den Gegenstand wieder an seinen Platz und kehren Sie zu Ihrem bequemen Sitzplatz zurück.

Sitzen Sie wieder ein paar Augenblicke entspannt da. Atmen Sie tief durch, spüren Sie Ihre Hände und Füße, bewegen Sie Ihre Finger und Zehen. Bevor Sie die Augen öffnen, spüren Sie, dass Sie vollständig wieder anwesend sind.

Diese einfache Übung können Sie so lange durchführen, bis Sie Ihre Lieblingstasse mit einem Fingerschnippen – oder einem Gedanken – in jede beliebige Farbe verändern können. Wenn Sie keine Lust mehr auf neue Farben haben, geht es weiter:

Beginnen Sie die folgende Übung wie die vorherige.

Fühlen Sie sich ruhig und entspannt, bevor Sie beginnen. Stellen Sie sich nun eine dunkle Leinwand vor. Sie halten eine leuchtende, goldene Kreide in der Hand und zeichnen ein Pentagramm auf die Leinwand, und zwar am ersten Tag eines, das Sie zum Bannen benötigen. Beginnen Sie immer an der Spitze, die nach oben zeigt:

Bannpentagramm

Am folgenden Tag zeichnen Sie ein Pentagramm, das Sie zum Herbeirufen benutzen werden:

Pentagramm zum Herbeirufen

111

Beenden Sie diese Übung wie die erste und stellen Sie sicher, dass Sie wieder ganz und gar in Ihrem alltäglichen Bewusstsein anlangen.

Am besten üben Sie das Ganze vorher ein paar Mal auf Papier, aber denken Sie daran: Es geht nicht um den künstlerischen Ausdruck, keiner verteilt hier Noten fürs Zeichnen. Wichtig ist, dass Sie sich sicher werden, alles auf dieser Leinwand darzustellen, was Sie wollen. Mit etwas Übung werden Sie merken, dass Sie noch nicht einmal Kreide oder Ähnliches brauchen, ein Gedanke genügt.

Wie lange oder wie oft Sie diese kleinen »Fingerübungen« machen oder brauchen, liegt ganz bei Ihnen. Manche Menschen finden es schwierig, sich ruhig hinzusetzen und sich zu entspannen. Probieren Sie es einmal mit Tanzen. Gehen Sie in ein Musikgeschäft und suchen Sie sich indianische, afrikanische oder asiatische Trommelmusik aus, ganz nach Ihrem Geschmack. Falls Sie nicht viel Platz haben, können Sie sich im Schneidersitz hinsetzen und sich im Rhythmus der Musik wiegen, bis Sie den entspannten Wachheitszustand erreichen. Haben Sie Raum zum Tanzen, bewegen Sie sich mit der Musik. Auch hier geht es wieder nicht um den künstlerischen Ausdruck, wie Ihre Bewegungen aussehen, interessiert außer Ihrer eigenen Eitelkeit und Ihrem Ego niemanden.

Wenn Sie das Bewusstsein der Anderswelt durch Tanz erreichen, kann es sein, dass Sie es trotzdem angenehmer finden, während Ihrer Reise in die Küche auf einer Stelle stehen zu bleiben. Bewegung kann bei ausgerichteter Energie manchmal stören. Probieren Sie es aus, bis Sie das Richtige für sich gefunden haben.

Meditieren

Jetzt wird es ernst, denken Sie. Meditieren kann eine verflixt ernste Sache sein, oft genug ist es jedoch schlicht entspannend und lustig – oder wonach Ihnen sonst ist. Sie können in die Selbstversenkung gehen, wenn Sie in der U-Bahn sitzen oder im Büro auf der Toilette. Es gibt Dutzende von Meditationstechniken. Testen Sie sie, zunächst am besten diejenigen, die Sie nicht gleich Ihr letztes Hemd kosten. Wenn Sie sich für eine entschieden haben, die Ihnen gefällt, bleiben Sie dabei. Übung macht die Meisterin. Besonders eignen sich Meditationsformen, die viel Raum lassen, eigene Erfahrungen zu machen. Übungen, die zu viele Vorschriften und Autosuggestionen beinhalten, sind gut, um sich auf ein Ritual vorzubereiten, sie legen aber zu sehr fest, was Sie tun, fühlen und denken sollen. Während eines Rituals sind sie deshalb nicht zu empfehlen.

Wichtig ist: Lassen Sie es passieren. Wie können Sie etwas wollen, ohne es zu wollen? Mit Übung. Leider gibt es hier keine einfache Abkürzung, Loslassen will geübt werden. Fangen Sie nicht gleich mit den Monster-Aufgaben an. Haben Sie es eilig und der Verkehr schleicht mal wieder? Und so ein Idiot fährt auch noch so vor Ihnen auf die Spur, dass Sie schon wieder an der nächsten Ampel hängen bleiben? Lassen Sie ihn fahren, kommen Sie an, wenn Sie eben ankommen. Der Zahnarzt ist fünf Minuten später auch noch da. Wenn Sie erst einmal spielend und innerlich (ohne Verkrampfung) lächelnd dem Idioten verzeihen können, der Ihnen gerade die letzte Flasche mit Milch vor der Nase weggeschnappt hat, können Sie zu größeren Aufgaben wie dem Weltfrieden vorstoßen.

Für die einfachste Variante der Meditation brauchen Sie weder viel Übung noch viel Zeit.

Wie Sie einfach meditieren

Suchen Sie sich einen ruhigen Ort. (Zu Hause bietet sich dafür meist das Schlafzimmer an, im Büro das stille Örtchen und wenn Sie nicht besonders geräuschempfindlich sind, probieren Sie es einmal im Bus oder in der U-Bahn. Letzteres schätze ich besonders.)

Wo immer Sie auch sind, schließen Sie die Augen und konzentrieren Sie sich eine Weile nur auf Ihren Atem.

Lassen Sie Ihre Gedanken wandern, wie sie wollen, doch halten Sie sich an keinem fest. Kehren Sie immer wieder zur Beobachtung Ihres Atems zurück.

Machen Sie diese einfache Übung – wenn Sie wollen – mehrfach am Tag, mindestens aber einmal. Sie werden sich wundern, wie schnell Sie sich daran gewöhnen. Sie wundern sich vielleicht, dass eine Meditation so einfach sein kann. Warten Sie es ab. Ihr Atem bringt Ihnen ungeahntes Wissen.

Reinigen und segnen

Bevor Sie einen Gegenstand für Ihr Ritual benutzen, befreien Sie ihn von allem, was an Energie nicht zu ihm passt. Stellen Sie sich vor, durch wie viele Hände der Kristall gegangen ist, bevor Sie ihn gekauft haben oder denken Sie an das Glas, das Sie für Ihr Wasser verwenden. Bevor Sie also anfangen, suchen Sie sich alles zusammen, was Sie für Ihr Ritual brauchen und reinigen sie es. Wasserfeste Gegenstände können Sie schlicht abwaschen, wobei Spülmittel nicht zu empfehlen und vermutlich auch nicht nötig ist. Lassen Sie fließendes Wasser alles mitnehmen, was für das Ritual nicht gebraucht wird und bitten Sie das Wasser, die abgewaschene Energie an die richtige Stelle zu bringen.

Wenn Sie zum Beispiel eine Feder reinigen wollen oder etwas, das kein Wasser verträgt, können Sie dies mit Rauch bewerkstelligen. Zünden Sie eines Ihrer Räucherstäbchen an und schwenken Sie den zu reinigenden Gegenstand durch den Rauch. Visualisieren Sie wieder, wie sich die nicht gebrauchte Energie mit dem Rauch davonmacht. Bitten Sie die Luft, alles an den richtigen Platz zu bringen. Eine dritte Möglichkeit besteht darin, Salz zu verwenden (siehe oben).

Wenn Sie nichts von all dem zur Hand haben, pusten Sie einfach. Nehmen Sie Ihren Gegenstand in die Hände und pusten Sie darauf, als wenn Sie hundert Jahre Spinnweben zu beseitigen hätten. Lassen Sie diesen »Wind« alle Energie davontragen, die Sie nicht brauchen.

Obwohl Sie gewöhnliche Haushaltsgegenstände wie Gläser und Schalen verwenden können, bietet es sich schon aus Zeitgründen an, besondere zur Seite zu stellen und nur für Rituale zu benutzen. So müssen Sie die Reinigungsarie nur noch ab und zu durchführen, um stets klare Energien zur Verfügung zu haben.

Auch Sie selbst brauchen eine kurze Reinigung, bevor Sie ein Ritual beginnen. Waschen Sie sich zumindest die Hände und visualisieren Sie dabei, wie das Wasser alles mit sich nimmt, was Ihrer Absicht nicht nutzt. Wenn Sie eh vor jedem Ritual ein Bad nehmen, um so besser.

Zucken Sie bei dem Wort Segnen leicht zusammen? Keine Angst, es wird jetzt nicht doch noch religiös. In jedem Ritual segnen Sie, was Sie tun. Jedesmal wenn Sie etwas sagen wie »Es möge nützen« oder etwas bekräftigen mit einem »So soll es sein«, senden Sie Segen aus. Sie erkennen damit an, was Sie gerade auf den Weg gebracht haben und übergeben Ihren Wunsch an die Kräfte des Universums. Wählen Sie für Ihren Segen Worte und/oder Gesten, die Ihnen liegen. Je schlichter sie sind, desto einfacher können Sie sie sich merken und um so leichter können Sie Ihre Aufmerksamkeit auf Ihr eigentliches Ziel richten. Bevor Sie mit einem Ritual beginnen, empfiehlt sich ebenfalls ein Segensspruch, da Ihnen dadurch mehr Energie zur Verfügung steht. Mit jedem Segen öffnen Sie sich bewusst für die Urkraft im Universum.

Sie benutzen bei jedem Ritual nicht nur Ihre eigenen Kräfte, sondern auch die der Natur und der Wesen, die wir gemeinhin als Götter bezeichnen. Mit einem Segen erkennen Sie lediglich an, dass noch andere Kräfte als Ihre eigenen im Spiel sind, wenn Sie magisch arbeiten. Zum Glück, wie ich immer wieder festgestellt habe, denn wer hätte sonst meine gelegentlich schon haarsträubenden Versäumnisse wieder ausgebügelt. Verlassen Sie sich auf die innere Weisheit der Natur und ihrer Geister. Segnen Sie Ihre Rituale, Ihre Kraftgegenstände, die Räume, in denen Sie sich aufhalten, die Menschen, die Ihnen täglich begegnen. Wenn Sie dies nur einen Tag lang ausprobieren, werden Sie überrascht sein, welche Wirkung schon diese einfache Übung hat.

Sicherheit geht vor

Was Sie auch tun und welcher Tradition Sie sich auch nahe fühlen, um eine unabdingbare magische Regel kommen Sie nicht herum: Schaden Sie niemandem – weder sich selbst noch einem anderen Lebewesen, niemandem.

Es ist verführerisch, magische Macht zu nutzen, um andere zu manipulieren. Wer diesen Weg einschlägt, weckt in sich selbst allerdings große zerstörerische Kräfte, die von innen her früher oder später für Chaos sorgen werden. Gleich welcher magischen Schule sich jemand zugehörig fühlt, dieses Gesetz ist keine Ansichtssache. Dies mag hart klingen, ist aber so unausweichlich wie ein Erdbeben oder eine Flutwelle, gleich wie gut sich der Schwarzmagier auch zu schützen meint.

Wer andere verflucht, verflucht zuerst sich selbst. Dazu kommt, dass schwarze Magie nicht dem natürlichen Lebensfluss entspricht, sie ähnelt dem Versuch, gegen eine reißende Flut anzuschwimmen. Ich finde nicht, dass dies nach Spaß oder einem befriedigenden Ergebnis aussieht. Ich bin eher praktisch veranlagt, Magie muss praktisch sein und erfolgreich, ohne dass ich dafür gleich mit meiner Seele bezahle.

Die verführerischste Falle in der Magie ist der ach so gut gemeinte Wunsch, jemandem zu helfen. Doch auch wenn Sie es noch so gut meinen, mischen Sie sich nicht in das Leben anderer Menschen ein, wenn diese Sie nicht darum gebeten haben. Aber Ihre beste Freundin ist doch krank und Sie haben gerade *den* Zauberspruch gefunden, der ihr helfen wird. Vergessen Sie's. Wenn Sie sich ungebeten einmischen, manipulieren Sie, egal mit welcher Absicht. Nichts nervt mehr als wohlmeinende Helferlein, die nichts als Schaden anrichten. Weiße Magie fragt immer vorher nach. Wenn Sie sich nicht ganz sicher sind, ob jemand Ihrem Zauber zustimmt, lassen Sie es sein. Wenn *es* passieren soll, wird sich auch später noch eine Gelegenheit finden.

Auch in der Magie gibt es Sicherheitsfragen. Vermeiden Sie zum Beispiel, sich selbst oder die Wohnung abzufackeln. Das könnte Ihnen nie passieren? Am Weihnachtsabend kann sich auch keiner vorstellen, dass ausgerechnet sein Tannenbaum

Feuer fängt – und trotzdem schieben die Feuerwehrleute am Heiligabend Überstunden. Unterschätzen Sie niemals die Gefahr von offenem Feuer, auch wenn es nur eine Kerze ist. Wenn Sie keine sichere Möglichkeit haben, eine freistehende Kerze anzuzünden, versuchen Sie es mit Windlichtern, die es zum Aufstellen auf Friedhöfen gibt.

Doch nicht nur Schutz vor den Flammen oder neugierigen Blicken ist angesagt. Auch Ihr Seelenleben sollten Sie schützen. Dies klingt hochtrabend, aber wenn Sie zu irgendeinem Zeitpunkt das Gefühl bekommen, dass Sie sich nicht mehr wohl fühlen, beenden Sie sofort das Ritual oder die Übung. Wenn Sie wegen psychischer Beschwerden in ärztlicher Behandlung sind, machen Sie Ihre Übungen nur, wenn jemand anders in der Nähe ist. Bei diesen Vorsichtsmaßnahmen geht es nicht darum, ob der Umgang mit Magie an sich gefährlich ist.

Stellen Sie sich vor, Sie drücken einem sehr zittrigen Mann eine Rasierklinge in die Hand und sagen ihm, er solle sich den Bart abnehmen. Natürlich wird der Gute sich schneiden, das wussten Sie doch schon vorher. Ebenso ist es mit der Magie. Wenn Sie zittrig sind und unter Belastungen leiden, die Sie innerlich stark verunsichern, lassen Sie erst einmal die Finger davon. Führen Sie fürs Erste nur die einfachen Übungen wie jene zur Meditation durch, üben Sie zu visualisieren und machen Sie die folgende Schutzübung. Von allem anderen lassen Sie bitte vorerst die Finger.

Denken Sie jetzt nicht, dass Ihnen irgendwelche gruseligen Gestalten à la Frankenstein auf den Fersen sind. Wir haben einen Schutz gegen Energien, die uns nicht gut tun, den die meisten von uns ihr Leben lang nutzen, ohne sich dessen jemals bewusst zu werden. Mit diesem spirituellen Immunsystem werden wir geboren. Sobald Sie anfangen, sich der Energien bewusst zu werden, die um Sie herum aktiv sind, besteht allerdings die Möglichkeit, dass Sie diese Energien wahllos aufnehmen. Besonders wenn Sie noch nicht so viel Übung darin haben, wie Sie am besten und sichersten mit verschiedenen Ebenen von Energie und Magie umgehen, ist ein Schutz sinnvoll.

Bei dieser Übung geht es also nicht so sehr darum, sich vor einer bestimmten Sache zu schützen, sondern sich vielmehr den geschützten Raum bewusst zu machen, in dem wir uns natürlich bewegen. Die folgende Übung verstärkt diesen Schutz und dehnt ihn aus.

Sie können diese Übung mehrmals täglich ausführen, mindestens jedoch einmal im Monat (Vollmond eignet sich besonders gut dazu).

Die Schutzübung

Suchen Sie sich einen Platz, an dem Sie sich für eine Weile ungestört hinlegen können. Machen Sie es sich bequem und sorgen Sie dafür, dass Ihnen warm genug ist.

Liegen Sie vollkommen entspannt da und schließen Sie die Augen, beobachten Sie Ihren Atem, bis Sie ganz in der Ruhe sind.

Stellen Sie sich vor, auf einem hohen Berg zu stehen. Sehen Sie sich um, genießen Sie die Aussicht hoch über den Wolken. Die Sonne strahlt vom klaren, blauen Himmel, es ist wunderbar warm.

Sie stellen sich so, dass Sie direkt zur Sonne sehen können. Richten Sie Ihre Aufmerksamkeit auf Ihr Herz und erweitern Sie dann langsam Ihre Wahrnehmung auf Ihren gesamten Körper. Spüren Sie Ihre Haut, die Sie gegen die Einflüsse der Außenwelt abschirmt. Spüren Sie auch die verschiedenen feinstofflichen Energiekörper, die Ihren Energiehaushalt abschirmen. Sie können sie möglicherweise als farbigen Lichtschimmer sehen oder sie auch nur als feine Membrane wahrnehmen.

Richten Sie nun Ihre Aufmerksamkeit wieder auf Ihr Herz. Senden Sie von dort einen dünnen, aber kräftigen

Faden von Licht in Richtung Sonne, bis Sie spüren, dass Sie »angedockt« sind.

Lassen Sie von der Sonne her goldenes Licht an dem Verbindungsfaden entlang zu Ihrem Herzen fließen. Das Licht tröpfelt zuerst in Ihr Herz, dann fließt es, und wenn Ihr Herz ganz von goldenem Licht erfüllt ist, fließt das Licht über und beginnt Ihren ganzen Körper zu erfüllen. Genießen Sie diesen Zustand.

Wenn sich Ihr ganzer Körper mit Licht gefüllt, hat trennen Sie die Verbindung, der Verbindungsfaden löst sich auf. Bleiben Sie einen Augenblick mit Ihrer Aufmerksamkeit bei dem Licht in Ihnen.

Formen Sie das Licht so zu einer Art zweiter Haut, dass Sie ganz davon eingehüllt und erfüllt sind. Die äußere Hülle ist zwar widerstandsfähig, aber durchlässig. Was Ihnen nicht gut tut, prallt daran ab. Schieben Sie die Hülle mit Ihren Händen ein Stück von sich weg, sie ist elastisch. Wenn Sie sich an Ihre Energiehülle gewöhnt haben, danken Sie der Sonne und lassen sich zurück in Ihren Körper sinken.

Lassen Sie sich Zeit, richtig anzukommen. Genießen Sie die Wärme in Ihrem Körper, bewegen Sie Ihre Finger und Zehen, beobachten Sie Ihren Atem. Wenn Sie wieder vollkommen im Hier und Jetzt sind, öffnen Sie langsam wieder die Augen.

Lassen Sie sich viel Zeit mit dem Aufstehen, damit Ihnen nicht schwindelig wird.

Machen Sie diese einfache Übung wenn möglich am Anfang täglich. Sie werden überrascht sein, wie viele neue Erfahrungen Sie durch sie in Ihrem Alltag machen werden.

Ritueller Hokuspokus

Alles kann ein Ritual sein, jede Handlung, die wir wiederholt und mehr oder weniger gleich ausführen, ist nach unserem Sprachgebrauch eine rituelle Handlung. Dazu gehören schon so simple Dinge wie das Zähneputzen und Händewaschen, bevor man ins Bett geht, oder die Art, wie man ein belegtes Brot zubereitet. Der Unterschied zwischen einer normalen gewohnheitsmäßigen Handlung und einem wirklichen Ritual liegt in der bewußten Absicht, mit der das Ritual ausgeführt wird. Um noch einmal auf mein Beispiel mit der Gruppenreise in England und dem Wasserzauber zurückzukommen: Unser Ritual funktionierte deshalb so gut, weil wir nicht nur einen vertrauten Ablauf – in verkürzter Form – benutzten, sondern auch mit unseren Gedanken und vor allem mit unserem Fühlen völlig bei der Sache waren.

Bei der Sache zu sein ist wichtig beim Zaubern. Man stelle sich vor, man sitzt im Auto und passt nicht richtig auf, damit kann man im schlimmsten Fall sein Leben oder das anderer Menschen gefährden. Mit der Magie ist es auch nicht anders. Wenn man sich ablenken lässt, kann ein Ritual arg danebengehen – abgesehen davon, dass man seine Zeit verschwendet, weil man sein Ergebnis nicht erreichen kann.

Doch bevor Sie jetzt mit einem weisen Kopfnicken und einem »Ich wußte es doch« das Ganze wieder zu den Akten legen: Auch wenn mal etwas schief geht, läßt sich in jedem Fall noch etwas machen (siehe das Kapitel über Erste-Hilfe-Zauber). Denken Sie daran, dass alles ständig in Bewegung ist.

Energie aussenden

Wenn Sie ein Ritual durchführen, schicken Sie mit Ihrer Vision Energie ins Universum, die Ihren Wunsch aus dem Ritual erfüllen soll. Es ist wichtig, diese Energie mit so viel »Schmackes« wie nur möglich auf die Reise zu schicken. Je klarer und »lauter« Sie Ihren Wunsch auf den Weg bringen, desto besser das Ergebnis.

Besonders gut lässt sich Energie auf ein Ziel richten, wenn Sie es durch einen Zauberstab oder einfach durch Ihre Finger losschicken. Um herauszufinden, welcher Finger dafür besonders geeignet ist, probieren Sie sie nacheinander aus. Sie werden sehr schnell wissen, welcher der Richtige ist. Wenn Sie die Energie aussenden, machen Sie eine Bewegung, als wenn Sie auf etwas in der Ferne zeigen (Ihr Ziel nämlich). Geben Sie Ihre ganze Kraft hinein und das Universum wird zuhören.

Der Kraftplatz

Bevor Sie richtig loslegen, brauchen Sie einen Kraftplatz – in der Stadt nicht immer einfach zu finden. Wenn Sie viel grüne Landschaft um sich haben, ist es kein Problem, einen Ort zu auszumachen, an dem Energie besonders gut fließt und an dem Sie sich besonders wohl fühlen. Alte Bäume sind besonders gut geeignet, Steinkreise oder andere heilige Stätten schon von Natur her. Aber wo gibt es die schon in der Stadt?

Fangen Sie mit dem einfachsten an. Suchen Sie zuerst einen Kraftplatz innerhalb Ihrer Wohnung. Um den richtigen Ort dafür zu finden, sollten Sie wieder eine Zeit wählen, in der Sie ungestört sind. Gehen Sie durch Ihre Wohnung, setzen Sie sich an verschiedenen Plätzen hin. Bleiben Sie an unterschiedlichen Plätzen stehen, wechseln Sie die Richtung, in die Sie sehen. Es ist völlig egal, ob Sie vielleicht merkwürdig aussehen, wenn Sie in Ihrer Badewanne stehen und die Wand anstarren. Bleiben Sie – mit oder ohne Schuhe – zum Beispiel in der Wanne stehen und schließen Sie für einen Augenblick die Augen. Lassen Sie die Energie des Ortes auf sich wirken. Fühlen Sie sich eher entspannt oder regt Sie die hier anwesende Energie eher an?

Machen Sie diese kleine Übung so oft und so lange, wie Sie wollen. Sie müssen auch nicht gleich beim ersten Mal einen geeigneten Platz für Ihren Kraftort finden. Vielleicht erleichtert es Ihnen eine geeignete Stelle zu finden, wenn Sie sich eine Zeichnung Ihrer Wohnung anfertigen und mit farbigen Stiften eintragen, wo es sich anregend anfühlt und wo Sie eher das Gefühl von

Beruhigung empfinden. Lassen Sie sich ein paar Tage oder auch Wochen für die Suche Zeit, sie hat keine Eile.

Der Kraftplatz in Ihrer Wohnung sollte Ihnen ein ausgewogenes Gefühl von Anregung und Entspannung vermitteln. Wenn Sie sich einen Ort aussuchen, der wie ein Glas Sekt auf Sie wirkt, könnte das bei Ritualen dazu führen, dass Sie über Ihr Ziel hinausschießen. Suchen Sie sich dagegen einen Platz aus, der Sie zu sehr entspannt, wachen Sie vielleicht am nächsten Morgen auf dem Fußboden auf und haben nicht nur einen steifen Nacken, sondern haben auch Ihr Ritual unbeendet gelassen.

Probieren Sie's mal mit einer ruhigen Ecke oder einem unbenutzten Wandstück an der Nordseite Ihrer Wohnung. Dort gehört Ihr Kraftplatz traditionell hin. Aber wenn es Ihnen an einer Süd-, Ost- oder Westwand besser gefällt, nur zu. Es ist *Ihr* Kraftplatz. Sie können ihn auch wandern lassen, bis Sie den geeignetsten Ort ausgemacht haben. Experimentieren Sie.

Sie können es auch mit zwei Kraftplätzen versuchen: einem, an dem Sie sich aufladen können und einem anderen, der sich für Rituale und dergleichen eignet. Für Ihren rituellen Kraftplatz brauchen Sie einen relativ geschützten Ort. Ich hatte meinen jahrelang auf einer Kommode, die zwischen zwei Bücherregalen im Wohnzimmer stand. Da ich Ornamente sehr schätze, hätte der flüchtige Betrachter das Ganze für eine seltsame Ansammlung von bunten Steinen, Federn und seltsamen Gestalten halten können. Kerzen stehen bei mir eh überall herum.

Wenn Ihnen solch ein Platz zu öffentlich erscheint, ziehen Sie mit Ihrem Kraftplatz zum Beispiel ins Schlafzimmer um. (Interessanter Test für einen neuen Lover: Mustert er oder sie Sie skeptisch, wenn Sie die Federn und Steine erklären?)

Ein Altar ist ein Kraftplatz, an dem Sie Rituale und Zeremonien abhalten, nicht mehr und nicht weniger. (Fallen Sie also bitte nicht gleich auf die Knie, wenn ich davon spreche.) Auf Ihren Altar stellen und legen Sie alles, was Ihnen beliebt, nur Vorsicht: nicht zu viel des Guten. Eine Kerze, eine Schale mit Wasser (wenn Sie das Wasser nicht täglich erneuern wollen, genügt auch die Schale ohne Wasser), eine Feder und ein Stein reichen schon, um alle Elemente zu versammeln.

Zur Dekoration können Sie nehmen, was Ihnen gefällt. Die strengen Hexen werden darauf bestehen, ausschließlich natürliche Materialien zu verwenden, aber ich finde, dass erlaubt ist, was passt (finden Sie für sich heraus, ob der Plastik-Gnom wirklich dazu geeignet ist, für die Erdgeister zu stehen). Wichtig ist die Verbindung, die Sie zu den Gegenständen haben. Je mehr Sie die Dinge auf Ihrem Kraftplatz schätzen, desto besser können Sie mit ihnen arbeiten. Eines meiner Lieblingsteile ist eine kleine Adlerfeder, von der ich bis heute nicht weiß, woher ich sie habe. Ich bin eine Art zweibeiniger Hamster und sammle fast alles. Woher ich aber diese Feder bekam – keine Ahnung. Sie reist sogar mit mir, wenn ich Workshops gebe. Allerdings liegt sie nicht an meinem Kraftplatz, weil ich zwei kleine Katzen habe, die nicht nur Taschentücher zerfleddern, sondern auch mit allem spielen, was ihnen sonst noch unter die Krallen kommt. Mit Kindern ist es ähnlich. Also suchen Sie sich nicht nur schöne Dinge zusammen, sondern auch *praktische* (soll heißen haltbare). Die andere Möglichkeit ist, einen Kraftplatz in einem Raum einzurichten, der weniger benutzt wird, im bereits erwähnten Schlafzimmer zum Beispiel. Wenn Sie es ganz luxuriös haben, können Sie möglicherweise einen Raum Ihr eigen nennen, der nur für Magie benutzt wird, so viel Platz in Haus oder Wohnung ist allerdings sehr selten.

Haben Sie einen Kraftplatz ausgemacht und alles beisammen, was Sie brauchen, überlegen Sie, welches Element zur Zeit im Mittelpunkt stehen soll. Nehmen Sie eines, das Ihnen besonders liegt, oder eines, mit dem Sie bisher wenig anfangen konnten.

Bevor Sie Ihren Kraftplatz das erste Mal benutzen, laden Sie ihn auf.

Den Kraftplatz aufladen

Stellen Sie eine Kerze in die Mitte Ihres Kraftplatzes, eine weiße eignet sich am besten dazu, denn sie passt für alle Lebenslagen.

Zünden Sie die Kerze an und visualisieren Sie den goldenen Kerzenschein, wie er Ihren Altar erfüllt.

Bleiben Sie ein paar Minuten dabei, lassen Sie alle Gegenstände in dem goldenen Licht leuchten und erinnern Sie sich daran, warum sie etwas Besonderes sind.

Bedanken Sie sich bei den Elementen, besonders beim Feuer, und löschen Sie die Kerze wieder.

Der Wohnungs-Kraftplatz eignet sich besonders gut für Meditationen am Ende eines langen Tages, oder morgens, bevor es richtig mit der täglichen Hektik losgeht, je nachdem, ob Sie eine Frühaufsteherin oder eine Nachteule sind.

Wenn Sie einen Platz ausgewählt haben, machen Sie hier Ihre Meditationen und wenn es geht auch alle Ihre Rituale – sofern sich dies für Sie »richtig« anfühlt. Wenn Sie zum Meditieren lieber woanders sind, machen Sie es dort. Ich habe immer in einer Ecke meines Schlafzimmers meditiert – und immer hervorragend geschlafen.

In meinem jetzigen Zuhause steht mein Hausaltar im Schlafzimmer und ich meditiere tatsächlich am liebsten unter der Dusche (was den entscheidenden Nachteil hat, dass ich aus Gründen des Umweltschutzes nur sehr kurz meditiere, um nicht so viel Wasser zu vergeuden).

Wechseln Sie den Platz, an dem Sie magische Reisen durchführen oder meditieren, gelegentlich und achten Sie darauf, wie sich damit auch Ihre Energie verändert. Nutzen Sie die unterschiedlichen Energien an unterschiedlichen Orten. Und wenn Sie nicht gerade das Gedächtnis eines Computers haben, schreiben Sie auf, welche Dinge wo und wie besonders gut funktioniert haben. Auf diese Weise sparen Sie bei späteren Ritualen viel Zeit.

Wenn Sie sich an Ihren Kraftort zu Hause gewöhnt haben, suchen Sie sich auch draußen einen. Es muss kein besonderer Ort sein. Steinkreise stehen schließlich nicht in jeder Stadt herum. Machen Sie es außerhalb Ihrer vier Wände ähnlich wie in ihnen. Gehen Sie einfach herum. Suchen Sie sich Plätze, die Ihnen seit eh und je besonders gefallen. Während ich mitten in der Hamburger City lebte, hatte ich einen Kraftplatz unter einer Weide an der Alster, einem Fluss, der durch diese Stadt fließt. Hinter mir auf der Straße rauschte zwar der Verkehr, aber unter den herabhängenden Zweigen der Weide war es erstaunlich ruhig. Wenn Sie keinen besonderen Draht zu Bäumen haben, suchen Sie sich Gebäude aus, deren Energie Ihnen gefällt. Häufig finden Sie in Kirchen solche Kraftplätze, da viele dieser Gebäude an Orten errichtet wurden, die früher bereits als heilige Stätten betrachtet wurden. Ich habe eine besondere Vorliebe für romanische und gotische Kirchen. Mir gefällt bei den einen, wie wuchtig und bodenständig sie sind, bei den anderen, dass sie kaum aus Stein zu bestehen scheinen. Zudem haben alte Kirchen in ihren Mauern Jahrhunderte von Spiritualität gespeichert.

Der Vorteil von Kirchen ist außerdem, dass Sie ein Dach über dem Kopf haben und es niemand merkwürdig findet, wenn Sie still dasitzen, die Augen geschlossen halten oder gar etwas vor sich hin murmeln. Wichtig ist dabei nur, dass Sie andere in Ihrem Tun nicht stören. Wilde Tempeltänze sollten Sie lieber in abgelegenere Winkel verlagern.

Das richtige Ritual für Sie

Nun haben Sie Ihren Kraftplatz und können visualisieren, einem Ritual steht also nichts mehr im Weg. Für eine Grundausstattung, mit der sich Rituale für jede Lebenslage entwerfen lassen, braucht die angehende Hexe nicht viel.

Zunächst brauchen Sie Gegenstände, die für die vier Elemente stehen:

Füllen Sie *Erde* in eine flache Schale oder holen Sie von draußen einen ganz alltäglichen Stein vom Feld, von einem Fluss oder vom Strand. Gehen Sie in einen Park, wenn Sie keine Felder haben, oder ins Kaufhaus. In der Abteilung für Zimmerbrunnen oder beim Zubehör für Aquarien werden Sie garantiert fündig. Stein ist Stein, auch wenn so mancher ernsthafte Magier voller Protest aufschreien mag. Nehmen Sie, was Ihnen zur Verfügung steht und was Ihnen gefällt.

Wenn Sie Erde vom Feld oder aus einem Beet benutzen, müssen Sie keine besonderen Vorbereitungen treffen. Steine, die direkt aus der Natur kommen, brauchen Sie ebenso nicht lange zu behandeln, bevor Sie sie benutzen können. Bei Steinen aus dem Kaufhaus liegt das Ganze etwas anders. Die Art und Weise, mit der diese aus dem Boden geholt werden, beeinträchtigt einen Teil ihrer Energie, ja zerstört sie manchmal sogar. Wie alles andere haben aber auch Steine den Hang, in ihre ursprüngliche Form zurückzukehren, das heißt mit etwas Hilfe von Ihrer Seite können Sie aus einem »herumgeschubsten« Stein ein echtes Kleinod machen.

Steine von störenden Einflüssen zu reinigen ist recht einfach. Sie können den Stein in die Hand nehmen und kräftig pusten (dieses Pusten wird Ihnen noch einige Male über den Weg laufen, sehr praktisch und kostenlos). Mit Ihrem Atem visualisieren Sie, wie sich alle Beeinträchtigungen von dem Stein lösen und als reine Energie ins Universum zurückkehren. Eine zweite Möglichkeit ist, den Stein in Salz zu legen. Nehmen Sie gewöhnliches Speisesalz, Meersalz wenn möglich. Legen Sie Ihren Stein in ein Gefäß, das Sie mit dem Salz auffüllen, bis der Stein vollständig damit bedeckt ist. Lassen Sie ihn darin, bis Sie ihn das nächste Mal brauchen. Wenn Sie es ganz gut meinen, lassen Sie ihn eine ganze Mondphase lang im Salz. Wenn Sie den Stein herausgenommen haben, können Sie dasselbe Salz auch noch für andere Steinreinigungen verwenden. Nur zum Kochen eignet es sich nicht mehr. Schließlich wollen Sie ja nicht plötzlich das in sich tragen, was der Stein gerade von sich gegeben hat.

Apropos Mond: Auch das Mond- und das Sonnenlicht sind hervorragende magische »Saubermänner«. Ich kaufe fast alle Halbedelsteine, mit denen ich arbeite oder die ich bei mir in der Wohnung benutze, im Kaufhaus oder Bastelgeschäft. Nach dem Kauf lege ich sie auf meiner kleinen Terrasse aus und lasse sie von einem Vollmond zum nächsten draußen. Die Steine sind nach einer solchen Behandlung wie gerade aus der Erde geholt.

Wasser für Ihr Ritual kommt aus der Leitung. Sie können ein einfaches Weinglas als Kelch benutzen, eine Dessertschale nehmen oder sich auch ein spezielles Gefäß zulegen. Wie gesagt, erlaubt ist, was Ihnen gefällt.

Für das *Feuer* brauchen Sie Kerzen in sicheren Haltern. Kerzen gibt es in allen Formen, Farben und Größen. Welche Sorte Sie vorziehen, bleibt ganz Ihnen überlassen. Wenn Sie keine Lust haben, sich eine farbige Auswahl an verschiedenen Kerzen zuzulegen, nehmen Sie die einfachsten weißen Haushaltskerzen, die Sie finden können. Wenn Sie dann einen Liebeszauber machen möchten, bei dem Sie eigentlich eine rosafarbene Kerze bräuchten, verwandeln Sie Ihre schlichte weiße Kerze in etwas magisch Buntes. Dazu nehmen Sie Ihre weiße Kerze – sie kann übrigens auch ein normales Teelicht sein – und halten sie zwischen den Händen. Visualisieren Sie dabei, worum es bei Ihrem Ritual oder Zauber gehen soll und schicken Sie diese Energie, dieses Wissen in die Kerze. Spüren Sie, wie diese Informationen durch Ihre Hände hindurch in die Kerze einströmen. Wenn Sie noch ein Übriges tun wollen, können Sie die Kerze mit einem entsprechenden Öl (siehe Abschnitt über ätherische Öle, Seite 161) einreiben. Oder Sie schreiben Ihren Wunsch und Ihre Absicht auf die Kerze (ein kleiner Nagel eignet sich gut zum Ritzen). Dann benutzen Sie die Kerze, wie Sie es sich für Ihr Ritual vorgenommen haben.

Für die *Luft* brauchen Sie Räucherwerk. Damit ist es so eine Sache, denn es liegt normalerweise nicht einfach in der Küchenschublade herum. Gute Räuchermischungen sind nicht so leicht zu bekommen, doch die meisten Esoterikläden bieten inzwischen eine gute Auswahl an. Räucherstäbchen gibt es ebenfalls in vielen Geschäften zu kaufen (wer keinen Rauch verträgt, kann auch ätherische Öle verwenden).

In diesem Fall gehe ich ausnahmsweise von meinem Rat ab, das Preiswerteste reiche vollkommen aus. Beim Räucherwerk lohnt es sich nicht zu sparen. Ein kleiner metallener Halter, Holzkohlenplättchen und richtiges Räucherwerk aus dem Glas sind einfach unschlagbar.

Wer es sich einfach machen will, nehme Räucherstäbchen. Die lassen sich am besten in eine Schale mit Sand stecken. Sie halten sich gut und Sie müssen nicht alle paar Minuten nachsehen, ob die Glut oder Asche nicht gerade Ihre Einrichtung in Mitleidenschaft zieht. Räucherstäbchen können Sie außerdem in Behältern (zum Beispiel Kochtöpfen) befestigen, die feuerfest sind oder Wasser enthalten.

Falls Sie Kohleplättchen verwenden, denken Sie daran, sie immer etwas im Voraus anzuzünden, da sie einige Zeit brauchen, bis sie durchgeglüht sind. Am besten stecken Sie sie kurz bevor Sie mit Ihrem Ritual beginnen an, dann sind sie genau richtig, wenn Sie sie brauchen.

Wie bei allem, was mit Feuer zu tun hat (in diesem Fall nicht mit dem Element, sondern mit der profanen Glut), sollten Sie unbedingt darauf achten, dass nichts Feuer fangen kann. Stellen Sie sicher, dass Ihre Kohleplättchen auf einer hitzebeständigen Unterlage liegen, die Sie anheben können, ohne sich dabei die Finger zu verbrennen (die Dinger werden heißer, als Sie denken). Ich nehme dazu gern Austernschalen (im Fischgeschäft oder bei einem Fischrestaurant kostenlos erhältlich), die ich auf flache Steine oder einen Korkuntersetzer lege.

Für ein Ritual hilfreich sind Rasseln, Glocken oder eine Trommel. Unbedingt notwendig sind sie aber nicht. Rasseln wirken wie Trommeln direkt auf Ihr vegetatives Nervensystem und machen es leichter, sich auf andere Wahrnehmungsebenen einzustellen. Aus kleinen Zierkürbissen können Sie wunderschöne Rasseln herstellen, kleine Messingglocken bekommen Sie in jedem Kaufhaus. Glocken reinigen mit ihren Schwingungen die Umgebung, also nicht über die Kirchenglocken am Sonntagmorgen ärgern. Genießen Sie zur Abwechslung mal die dadurch gereinigte Atmosphäre.

Eine Trommel zu finden ist schon komplizierter – und teurer. Ich habe meine erste Trommel in einem Musikgeschäft gekauft und die Trommelstöcke selbst hergestellt. Trommelstöcke aus dem Laden tun es jedoch auch.

Einen kleinen Haken hat die ganze Kauferei allerdings. Sie kostet nicht nur Geld, sondern auch Energie. Alles was Sie selbst fertigen, müssen Sie nicht erst an Ihre Energie »gewöhnen«. Was Sie über Wochen in Händen hatten und bearbeitet haben, ist bereits auf Sie eingestimmt. Gekaufte Gegenstände sollten Sie deshalb erst einmal gut ablagern lassen, bevor Sie sie für ein Ritual benutzen. Legen Sie sie unter Ihr Kopfkissen oder auf die Fensterbank. Behalten Sie sie im Auge und in Ihren Gedanken, nehmen Sie sie des öfteren in die Hand und nehmen Sie sie mit, wenn Sie meditieren oder etwas visualisieren. Verändern und benutzen Sie die gekauften Gegenstände bei Ihren Visualisierungsübungen, bis Sie das Gefühl haben, sie schon immer gekannt zu haben.

Sie können Ihre Ritualgegenstände auch schmücken. Sie müssen dazu nicht Frida Kahlo sein, ein paar bunte Bänder an die Trommel gebunden, die Ihnen besonders gefallen, eine selbstgedrehte Kordel für die Glocke – und schon gehören all diese Gegenstände persönlich und unverwechselbar zu Ihnen.

Was Sie auch immer magisch tun, Salz ist unersetzbar. Wenn Sie nichts anderes dabeihaben, nur Salz (in einer leeren Filmdose leicht mitzunehmen) reicht schon, um zum Beispiel ein Hotelzimmer zu klären und zu reinigen.

Streuen Sie etwas Salz auf die Handfläche, stellen Sie sich mitten ins Zimmer und schließen Sie die Augen.

Beobachten Sie Ihren Atem und gehen Sie in die Ruhe.

Öffnen Sie Ihre Augen, bleiben Sie aber bei Ihrer veränderten Wahrnehmung. Nehmen Sie eine Prise Salz zwischen die Fingerspitzen und streuen Sie es schwungvoll in eine Zimmerecke. Visualisieren Sie dabei, wie das Salz alles auflöst, was Ihnen nicht nützlich ist. Wiederholen Sie diesen Vorgang im Uhrzeigersinn in jeder Zimmerecke.

Wenn Sie fertig sind, schließen Sie wieder kurz die Augen und lassen in Ihrem Hotelzimmer eine goldene Lichtglocke entstehen. Wenn Sie die sauber am Platz haben, kehren Sie in Ihre alltägliche Wahrnehmung und in Ihren Körper zurück. Bewegen Sie Ihre Füße und Finger und öffnen Sie wieder die Augen.

Dieses einfache kleine Ritual können Sie an jedem Ort durchführen.

Zaubersprüche

Wir alle kennen interessant gewandete Zauberer und Hexen aus Kindergeschichten und Märchen, die mit flatternden Ärmeln und hocherhobenen Händen lautstark wunderbar Zauberreime von sich geben. Und schwupp – wird aus der Heldin eine Kröte oder dem Prinzen ein Frosch. Was aber, wenn Sie nicht zu den großen Dichterinnen unserer Zeit gehören?

Die gute Nachricht ist, dass Zaubersprüche sich nicht reimen müssen. Wenn Sie einen Satz lange genug probieren und finden, dass er zu Ihrem Vorhaben passt, benutzen Sie ihn – ob Reim oder nicht. Kurz soll er sein. Ebenso wichtig ist, dass Ihr Satz nicht zu kompliziert ist, keine Verneinungen enthält und keine Absichtserklärungen. Dies ist so ähnlich wie beim positiven Denken. Wenn Sie das Negative auch nur erwähnen, das Sie eigentlich loswerden wollen, hört Ihr Körper, Ihr Unterbewusstsein oder Ihr höheres Selbst nur diesen Teil. Wenn Sie etwas sagen wie »Ich will nicht mehr ängstlich sein und mich wohl fühlen« haben Sie keine Chance. Eine Absichtserklärung bringt gar nichts. »Ab sofort will ich mutig sein und fühle mich wohl« hat da schon eine ganz andere Power. Ihre Wahrnehmung richtet sich sofort auf das, was Sie erreichen wollen, nimmt wahr, dass es Ihnen ernst ist und dass Sie ab sofort etwas Neues in Gang bringen. Außerdem hören Ihr inneres Selbst und das Universum gleich das, was Sie tatsächlich sein wollen und können die gesammelten Kräfte auf dieses Ziel richten.

Stellen Sie sich vor, Sie schicken jemanden zum Einkaufen. Wenn Sie dieser Person zunächst all das erklären, was Sie nicht mitgebracht haben wollen und dann annehmen, dass Ihr Einkäufer schon wissen wird, was er mitbringen soll, bekommen Sie nie den Liter Milch, den Sie haben wollten. Es ist wie im Supermarkt. Sie schicken die Energie los, um für Sie genau auf dem richtigen Regal die richtige Sache zu finden, ohne Umwege.

Aber noch mal zu den Reimen: Wenn Sie können und mögen, reimen Sie, was das Zeug hält. Reime haben im magischen Alltag viele Vorteile. Sie können sich einen Reim besser merken, als wenn Sie einfach nur eine halbe Textseite durchlesen. Bis heute erinnere ich mich noch daran, welche Präpositionen im Lateinischen mit dem Ablativ stehen, weil wir damals einen dusseligen kleinen Reim dafür gelernt haben. Die kleinen rhythmischen Sprüche und Kinderreime haben wir ebenso noch im Kopf.

Wenn Sie aber partout nicht reimen können oder wollen, versuchen Sie es mal mit einem Rhythmus. Dabei gilt wieder das Gleiche wie beim Text: Je einfacher und eingängiger er ist, um so leichter können Sie ihn sich merken und um so leichter wird es Ihnen fallen, Ihre Energie damit auf die Reise zu schicken. Probieren Sie verschiedene Möglichkeiten aus. Ein paar Beispiele für rhythmische Zeilen, wie sie in Ihrem Ritual hilfreich sein können:

Ich hab den Job, der mir gefällt.

(Anstatt: Ich wünsche mir, dass ich einen Job finde, der zu mir passt.)

Ich bin gut gelaunt, voll Kraft, gesund.

(Anstatt: Ich bin gut gelaunt und habe viel Kraft, gesundheitlich geht es mir gut.)

Vor ein paar Jahren erklärte mir ein Chirurg nach einer Handoperation, ich müsse in nächster Zukunft an allen Fingern beider Hände operiert werden, weil sich im Laufe der Zeit dort Ablagerungen ergeben würden. Ich hatte keineswegs vor, deshalb noch einmal unters Messer zu müssen. Ich sagte mir also bei jeder passenden (und unpassenden) Gelegenheit folgende Worte vor: Sehne glatt, Finger heil. Ich habe seitdem nie wieder Probleme mit meinen Fingern gehabt (auch wenn dieser Satz mir sicher keine Lorbeeren als Dichterin einbringt).

Wenn Sie einen Rhythmus und die passenden Worte gefunden haben, klopfen Sie den Rhythmus auf den Tisch oder singen Sie Ihren Satz unter der Dusche, probieren Sie so lange herum, bis Sie etwas gefunden haben, das passt und das Sie leicht behalten können. Dann bauen Sie Ihren Zauberspruch in Ihr Ritual ein.

Linksherum und rechtsherum

»Das ist eine linke Nummer.« »Das sehen Sie im rechten Licht.« Unzählige Redensarten weisen darauf hin, dass die Energien von »linksherum« oder »rechtsherum« vollkommen verschieden sind. In unserem Alltag sind wir daran gewöhnt, dass alles, was in Ordnung ist und gut, rechtsherum ausgeführt wird. Was nicht ganz koscher ist oder geradezu kriminell, funktioniert linksherum. Ein Vorurteil, unter dem die Linkshänderinnen unter Ihnen sicher zu leiden hatten bzw. haben.

In der Magie benutze ich zwar »linksherum« und »rechtsherum« ebenfalls zu bestimmten Gelegenheiten, doch ist damit keinerlei Bewertung verbunden. Wenn ich etwas bannen, verkleinern, verabschieden oder auflösen will, geht es nach links. Wenn ich etwas herbeirufe, verstärke, verbinde oder festschreibe, geht es nach rechts. Um mal wieder die Küche zu bemühen: Beim Abwasch empfiehlt es sich, nach links im Kreis zu bürsten, damit sich der Schmutz besser löst. Wenn ich dagegen koche, rühre ich besser im Uhrzeigersinn, um alle guten Wünsche oder Beschwörungen in die Suppe hineinzurühren.

Sich erden

Am Ende eines jeden Rituals ist es wichtig, dass Sie sich erden. Während Sie magisch arbeiten, gehen Sie mit großen Mengen Energie um, die Sie im normalen Alltag aus der Bahn werfen können. Wenn Sie mit Ihrem Ritual fertig sind, ist es wichtig, dass Sie überschüssige Energie abgeben. Legen Sie dafür ganz einfach eine Hand auf den Boden und lassen Sie alles, was Sie nicht für Ihr Ritual benutzt haben, in die Erde fließen, mit der Bitte, die Energie sinnvoll zu nutzen.

Gleichzeitig ist es wichtig, dass Sie sich mit Ihrer Aufmerksamkeit nach einem Ritual wieder auf die ganz alltäglichen Kleinigkeiten besinnen. Sonst stolpern Sie über eine Treppenstufe oder schneiden sich beim Gemüseputzen in den Finger. Stellen Sie immer sicher, dass Sie nach getaner magischer Arbeit wieder ganz im

Hier und Jetzt ankommen. Am sichersten gewährleisten Sie dies, indem Sie nach dem Ritual eine Kleinigkeit essen und trinken. Wenn ich mit anderen ein Ritual durchgeführt habe, nutzen wir hinterher die Möglichkeit, uns mit einem schönen Essen irdisch zu verankern – und nebenbei auch noch gesellig zu plaudern. Falls Sie nichts Essbares dabeihaben, bewegen Sie sich: Joggen, Spazierengehen oder auch nur einfaches Räkeln erdet Sie.

Grundaufbau eines Rituals

Ein Ritual läuft nach einem festgelegten Schema ab (deshalb heißt es schließlich so):

Sie stellen sich so vor Ihren Kraftplatz (drinnen oder draußen), dass Sie ihm mit dem Gesicht zugewandt sind oder zumindest mit dem Gesicht in dessen Hauptrichtung stehen. (Mein derzeitiger Wohnungskraftplatz liegt unter einer Dachschräge, so dass ich schlecht davor stehen kann. Aber auch ein paar Schritte zurückzutreten ist kein Problem.)

Entspannen Sie sich und achten Sie darauf, dass Ihre Knie nicht ganz durchgedrückt, sondern leicht gebeugt sind. Sie stehen so länger bequem und belasten nicht Ihre Knochen und Gelenke. Außerdem fließt so besser Energie durch Ihren Körper. Schließen Sie die Augen.

Am Anfang steht immer das Atmen. Das klingt einfach und sollte es mittlerweile auch sein, schließlich haben Sie einige Tage oder Wochen über die oben beschriebene Atem- und Meditationsübung durchgeführt.

Holen Sie also tief und ruhig Luft, bis Sie merken, dass es in Ihnen still wird und Sie wach und aufmerksam sind. Gehen Sie in die Ruhe. Wenn Sie noch nicht so weit sind, und diesen ruhigen Wachzustand noch nicht erreicht haben, lassen Sie sich mit dem Ritual noch Zeit. Probieren Sie ein großes Ritual erst, wenn Sie die einfachen Formen der Atemübungen, der inneren Ruhe und Aufmerksamkeit und des Visualisierens im Schlaf beherrschen. Sie lassen sich dann nicht mehr ablenken, Ihre Energie fließt frei und Sie haben den meisten Spaß dabei. Wenn Sie zu früh mit Ritualen anfangen, besteht die Gefahr, dass Sie entnervt aufgeben.

Wenden Sie sich nach Osten und halten Sie bei den ersten Malen noch die Augen geschlossen, später können Sie zu diesem Zeitpunkt die Augen auch öffnen. (Auch hier geht es wieder darum, dass Sie sich dann nicht mehr von Ihrer Umgebung ablenken lassen. Selbstverständlich dürfen Sie blinzeln, damit Sie nicht umfallen, wenn Sie sich den Himmelsrichtungen zuwenden.)

Bitten Sie die Elementarwesen um Aufmerksamkeit, Unterstützung und Schutz. Wählen Sie spontane Worte, die Ihnen einfallen, oder sagen Sie einen Spruch auf, den Sie sich vorher überlegt haben. Was auch immer Sie machen, halten Sie es kurz. Öffnen Sie sich für die Energie des Ostens.
Im Osten rufen Sie die Kraft der Luft, aller Anfänge, den Sonnenaufgang, den Morgen, den Wind, den Atem allen Lebens, Worte und Gespräche, Sie rufen die junge Jagdgöttin Diana oder Eos, die Göttin der Morgenröte.

Dann drehen Sie sich um 90 Grad nach Süden und bitten die hier zuständigen Elementargeister herbei. Sie rufen hier die Kraft des Feuers, der Liebe und Leidenschaft, den Funken des Lebens, die wärmende und Leben spendende Kraft der Sonne; Sie rufen Sol, die nordische Sonnengöttin; Apollo, den Gott der Dichter und der Inspiration.

Als nächstes wenden Sie sich nach Westen. Von hier rufen Sie die Kraft des Wassers, die Tiefe des Gefühls, die Ahnen, die vor uns diese Welt bewohnten, den Regen und das Meer; rufen Sie Tiamat, die Göttin aus der Tiefe des Ozeans, oder Neptun, den Gott des Meeres.

Zuletzt wenden Sie sich dem Norden zu und rufen die Kraft der Erde, das Wachsen und Sterben, den jährlichen Kreislauf, die beschützende Hand, die uns auf dieser Welt hält; rufen Sie Gaia, die alte griechische Erdgöttin, die vor allen Göttern war, oder Freya, die germanische Muttergöttin.

Halten Sie einen Augenblick inne, bitten Sie noch einmal alle Mächte, die Sie gerufen haben, um Beistand und Unterstützung und spüren Sie den geschlossenen Kreis um sich herum.

Wenden Sie sich wieder dem Kraftplatz, dem Altar oder eben der Richtung zu, die der Schwerpunkt Ihres Kraftplatzes ist. Im Idealfall ist dies Norden, wenn es aber eine andere Richtung ist, wenden Sie sich – nachdem Sie den magischen Kreis gezogen haben – dieser Richtung zu. Achten Sie nur darauf, dass Sie sich im Uhrzeigersinn weiterbewegen. Wenn Sie Ihr Ritual in Richtung Westen ausführen wollen, drehen Sie sich also noch einmal fast ganz um sich selbst nach rechts.

An dieser Stelle folgt das Ritual, das Sie sich vorher zurechtgelegt und ausgedacht haben. Während Sie Ihr Ritual durchführen, verlassen Sie den Kreis nicht.

Wenn Sie fertig sind, öffnen Sie den Kreis wieder:

Wenden Sie sich zuerst nach Norden und danken Sie den Erdgeistern und Göttern für ihre Unterstützung, ihre Aufmerksamkeit und ihren Schutz. Das Gleiche tun

Sie entgegen dem Uhrzeigersinn mit den Elementarwesen und Göttern des Westens, des Südens und des Ostens. Halten Sie wieder einen Augenblick inne und spüren Sie der Energie nach, wie sie sich auflöst.

Wenn Sie etwas für Reime übrig haben, wie wäre es mit dem folgenden, um das Ritual zu beenden:

Der Kreis ist offen, doch ungebrochen.
Froh auseinander und bald wieder getroffen.

Sehr wichtig ist es, nach jedem Ritual und jedem Zauber die restliche Energie, die Sie nicht gebraucht haben, zu zerstreuen, sie dem Universum zum »Recycling« zurückzugeben (siehe auch Seite 132).

Sie erden die Energie, indem Sie eine flache Hand auf den Boden legen und durch diese bewusst alle Energie in den Boden fließen lassen, die noch übrig ist. Machen Sie sich keine Sorgen, wohin genau Ihre überschüssige Energie geht. Mutter Gaia kann zur Zeit Energie noch und nöcher brauchen. Bitten Sie nur darum, dass diese Kraft sinnvoll verwandt wird.

Nachdem Sie den Kreis aufgelöst haben, können Sie zunächst aufschreiben, was Sie erlebt haben oder sich einfach nur einen Augenblick entspannen. Sobald der Kreis geschlossen ist, können Sie sich wieder normal in Ihrer Wohnung bewegen.

Auch wenn ich sonst etwas gegen unumstößliche Regeln habe, hier ist eine, an die Sie sich halten sollten: Solange Sie Ihren magischen Kreis nicht zeremoniell geschlossen haben, lassen Sie sich durch nichts stören oder unterbrechen. Treten Sie nicht aus dem Kreis heraus. Damit meine ich nicht, dass Sie nicht im Zimmer umhergehen können, während Sie Ihr gewünschtes Ziel bearbeiten, so »elastisch« ist der magische Kreis allemal. Gehen

Sie aber auf keinen Fall ans Telefon oder auf die Toilette (gehen Sie wie die Diplomaten *immer*, bevor es losgeht). Wenn Sie den Kreis brechen, werden zwar keine Monster aus der Unterwelt auftauchen, doch Ihr inneres Gleichgewicht kann durcheinander kommen. Schließlich hat sich Ihr ganzer Organismus auf eine bestimmte Sache eingestellt und es ist wichtig, dies nicht zu unterbrechen. Einen Schlafwandler soll man genau aus diesem Grund nicht aufwecken. Bleiben Sie also in Ihrem Kreis, bis Sie ihn offiziell geschlossen haben.

Wenn Sie für Ihr Ritual Wasser benutzt haben, gießen Sie es hinterher in ein fließendes Gewässer. Dazu zählt bei den modernen Wohnungshexen auch ein Abfluss im Bad oder in der Küche. Salzreste und was vom Räucherwerk übrig bleibt, sollten Sie idealerweise vergraben. Wenn dies aus irgendeinem Grund nicht geht, schaffen Sie sich einen großen Topf mit Erde an, in dem Sie das Ganze »verbuddeln«. Ab und zu gehen Sie damit in einen Park und düngen damit ein Beet. Geben Sie auf keinen Fall Reste von Kerzen mit in die Erde, da diese als Umweltverschmutzung gelten und nicht vom Boden aufgenommen werden können. Asche können Sie auch aus dem Fenster schütten und dem Wind überlassen, aber Vorsicht, wenn unter Ihnen jemand gerade das Fenster geöffnet hat. Höfliche Rücksicht ist nicht nur in der Anderswelt gefragt.

Magische Praxis von A bis Z

Ein Ritual können Sie sich für jede Lebenslage ausdenken. Möglicherweise entwickeln Sie eines, können sich im Augenblick aber nicht vorstellen, wozu Sie es brauchen könnten. Schreiben Sie es auf und warten Sie ab. Wenn Sie sich nicht ganz sicher sind, ob eine Sache gefahrenfrei in der Form durchzuführen ist, wie Sie es sich zusammengestellt haben, fragen Sie. Und wenn Ihre Zweifel zu groß sind, lassen Sie es.

Auch die Rituale auf den folgenden Seiten werden Sie nicht alle gleich ausprobieren wollen oder brauchen können. Wählen Sie aus, was Sie im Augenblick hilfreich finden.

Genauso verhält es sich mit allen anderen magischen Praktiken. Ob Sie etwas für das Pendeln übrig haben – probieren Sie es aus, bis Sie heraufinden, was Ihnen gefällt und womit Sie die besten Erfolge haben.

Abschiedsritual

Für die meisten Menschen ist es besonders schwierig, einen Menschen zu verlieren, dem sie nahe waren. Manchmal können wir selbst nach Jahren den anderen nicht einfach gehen lassen. Ich will hier nicht auf die psychologischen Gründe eingehen, denn sie sind für Ihr Abschiedsritual nicht wichtig. Wichtig ist allerdings, dass Sie diesen Menschen wirklich verabschieden wollen. Es geht nicht darum, diese Person völlig vergessen oder nie wieder vermissen zu wollen. Es geht darum, ein Stück Abstand zu gewinnen und sich den Teil Ihrer persönlichen Kraft, den Sie dieser Person mitgegeben haben, zurückzuholen.

Führen Sie dieses Ritual auf jeden Fall zu Hause durch oder, wenn Sie sich lieber draußen aufhalten, an einem Kraftplatz, wo jemand Sie unterstützen kann, eine Freundin oder ein Partner. Führen Sie es nur dann durch, wenn Sie sich dazu bereit fühlen. Niemand außer Ihnen kann dies beurteilen. Machen Sie dieses

Ritual niemals, weil eine andere Person meint, es sei jetzt endlich an der Zeit, dass Sie zum Beispiel über den Tod eines Menschen hinwegkommen. Sie müssen selbst davon überzeugt sein, sonst wirkt das Ritual nicht. Nur wenn Sie mit Herz und Verstand dabei sind, bringt es Ihnen etwas.

Sie brauchen für dieses Ritual eine weiße und zwei rote Kerzen, Salz und Wasser, Räucherwerk nach Wahl und eine Schale mit Sand.

Gehen Sie an Ihren Kraftplatz und entspannen Sie sich. Da dieses Ritual länger dauern kann, sollten Sie es sich bequem machen und unbedingt dafür sorgen, dass Sie nicht gestört werden können und nicht frieren.

Treten Sie an Ihren Kraftplatz und schließen Sie den magischen Kreis. Nehmen Sie die beiden roten Kerzen, eine in jede Hand. Die eine Kerze steht für den verstorbenen Menschen, von dem Sie sich verabschieden möchten, die andere Kerze steht für Sie selbst. Stecken Sie die beiden Kerzen dicht nebeneinander in eine mit Sand gefüllte Schale und zünden Sie sie an.

Setzen Sie sich vor Ihren Kraftplatz oder legen Sie sich davor/darauf. Schließen Sie die Augen und gehen Sie in die Ruhe. Denken Sie sich an einen Ort, den Sie besonders gern haben, den Sie gut kennen und der für Sie Ruhe ausstrahlt. Sehen Sie sich um und genießen Sie es einen Augenblick lang, ganz dort zu sein.

Nun rufen Sie die Person, von der Sie sich verabschieden möchten. Sehen Sie sie, wie Sie sie in Erinnerung haben, sehen Sie ihre Bekleidung, ihre Haarfarbe, ihr Gesicht, ihre Stimme und ihre Gesten. Lassen Sie alles so klar wie nur möglich vor sich entstehen. Sprechen Sie mit der Person, die Sie gerufen haben. Sagen Sie, was Sie noch »loswerden« wollen oder fragen Sie, was Sie schon immer fragen wollten. Verbringen Sie so viel

Zeit, wie Sie wollen, mit dieser Person. Bleiben Sie so lange mit ihr zusammen, bis Sie das Gefühl haben, dass alles gesagt und alles erledigt ist.

Wenn es soweit ist, stellen Sie sich vor diese Person und sehen Sie genau hin. Wie auch immer Sie zu diesem Menschen gestanden haben, es ist Zeit zu gehen. Nehmen Sie die Person fest in Ihre Arme und lassen Sie sie wissen, dass Sie sie lieben. Wenn Sie diese Liebe spüren, sagen Sie auf Wiedersehen, verabschieden Sie sich ohne Eile, aber zügig. Lassen Sie den anderen zuerst gehen. Schauen Sie ihm nur hinterher und lassen Sie los.

Wenden Sie sich ab und kehren zu Ihrem Körper zurück. Bleiben Sie einen Augenblick ruhig und lassen Sie das Erlebte nachwirken. Stellen Sie sicher, dass Sie wieder voll da sind. Richten Sie sich langsam auf und achten Sie darauf, dass Ihnen nicht schwindelig wird.

Stellen oder setzen Sie sich wieder vor Ihren Kraftplatz. Nehmen Sie Ihr Räucherwerk (vorheriges Erhitzen der Kohleplättchen nicht vergessen, damit Sie nicht warten müssen) und fächeln Sie den Rauch über die beiden Kerzen. Visualisieren Sie, wie sich die Verbindung zwischen den beiden im Rauch auflöst.

Nehmen Sie nun die rote Kerze und zünden Sie an ihr die weiße Kerze an. Visualisieren Sie dabei den Übergang dieses Menschen aus diesem Leben in das, was danach kommt. Löschen Sie die rote Kerze. Stecken Sie die weiße Kerze in den Sand neben die rote.

Nehmen Sie etwas Salz und lassen Sie es in Ihr Wasser rieseln. Visualisieren Sie dabei, wie das Wasser klarer und reiner wird. Nehmen Sie das Wassergefäß zwischen die Hände und lassen Sie allen Kummer, Ärger oder was Sie sonst noch an Gefühlen haben mögen, die Sie nicht mehr brauchen, in das Wasser gleiten. Bleiben Sie so lange dabei, bis Sie alles abgestreift haben. Stellen Sie das Wasser ab.

Nehmen Sie das Räucherwerk und fächeln Sie den Rauch über Ihren ganzen Körper. Lassen Sie ihn alles davontragen, was noch an Gefühlen da sein könnte.

Sie können aufhören, wenn Sie sich leicht und befreit fühlen. Lassen Sie die beiden Kerzen noch eine Weile brennen. Wenn Sie so weit sind, öffnen Sie den magischen Kreis wie gewohnt und kehren in Ihre alltägliche Wahrnehmung zurück. Erden Sie sich, indem Sie etwas zu sich nehmen, eine Tasse heißen Tee oder eine Scheibe Brot.

Wenn es die Situation erlaubt, lassen Sie die Kerzen noch eine Weile brennen. Sobald sie gelöscht sind, benutzen Sie sie nicht mehr für ein anderes Ritual. Sie können sie mit anderen Kerzenresten zusammen sammeln und zu neuen Kerzen verarbeiten.

Besonders gut ist es, wenn Sie nach diesem Ritual etwas freie Zeit haben, zum Beispiel an einem Wochenende. Sie werden merken, dass Sie viel gelassener und heiterer geworden sind. Falls Sie das Gefühl haben, noch nicht ganz mit der Trauer »fertig geworden« zu sein, wiederholen Sie den zweiten Teil des Rituals noch einmal (aber nicht den ersten!).

Astrologie

Über die Astrologie sind ganze Bibliotheken geschrieben worden – und werden es immer noch. Deshalb fasse ich mich hier kurz und reiße nur die Bereiche der Astrologie an, die Ihnen als angehender Hexe besonders nützlich sein können.

Wenn Sie zu einer bestimmten Jahreszeit ein Ritual durchführen, kann es sehr hilfreich sein zu wissen, wie gerade die Sterne stehen. Wenn ein Vollmond zum Beispiel in den Fischen steht, erhalten Sie eine etwas andere Energie, als wenn er im Löwen oder der Waage erscheint.

In der uns verbreitetsten Richtung der Astrologie gibt es zwölf Tierkreiszeichen, von denen jeweils drei einem der vier Elemente zugeordnet sind. Zum Feuer gehören Widder, Löwe und Schütze; zur Erde gehören Stier, Jungfrau und Steinbock, zur Luft Zwilling, Waage und Wassermann und zum Element Wasser Krebs, Skorpion und Fische.

Jedes Tierkreiszeichen beherrscht über das Jahr etwa einen Monat (die Astrologen beginnen das Jahr im März):

Widder	21. März – 19. April
Stier	20. April – 20. Mai
Zwillinge	21. Mai – 21. Juni
Krebs	22. Juni – 22. Juli
Löwe	23. Juli – 22. August
Jungfrau	23. August – 22. September
Waage	23. September – 22. Oktober
Skorpion	23. Oktober – 21. November
Schütze	22. November – 21. Dezember
Steinbock	22. Dezember – 19. Januar
Wassermann	20. Januar – 18. Februar
Fische	19. Februar – 20. März

Die Tierkreiszeichen folgen den Elementen in der Reihenfolge Feuer (Widder), Erde (Stier), Luft (Zwilling) und Wasser (Krebs) und wiederholen sich dann in derselben Reihenfolge.

Kommen wir wieder auf den Vollmond zurück, der für Ihr Ritual zum Heilen vielleicht gerade im Krebs steht. Da der Krebs für das Gefühl, die Familie und das Heim steht, können Sie hier ein Heilritual ausführen, das besonders diese Aspekte mit einbezieht (siehe auch das Kapitel über Sonnenstand und Mondphasen, Seite 188). Um Ihnen eine ungefähre Einordnung zu ermöglichen, gebe ich hier einen Überblick, für welche Lebensbereiche und -themen die Tierkreiszeichen stehen.

Das Sternzeichen *Widder* steht für die Initiative des Ichs, für den Unternehmungsgeist, der immer wieder Brücken hinter sich abbricht, und den ersten Funken des Seins, der sagt: Ich bin.

Der *Stier* steht für Entschlossenheit und den praktischen Verstand, sein Zeichen steht für alles, was mit materiellem Besitz zu tun hat, mit praktischer Schönheit und Vernunft.

Das Zeichen *Zwillinge* steht für eine bewegliche Geistigkeit, für unangepaßtes Denken und einen immer wachen Geist.

Der *Krebs* ist das »Haustier« unter den Tierkreiszeichen. Ihm liegen Häuslichkeit, Treue, die Familie, Heim und Herd am Herzen.

Der *Löwe* steht für die lebendige Kraft des Ichs, mit der wir uns die Außenwelt erobern, zu diesem Zeichen gehören Macht, Autorität und Lebenskraft.

Im Zeichen *Jungfrau* können wir etwas über Unterscheidungsvermögen und Ordnungssinn lernen.

Die *Waage* bringt Harmonie, kameradschaftliche Freundschaft und alle Fragen zum Gleichgewicht der Kräfte auf den Punkt.

Der *Skorpion* kennzeichnet die Zeit des Übergangs, zum Beispiel vom Leben zum Tod, er ist das Tierkreiszeichen des Geheimnisses und der Regeneration.

Im Sternzeichen *Schütze* finden wir Ehrgeiz, Freiheitsliebe und Forscherdrang.

Der *Steinbock* lehrt uns Organisation, Beständigkeit und Gewissenhaftigkeit.

Im *Wassermann* kommen Menschenfreundlichkeit, unabhängiges Denken und Originalität hinzu.

In den *Fischen* liegt der Schwerpunkt auf Mitgefühl, Entsagung und der Auflösung im allumfassenden Sein.

Es ist auf jeden Fall nützlich, sich einen Kalender zuzulegen, der alle Planetenstände enthält, wenn Sie diese Einflüsse in Ihre Arbeit einbeziehen möchten.

Geldzauber

Dieser Geldzauber benutzt einen sogenannten Ahninnentopf. Ein solcher Topf brütet Geld aus, anders kann man es nicht nennen. Er stellt eine Verbindung zwischen der materiellen Welt und der Anderswelt dar und entspricht einer Art mütterlichem Bauch für Geldangelegenheiten.

Ich habe für meinen Topf einen einfachen, unglasierten Blumentopf aus Ton genommen und mit Bastelfarbe bemalt. Als Muster können Sie sich aussuchen, was Sie angemessen finden. Bei meinem sind es keltische und nordische Muster aus den Farben der verschiedenen Elemente. Sie müssen keine künstlerischen Höchstleistungen vollbringen. Malen Sie, was Ihnen gefällt.

Wenn Sie den Topf bemalt haben (oder ihn natürlich belassen wollen), geben Sie Erde hinein. Sie können dazu Erde von Orten nehmen, an denen Sie waren (ich habe in meinem Topf schwarzen Sand von einer kanarischen Insel) oder auch Erde aus Ihrer Wohnumgebung. Wichtig ist, dass Sie das Gefühl von Energie und Lebenskraft mit der Erde verbinden, die Sie in Ihren Topf geben. Eine Handbreit genügt schon.

Legen Sie dazu Gegenstände in den Topf, die für Sie mit Reichtum zusammenhängen: Schmuck, Münzen, Edelsteine, Pflanzen, Kräuter.

Wenn Sie alles in dem Topf haben, setzen Sie sich damit im Schneidersitz vor Ihren Kraftplatz (vergessen Sie nicht, sich etwas unterzulegen, falls es kalt ist, damit Sie nicht abgelenkt werden).

Stellen Sie den Topf auf Ihren Schoß (deshalb der Schneidersitz) und legen Sie Ihre Arme um ihn.

Schließen Sie die Augen und gehen Sie in die Ruhe. Visualisieren Sie, wie sich ein Übergang von dieser Welt in die Anderswelt in Ihrem Topf auftut. Was immer Sie in Ihren Topf legen, es verwandelt sich und mehrt Ihren Reichtum.

Wenn Sie bereit sind, kehren Sie in Ihr alltägliches Bewusstsein zurück und öffnen Sie die Augen.

Stellen Sie den Topf an eine Stelle, wo er ungestört »arbeiten« kann. Am besten legen Sie ein Holz- oder Korkbrett als Deckel darauf.

In diesen Topf legen Sie Rechnungen, die Sie bezahlen müssen, und Ihre letzten Kröten, wenn Sie mal knapp bei Kasse sind. Erwarten Sie nicht gleich, Lottomillionärin zu werden, seien Sie aber auch nicht zu überrascht, wenn es doch passiert.

Heilungsritual

Um es gleich vorweg zu sagen: Wenn Sie ein Heilungsritual vollziehen, heißt dies nicht, dass Sie auf den vielleicht nötigen Arztbesuch verzichten sollten. Wenn Sie sich ein Bein gebrochen haben, wird auch das ausgefeilteste Hexenritual nicht dafür sorgen, dass die Knochen in Sekundenschnelle wieder zusammenwachsen. Seien Sie realistisch und erwarten Sie nicht zu viel. Nur geborene Heilerinnen oder Heiler (und die sind *sehr* selten) können eine Kraft entwickeln, die andere Menschen spontan heilen kann. Die brauchen allerdings auch kein Ritual. Für uns Normalsterbliche ist es wichtig, die eigenen Grenzen zu kennen und anzunehmen. Wenn Sie ein Heilungsritual planen ist es für den Anfang auf jeden Fall das beste, wenn Sie zunächst allgemein etwas für die Gesundheit tun, bevor Sie speziell auf bestimmte Krankheiten eingehen.

Bleiben Sie am Anfang bei sich selbst, denn wenn Sie mal danebenliegen, merken Sie es wenigstens gleich. Bereiten Sie sich auf jeden Fall gut auf ein Heilungsritual vor. Nehmen Sie zum Beispiel ein Bad, dem Sie einen Amethyst zugeben (siehe Seite 186).

Für das Ritual selber brauchen Sie ein Trinkgefäß mit Wasser, Salz, einen Amethyst (Sie können den benutzen, den Sie schon beim Bad dabeihatten), eine blaue Kerze und etwas Räucherwerk. Führen Sie dieses Ritual an Ihrem Kraftplatz durch.

Gehen Sie in die Ruhe und schließen Sie den magischen Kreis um sich.

Geben Sie drei Prisen Salz in Ihr Gefäß mit dem Wasser und rühren Sie im Uhrzeigersinn mindestens dreimal um. Nehmen Sie das Behältnis zwischen Ihre Hände und schauen Sie in das Wasser. Lassen Sie alles, was nicht zu Ihrem gesunden Körper gehört, in das Wasser gleiten, schicken Sie es durch Ihre Augen oder lassen Sie es durch Ihre Hände hineinfließen. Bleiben Sie so lange bei dieser Übung, bis Sie das Gefühl haben, dass in Ihrem Körper nur noch das an Energie vorhanden ist, was auch hineingehört. Stellen Sie das Wassergefäß auf Ihrem Altar/Kraftplatz ab.

Zünden Sie die Kerze an und halten Sie Ihre Hände über die Flamme. Lassen Sie die Feuerenergie durch Ihre Hände hindurch in Ihren Körper fließen, bis Sie ganz von der lebendigen Kraft erfüllt sind.

Nun entzünden Sie das Räucherwerk (wenn Sie dafür ein Kohleplättchen verwenden, zünden Sie es gleich zu Anfang an). Fächeln Sie den Rauch über Ihren Körper. Nehmen Sie dazu eine Feder oder wenn Sie keine haben, eine Hand und visualisieren Sie, wie alle Reste von unerwünschter Energie sich um Sie herum auflösen.

Als letztes nehmen Sie den Amethyst und visualisieren, wie er Ihnen Kraft und Unterstützung gibt und wie Sie ganz gesund und munter sind. Bleiben Sie so lange bei diesem Teil des Visualisierens, bis Sie es wirklich klar vor sich sehen.

Wenn Sie fertig sind, legen Sie den Amethyst wieder auf den Altar/Kraftplatz. Öffnen Sie den Kreis wie gewohnt und löschen Sie die Kerze.

Sobald Sie fertig sind, gießen Sie das Wasser von diesem Ritual in ein fließendes Gewässer. Dies kann auch der Abfluss im Waschbecken sein, spülen Sie mit Wasser nach, damit Sie die Energie auch wirklich auf Reisen schicken. Bitten Sie das Universum (oder einen Gott/eine Göttin) darum, diese Energie an einem Ort zu verwenden, wo sie gut aufgehoben ist. Was für Sie überschüssige Energie ist, die Sie krank macht, könnte an einer anderen Stelle einem anderen Lebewesen zur Heilung fehlen. Den Rest des Räucherwerks können Sie in einem Blumentopf mit Erde vergraben. Benutzen Sie die Kerze sparsam, zünden Sie sie an, wenn Sie Ihre Gesundheit stärken wollen, bis sie verbraucht ist.

Sie können dieses Ritual jederzeit wiederholen. Wandeln Sie es ab und nehmen Sie zum Beispiel Heilsteine hinzu, die zu bestimmten Elementen in Verbindung stehen, die Sie stärken möchten. Wenn Sie beispielsweise an einer Entzündung leiden (Feuerenergie), können Sie einen Ausgleich mit Erde und/oder Wasser schaffen. Wollen Sie noch ein Übriges tun, suchen Sie sich noch die passende Farbe aus (zum Beispiel als Bekleidung), die zu Ihrem Ritual passt. Sorgen Sie sich nicht darum, dass es zu viele Steine werden könnten. Bei Heilungsritualen macht es nichts aus, wenn Sie eine ganze Sammlung von Steinen einbeziehen und aktivieren. Schließlich besteht auch Ihr Körper aus einer Vielzahl von einzelnen Zellen, die alle zusammenarbeiten.

Von Heilungsritualen für andere Menschen sollten Anfängerinnen lieber erst einmal die Finger lassen.

I Ging

Ich beschränke mich hier auf die wichtigsten Hinweise zu diesem Thema. Falls Sie sich näher für das I Ging interessieren, lohnt es sich, in eine gute Buchhandlung zu gehen und ein bisschen zu stöbern (siehe auch Literatur: Winter, Seite 241).

Das I Ging ist ein Orakel, das in diversen Fassungen und Übersetzungen erhältlich ist. Sie arbeiten dabei mit drei Münzen (ich benutze drei Kupferpfennige), die Sie sechsmal hintereinander »würfeln«. Aus der Kombination von Kopf und Zahl ergibt sich stilisiert ein chinesisches Schriftsymbol. Unter diesem lesen Sie in einem I-Ging-Buch nach und erhalten so Informationen über die Frage, die Sie beim Auswürfeln gestellt hatten. Da es sich um ein Orakel handelt, wundern Sie sich nicht, wenn die Antworten ein wenig chinesisch klingen. Folgen Sie beim Interpretieren des Textes Ihrem Gefühl.

Ich arbeite gern mit meinem I Ging, weil ich einen Text gefunden habe, der gerade die richtige Mischung aus Geheimnis und Klarheit in sich trägt, die es mir erleichtert, aus dem Orakel etwas Besonderes für mich zu machen. Viele Textbücher halte ich für unverständlich oder zu banal. Wenn Sie die richtige Mischung für sich nicht finden können, versuchen Sie es mit anderen Orakelformen. Sie werden mit Sicherheit die für Sie richtige finden.

Karten legen

Sätze von Tarotkarten gibt es inzwischen in jeder Form, Größe und Farbe. Sie können zwischen Karten aus verschiedenen Ländern und mit Dutzenden von magischen, psychologischen oder mythischen Figuren wählen.

Wenn Sie sich fürs Kartenlegen interessieren, lohnt es sich, nach einem für Sie passenden Kartensatz Ausschau zu halten. Nehmen Sie sich dabei Zeit. Wenn Sie nicht gleich beim ersten Besuch im Esoterikladen das Richtige finden, kann es schlicht und einfach sein, dass Sie noch nicht so weit sind. Sie haben schließlich den Rest Ihres Lebens Zeit. Über neueste Trends im Tarot-Bereich informiert die »Tarot & Traumzeitung« (D-24796 Krummwisch, Tel.: 0 43 34/18 28 19, Fax: 0 43 34/18 28 24).

Ein Tarot-Kartenspiel besteht normalerweise aus den 56 Karten der sogenannten kleinen Arkana, die aus vier Gruppen bestehen: Stäbe (für das Element Feuer), Kelche (für das Element Wasser), Schwerter (für die Luft) und Münzen (für das Element Erde). Sie repräsentieren Situationen und Personen aus dem täglichen Leben.

Die Karten der Stäbe stehen für den Bereich des Berufs, die der Kelche für das Gefühlsleben, die Schwerter für den Verstand und die Münzen für alles, was mit Materie und Geld zu tun hat. Die 22 großen Arkana haben unterschiedliche Bedeutungen und stehen für archetypische Kräfte in uns oder Einflüsse aus unserer Umgebung.

Das Kartenlegen richtig zu lernen ist mit einer Menge Arbeit verbunden, weil Sie die Karten, Ihre Bedeutungen, Ihre Beziehungen zueinander und was sie an welcher Stelle Ihres Legebildes bedeuten, genau kennen lernen müssen, bevor Sie befriedigende Ergebnisse mit dem Tarot erzielen können.

Falls Sie Tarotkarten nur als Ergänzung nebenbei benutzen wollen, könnte es Ihnen vielleicht schon reichen, nur die großen Arkana zu benutzen. Ich verwende seit Jahren ein Spiel, das nur aus diesen Karten besteht, und habe damit beste Ergebnisse erzielt, auch wenn ich anderen damit die Karten gelegt habe. Probieren Sie einfach aus, was für Sie am besten funktioniert.

Liebeszauber

Als Liebeszauber wählen Sie am besten die im Kapitel »Wein oder Wasser – Küchenzauber« angeführten Rezepte oder Sie machen eine Schlafzimmer-Meditation. Nehmen Sie dafür einen Rosenquarz mit ins Bett.

Machen Sie es sich im Bett am besten sitzend bequem, oder sorgen Sie dafür, dass Sie nicht zu müde sind, damit Sie nicht während des Rituals einschlafen.

Schließen Sie die Augen und gehen Sie in die Ruhe.

Legen Sie sich den Rosenquarz auf Ihr Herz (wenn Sie sitzen, halten Sie ihn dort mit einer Hand fest). Spüren Sie, wie es darunter warm wird und Ihr Herz vor Liebe geradezu überfließt. Verteilen Sie Kusshände (auch wenn's Ihnen kitschig vorkommt) oder sprechen Sie Sätze wie: Ich liebe dich, ... (Name). Es ist dabei nicht wichtig, ob Sie einem Angehörigen, einem Freund oder einem Haustier Ihre Liebe schenken. Wichtig ist nur, dass Sie schenken. Wenn Ihnen niemand einfällt, genießen Sie einige Augenblicke das Gefühl, ganz von Liebe erfüllt zu sein, und kommen Sie wieder in Ihr Wachbewußtsein zurück.

Legen Sie den Rosenquarz unter Ihr Kopfkissen. Wenn Sie sich eine neue Liebe wünschen, legen Sie einen kleinen Kristall daneben, den Sie entsprechend programmiert haben. Wenn Sie eine Liebesbeziehung erhalten wollen, schenken Sie Ihrem Partner oder Ihrer Partnerin einen mit Liebe erfüllten Rosenquarz für deren Kopfkissen.

Der kleine Kräutersack für die Liebe

Sie kennen sicher die Kräutersäckchen, die unsere Großmütter zwischen die Wäsche legten, damit sie besser roch und als Mottenschutz. Im Zeitalter der aprilfrischen Weichspüler sind die handlichen Beutel fast verschwunden. Lassen Sie diese schöne Tradition wieder aufleben, allerdings nicht, um Ihre Wäsche frisch zu halten, sondern die Liebe.

Wenn Sie mit der Nähnadel oder der Nähmaschine umgehen können, schneidern Sie selbst kleine Beutel (so klein, dass Sie sie mit einer Hand vollständig umfassen können). Wenn möglich, nehmen Sie dafür Stoff aus Naturfaser.

Füllen Sie den Liebesbeutel mit Katzenminze und Rosenblättern. Geben Sie nicht zu viele Blätter hinein, damit der Inhalt nicht schimmelt und die Luft darin gut zirkulieren kann. Visualisieren Sie dabei eine liebevolle und interessante Beziehung mit Ihrem Partner oder Ihrer Partnerin.

Einen schief gegangenen Liebeszauber zurücknehmen

Sie haben einen Liebeszauber ausgeführt und sind sich nicht sicher, ob Sie nicht vielleicht mehr Unheil angerichtet als Gutes bewirkt haben. Die schlechte Nachricht ist, dass Sie unter Umständen schlicht mit den Konsequenzen Ihres Handelns leben müssen. Die gute Nachricht ist, dass es fast für alles einen Gegenzauber gibt.

Setzen Sie sich an einen stillen Ort, am besten an Ihren Kraftplatz.

Gehen Sie in die Ruhe und lassen Sie noch einmal das gesamte Ritual vor Ihrem inneren Auge ablaufen. Es macht nichts, wenn Sie sich nicht mehr an jede Kleinigkeit erinnern.

Wenn Sie an die Stelle kommen, die Sie ungeschehen machen möchten, entwerfen Sie einen neuen Ablauf. Bauen Sie ihn an dieser Stelle ein und wiederholen Sie diese neue Handlung, bis Sie sich nur noch an diesen Teil erinnern.

Wiederholen Sie diese Visualisierung. Am Anfang kann es sein, dass Sie sich vorkommen wie eine zerkratzte Schallplatte, auf der die Nadel hängen geblieben ist, doch mit etwas Übung reicht meist eine Wiederholung aus. Wenn Sie die Energie des Rituals auf diese Weise ausgetauscht haben, beenden Sie innerlich das Ritual wie gewohnt.

Bevor Sie an diesem Abend zu Bett gehen, nehmen Sie eine weiße Kerze. Halten Sie sie zwischen Ihren Händen und bitten Sie alle guten Geister darum, Ihren Zauber für alle Lebewesen nützlich sein zu lassen. Zünden Sie Ihre Kerze an und lassen Sie sie abbrennen. Damit es keine Feuerkatastrophe gibt, stellen Sie Ihren Kerzenhalter in ein Gefäß mit Wasser, das Sie zum Beispiel in der Badewanne oder Dusche platzieren, wo es nichts gibt, was angekokelt werden könnte. Den Duschvorhang sollten Sie also außerhalb der Gefahrenzone befestigen. Türen zu, damit auch das Haustier nicht auf die Idee kommt, Unfug zu treiben. Etwaige Mitbewohner sollten Sie auf Ihre Kerze hinweisen, damit sie sie nicht versehentlich löschen. Falls die Kerze Ihnen doch ausgeht, wiederholen Sie das Ganze am folgenden Abend, bis die Kerze einmal vollkommen abgebrannt ist.

Pendeln

Ein Pendel herzustellen ist denkbar einfach: Suchen Sie sich einen Gegenstand aus – wie einen großen Kettenanhänger oder einen schweren Fingerring – und hängen Sie ihn an einen Faden von etwa 30 Zentimeter Länge. Dies kann ein Zwirn oder ein dünnes Lederband sein, ein Seidenfaden oder was Sie sonst zur Hand haben. Sie können auch einen Lochstein verwenden, allerdings habe ich die Erfahrung gemacht, dass ebenmäßige Gegenstände besser als Pendel funktionieren als unregelmäßig geformte.

Sie können ein Pendel auch im Laden erstehen. Wenn Sie eines kaufen, machen Sie es sich »zu eigen«, bevor Sie es das erste Mal benutzen (zuerst reinigen und dann eine Zeit lang an Ihre persönliche Energie gewöhnen).

Reinigen Sie das Pendel je nach Material mit Wasser oder mit Salz (lassen Sie es mindestens über Nacht im Salz liegen). Bevor Sie es das erste Mal verwenden, nehmen Sie es zwischen die Hände und visualisieren Sie, wie es sich anfühlt, wenn Sie Ihr neues Pendel benutzen. Sehen Sie sich mit dem Pendel Anworten auf Ihre Fragen finden, fühlen Sie, wie zufrieden Sie mit Ihren Ergebnissen sind.

Es gibt eine Reihe von Möglichkeiten, wie Sie Ihr Pendel einsetzen können. Probieren Sie zunächst aus, welche Schwingbewegung Ihr Pendel für ein Nein, ein Ja und ein Unentschieden ausführt. Setzen Sie sich an einen Tisch und stützen Sie Ihren Ellenbogen so auf die Tischplatte, als wollten Sie mit jemandem Armdrücken spielen. Lassen Sie die Schnur Ihres Pendels so aus Ihrer locker geschlossenen Faust laufen, dass es über Ihren Zeigefinger hinweg gerade nach unten hängt und nicht die Knöchel der anderen Finger berührt. Achten Sie darauf, dass genug Raum vorhanden ist, damit Ihr Pendel auch Platz zum Schwingen hat.

Schließen Sie die Augen und gehen Sie in die Ruhe. Bitten Sie das Pendel hörbar oder im Stillen, Ihnen ein Ja zu zeigen. Halten Sie Ihren Arm und Ihre Hand ruhig und entspannt. Nach einer kurzen Zeit öffnen Sie die Augen und sehen zum Pendel. Es schwingt zum Beispiel vor und zurück, das bedeutet für Sie, wenn Sie eine Frage stellen und Ihr Pendel auf diese Weise schwingt, lautet die Antwort Ja. Wiederholen Sie den gleichen Vorgang noch einmal, diesmal bitten Sie um ein Nein. Wenn das Pendel sich nicht sehr stark bewegt, lassen Sie sich mehr Zeit. Halten Sie das Pendel an, schließen Sie die Augen und beginnen Sie noch einmal. Wenn Sie Ja und Nein ausgetestet haben, bitten Sie um eine Schwingbewegung, die ein Unentschieden bedeutet.

Häufig ergeben sich Schwingbewegungen vor und zurück für ein Ja oder Nein und die gleiche klare Bewegung von rechts nach links für die gegenteilige Antwort. Unentschieden drückt sich häufig in einer Art Kreiselbewegung aus. Sollte es passieren, dass Sie gar keine Ergebnisse erhalten, legen Sie Ihr Pendel beiseite und kommen Sie später noch einmal darauf zurück. Meist liegt es nur daran, dass Sie sich zu sehr konzentrieren und nicht wirklich loslassen.

Sie können Ihr Pendel für eine ganze Reihe von Frage-und-Antwort-Situationen benutzen. Wichtig ist, dass Sie die richtige Frage stellen. Wie Sie sicher schon gemerkt haben, erhalten Sie auf eine Frage wie »Wann bekomme ich meine nächste Gehaltserhöhung?« keine sinnvolle Antwort. Fragen Sie nur danach, ob Ihnen eine solche ins Haus steht und Sie bekommen ein Ja, wissen Sie auch erst einen Teil. Heißt das vielleicht, dass Sie einen neuen Job bekommen? Wechseln Sie innerhalb der Firma? Wann wird dies passieren? Sind es vielleicht nur ein paar Mark, weil es eine Angleichung gibt? Und so weiter ... Ich habe häufig die Erfahrung gemacht, dass bei solchen Themen nach dem Pendeln mehr Fragen als Antworten übrig bleiben.

In anderen Bereichen sieht dies ganz anders aus. Nehmen Sie einmal an, Sie fühlen sich etwas müde und abgespannt und wissen nicht genau, woran das liegt. Sie möchten Ihre Ernährung umstellen oder machen gerade eine Diät. Lassen Sie Ihr Höheres Selbst entscheiden, was gut für Sie ist. Pendeln Sie Lebensmittel aus. Setzen Sie sich zu Hause hin und schreiben Sie auf, welche Lebensmittel Sie gern kaufen möchten. Am besten eignen sich kleine Karteikarten, die Sie immer wieder verwenden können. Machen Sie eine Einkaufsliste aus den Lebensmitteln, bei denen

Ihr Pendel Ja sagt. Schneller geht es, wenn Sie die Lebensmittel selbst auspendeln. Eine Freundin von mir nimmt ihr Pendel grundsätzlich mit, wenn sie zum Einkaufen geht. Einige Menschen im Supermarkt haben sicher schon merkwürdig geschaut, aber sie gehört nicht zu den Menschen, die das stört. Probieren Sie es aus. Wenn Ihnen bei der Sache unbehaglich ist, nehmen Sie die Karten.

Ich benutze mein Pendel gern bei einfachen Fragen: Soll das Bett in dieser Richtung stehen? Soll ich heute besser Blau oder Grün tragen? Wenn Sie noch nicht so viel Übung haben, lohnt es sich, mit den einfachen Dingen des Lebens anzufangen.

Schutzritual

Immer wieder hört man davon, dass Menschen »verhext« werden könnten. In 20 Jahren ist mir noch niemand begegnet, auf den dies tatsächlich zutraf. Ich will damit auf keinen Fall sagen, dass etwas Derartiges nicht vorkommen kann. Ich denke nur, dass es so selten ist, dass ich es hier getrost außer Acht lassen kann.

Meist besteht die magische Attacke nur im Kopf des Opfers und da hilft ein Schutzzauber nur bedingt, weil er nicht vor dieser Art des Verfolgungswahns schützt. Das »Opfer« würde sich zwar eine Zeit lang besser fühlen – bis es sich wieder angegriffen fühlt.

Ein Schutzzauber stärkt vor allem unsere natürlichen Abwehrkräfte gegen Einflüsse, die uns schaden könnten. Er funktioniert, ähnlich wie ein Regenschirm, am besten, wenn man ihn vorsichtshalber dabei hat. Auch wenn Sie kaum mit Vampiren, Werwölfen oder Monstern zu tun bekommen werden, hat ein schützender Zauberspruch große Vorteile: Er schützt gegen alles, was Ihnen sonst noch so über den Weg läuft; denken Sie an Unfälle oder Diebstahl, an all die netten kleinen Energievampire, die so gern unsere Zeit stehlen und uns völlig entnervt und müde zurücklassen, wenn sie wieder aufgeladen freudig von dannen ziehen.

Die folgende kleine Übung und das anschließende Ritual verhelfen Ihnen zumindest zu einem dicken Fell, wenn es um diese unangenehmen Zeitgenossen geht. Machen Sie die Vorübung für das Ritual am besten an sechs auf einander folgenden Tagen, bevor Sie das eigentliche Schutzritual durchführen. Wenn Sie es besonders eilig haben, können Sie diese Übungen auch mehrfach am Tag durchführen und so die Zeit der Vorbereitung abkürzen.

Sie gehen zu Ihrem Kraftort/Altar und machen es sich stehend, sitzend oder liegend bequem. Führen Sie Ihre übliche Atemübung durch und gehen Sie in die Ruhe.

Wenn Sie die Übungen vom Anfang des Buches gemacht haben, kennen Sie bereits die Übung mit dem goldenen Ei, das Ihnen einen Schutzmantel gewährt (siehe Seite 118). Probieren Sie bei dieser Übung einmal etwas Neues aus.

Lassen Sie das Energie-Ei um Sie herum seine Farbe wechseln. Fangen Sie mit Rot an. Spüren Sie die Energie dieser Farbe, spüren Sie, welche besonderen Kräfte diese Farbe in Ihnen weckt. Betrachten Sie die Wirkung der Farbe besonders im Hinblick darauf, welche besondere Schutzfunktion diese Farbe für Sie hat. Werden Sie wacher oder ruhiger? Fühlen Sie sich körperlich und geistig stärker oder schwächer?

Wenn Sie diese Farbe genug erforscht haben, kommen Sie zurück und schreiben auf, was Sie erlebt haben.

Am folgenden Tag beginnen Sie die Übung wieder mit dem goldenen Rund und lassen die Farbe zu Orange werden. Am Tag darauf ist die Farbe Gelb dran, dann Grün, Blau und Violett. Nehmen Sie jeweils genau wahr, wie diese Farbe auf Sie wirkt und welche Veränderungen Sie im Unterschied zu den anderen spüren können. Lassen Sie sich Zeit. Einmal am Tag durchgeführt, kostet Sie diese Übung nur ein paar Minuten. Wenn Sie es sehr eilig haben, können Sie auch mehrere Farben an einem Tag erforschen. Es bietet sich an, diese Übung mindestens einmal im Jahr zu wiederholen, um zu sehen, ob Ihre Eindrücke gleich geblieben sind oder ob sie sich verändert haben.

Sobald Sie wissen, welche Farbe für Sie den umfangreichsten Schutz gewährleistet, machen Sie ein Schutzritual. Sie brauchen dazu für jedes der Elemente eine Kerze in der entsprechenden Farbe. Versuchen Sie es mit Gelb für den Osten, Rot für den Süden, Blau für den Westen und Grün für den Norden. Andere Farbkombinationen sind genauso möglich, testen Sie, was für Sie am besten wirkt und vergessen Sie nicht, Ihre Ergebnisse festzuhalten.

Auch wenn es im Augenblick noch so spannend ist, Sie werden das meiste garantiert schneller vergessen als Sie meinen. Neben den Kerzen brauchen Sie auch noch Salz (möglichst grobkörnig, zum Beispiel Steinsalz aus der Salzmühle) und einen kleinen Stoffbeutel, passendes Räucherwerk und ein Gefäß mit Wasser.

Gehen Sie zu Ihrem Kraftort/Altar und machen Sie es sich bequem. Schließen Sie die Augen und gehen Sie in die Ruhe.

Öffnen Sie die Augen und schließen Sie den magischen Kreis. Zünden Sie dabei für jede Himmelsrichtung die entsprechende Kerze an, so dass um Sie herum am Schluss vier Kerzen stehen.

Nachdem Sie den Kreis geschlossen haben, nehmen Sie das Gefäß mit Wasser und geben drei Prisen Salz hinzu. Rühren Sie das Wasser um, wobei Sie visualisieren, wie es immer klarer wird.

Halten Sie das Wasser zwischen Ihren Händen und sehen Sie hinein. Lassen Sie alles an Wut, Angst und Kummer aus der Vergangenheit in das Wasser fließen, kommen Sie in die Gegenwart und machen Sie es hier ebenso. Als letztes lassen Sie alles los, was Sie in der Zukunft belastet.

Wenn Sie sich leicht und unbeschwert fühlen, stellen Sie das Wassergefäß auf Ihren Altar/Kraftplatz.

Rufen Sie sich die Farbe ins Gedächtnis, die Ihnen den stärksten Schutz gewährt hat und formen Sie aus dieser Farbe einen Schild (wenn es besser mit geschlossenen Augen geht, schließen Sie sie). Lassen Sie die Farbe leuchten und funkeln.

Wenn Sie Ihren Schild fertig gestellt haben, wenden Sie sich dem Osten zu und bitten Sie die Geistwesen dieser Himmelsrichtung, Ihren Schutzschild zu stärken. Lassen Sie aus dem Licht der Kerze, die Sie in dieser Richtung entzündet haben, Licht in Ihren Schild strömen, das ihn stärker und widerstandsfähiger macht.

Wiederholen Sie das Gleiche in den anderen drei Himmelsrichtungen. Wenn Sie fertig sind und Ihr Schild aufgeladen ist, legen Sie ihn sich über die Schulter. Spüren Sie, wie leicht und warm er sich anfühlt. Lassen Sie ihn dort.

Holen Sie noch einmal das Salz hervor und nehmen Sie eine kleine Portion auf eine Handfläche. Lassen Sie Ihre bevorzugte Schutzfarbe auch in diese Salzkristalle einfließen. Wenn sie aufgeladen sind, füllen Sie sie in den kleinen Beutel.

Nun öffnen Sie den magischen Kreis und löschen dabei die Kerzen. Kehren Sie in Ihre alltägliche Wahrnehmung zurück und stellen Sie sicher, dass Sie wieder im Hier und Jetzt anwesend sind.

Das Wasser können Sie in den Ausguss gießen, die Kerzen sollten Sie nicht für ein anderes Ritual verwenden.

Ihr magisches Ich trägt jetzt einen Schutzschild, den Sie jederzeit aktivieren können. Richten Sie lediglich Ihre Aufmerksamkeit auf den Schild und nehmen Sie ihn »in die Hand«. Wenn nötig, können Sie ihn auch jederzeit ausdehnen, so dass er Sie wie eine Art farbige Käseglocke umschließt.

Das farbige Salz können Sie dazu benutzen, Räume zu reinigen und zu schützen, in denen Sie sich nur zeitweilig aufhalten: Büros, Hotelzimmer, Flugzeuge, Autobusse und so weiter. Verstreuen Sie ein paar Kristalle in den Ecken eines Raums oder unauffällig um sich herum und visualisieren Sie dabei, wie sich schützendes Licht um Sie ausbreitet.

Zahlenmagie

Eins   Das Universum, die Quelle allen Seins, Einheit
Zwei   Der Gott und die Göttin; alle Gegensatzpaare, z.B. Tag und Nacht; alles, was im Gleichgewicht ist
Drei   Die dreifache Göttin/Gott; die Mondphasen (der Neumond wird in diesem Fall nicht mitgezählt); die Verbindung zwischen dem Verstand, den geistigen und körperlichen Fähigkeiten des Menschen
Vier   Die Elemente; die vier Winde; die vier Jahreszeiten
Fünf   Die Sinne, die vier Elemente und der Geist; das Pentagramm
Sechs Verdoppelung/Verstärkung der Drei
Sieben Die ursprünglich bekannten Planeten; die Zeit der Mondphasen; Zahl der Magie und des Schutzes
Acht   Die Zahl der Jahreszeitenfeste
Neun   Dreimal drei; Zahl der Großen Göttin

Hexische Gegenstände von A bis Z

Ihre Sammlung magischer Gegenstände wird sich über die Jahre immer wieder verändern. Sie werden Dinge geschenkt bekommen oder selbst kaufen, während Sie wiederum andere weitergeben und verschenken. So mancher Gegenstand wird sich bei Ihnen einfinden, ohne dass Sie wirklich etwas mit ihm anfangen können. Vielleicht ist es ein Tarot-Kartensatz oder ein bestimmter Stein.

Auf meinem Regal lag über eine lange Zeit ein keltisches Baumtarot, das jemand bei mir vergessen hatte. Derjenige nahm mindestens drei Anläufe, um es abzuholen, verlor dann aber völlig das Interesse daran. Ich mag das Tarot zwar gern, hatte aber nie das Bedürfnis, es zu benutzen. Fast zwei Jahre später traf ich – welcher Zufall – jemanden, der sich auch mit Magie beschäftigte. Ohne etwas über diesen Menschen zu wissen, war mir klar, dass das Tarot zu ihm gehörte. Als ich es ihm gab, meinte er, seines wäre gerade verloren gegangen und er hätte schon versucht, ein neues zu bekommen. Es sei leider im Augenblick vergriffen. Ein langer Umweg.

Meist dauert es nur ein paar Tage oder Wochen, bis diese Gegenstände ihren richtigen Platz und Menschen finden. Meist sind es Steine oder Amulette, die bei mir auf ihre Besitzer warten.

Amulette

Amulette sind einzelne Gegenstände oder auch eine Ansammlung von Gegenständen, die Sie mit einer bestimmten Aufgabe betraut haben. Ein Bergkristall zum Beispiel, den Sie darauf programmiert haben, Ihre Wohnung vor Einbrechern zu schützen, ist ein Amulett.

Wenn Sie ein Amulett herstellen wollen, ist erst einmal wichtig, wozu es dienen soll und für wen es bestimmt ist. Wenn ich zum Beispiel ein Amulett herstelle, das für eine Freundin bestimmt ist, die gern schwanger werden möchte, nehme ich Bestandteile für das Amulett, die nur für sie wirkungsvoll sind. Würde eine andere Frau ihr Amulett benutzen, könnte es vielleicht eine ähnliche Wirkung ausüben, allerdings nicht so stark, als wenn diese Person für sich selbst eines bekäme. Es ist in jedem Fall besser, für jede neue Gelegenheit ein neues Amulett herzustellen (es sein denn, es handelt sich um allgemeine Themen wie Gesundheit oder dergleichen). Je spezifischer der Grund für die Herstellung ist, desto wichtiger ist es, ein neues Amulett anzufertigen.

Damit wären wir bei dem Problem, kommerziell hergestellte Amulette zu kaufen. Sicher können ein Stein, eine Feder und das entsprechende Metall mit der Absicht zusammengefügt worden sein, dieses Amulett möge vor dem bösen Blick schützen. Dies wird es auch tun, allerdings auf eine sehr allgemeine Weise. Es ist so, als wenn Sie eine riesige Gießkanne nehmen, um eine kleine Pflanze zu bewässern. Sie verschwenden viel Wasser und Kraft. Bei allen magischen Unternehmungen gilt: Je persönlicher ein Zauber oder ein magischer Gegenstand hergestellt wird, desto besser und wirkungsvoller ist er.

Ein Amulett kann aus einem einzelnen Gegenstand bestehen, einem Ring, einem Kettenanhänger oder auch einem Medizinbeutel (siehe Seite 169). Auf jeden Fall sollte der jeweilige Gegenstand etwas mit dem Thema zu tun haben, für das er bestimmt ist. Häufig sind Amulette eher für langfristige Pläne hergestellt (ihre Anfertigung macht zu viel Arbeit, als dass es spaßig wäre, ständig neue Amulette herzustellen).

Wenn Sie zum Beispiel ein Amulett für Erfolg im Beruf herstellen wollen, suchen Sie einen Stein aus, der mit dem Planeten Jupiter in Verbindung steht (wenn es hauptsächlich um Geld geht) oder einen, der von Merkur beherrscht wird (wenn es um aufregende neue Projekte geht).

Was auch immer Sie als Amulett herrichten, reinigen Sie alle dafür vorgesehenen Bestandteile, visualisieren Sie mit Ihnen und lassen Sie sie in Ruhe ihre Wirkung tun. Amulette sind wie Steine auf Langzeitwirkung ausgerichtet.

Ätherische Öle

Ätherische Öle ergänzen wunderbar verschiedene Bereiche magischer Arbeit. Nichts ist wirkungsvoller, als wenn ein Liebeszauber von dem feinen Duft von Ylang Ylang begleitet wird. Abgesehen davon ist es mit Hilfe von Duftölen sehr leicht, einen Raum zu reinigen. Es gibt eine Vielzahl brauchbarer Öle, für den Anfang reicht aber eine Grundausstattung. Ergänzen Sie Ihre Auswahl, wenn Sie feststellen, dass Sie gern mit ätherischen Ölen arbeiten. Achten Sie unbedingt darauf, für die magische Arbeit ausschließlich natürliche Öle zu verwenden. Künstliche Öle haben nicht den gewünschten Effekt, weil sie völlig anders zusammengesetzt sind und dementsprechend auch völlig andere Eigenschaften haben. Einen guten Anbieter von Ölen erkennen Sie unter anderem daran, dass er oder sie die unterschiedlichen Öle zu verschiedenen Preisen anbietet. Wenn Sie vor einem Verkaufsstand stehen, bei dem Rosenöl genauso viel wie Pinien- oder Eukalyptusöl kostet, gehen Sie am besten gleich weiter. In vielen Drogerien, esoterischen Geschäften und einigen Apotheken sind die guten Marken inzwischen erhältlich. Unter folgender Adresse können Sie auch eine Liste von Versandunternehmen in diesem Bereich anfordern: *Arven*-Schule für Aromatherapie und Pflanzenheilkunde, Postfach 24, D-87475 Sulzberg. Die Wirkung aller ätherischen Öle können Sie steigern, indem Sie klar visualisieren, warum Sie gerade ein bestimmtes Öl benutzen.

Rosmarinöl gehört unbedingt zu den Ölen, die eine Hexe bei sich haben sollte. Wann immer Sie erhöhte Aufmerksamkeit brauchen, ziehen Sie kurz Ihr Riechfläschchen hervor, öffnen es und holen darüber ein paar Male tief Luft. Rosmarin klärt und steigert die Konzentrationsfähigkeit. Wenn Sie also ein Ritual vorhaben und es Ihnen schwer fällt, bei der Sache zu bleiben, halten Sie Ihr Fläschchen Rosmarinöl bereit.

Teebaumöl ist ein Allerweltsmittel, das in keinem Haushalt fehlen sollte – ob magisch oder nicht. Sie können damit fast alles desinfizieren und sogar die Luft von Bakterien oder Viren reinigen. Entsprechend gut wirkt es natürlich auch, wenn Sie an einem Platz arbeiten wollen und nicht sicher sind, ob die Energie in dem Raum klar genug ist. Eine »Prise« Teebaum und die Luft ist rein.

Mit *Ylang Ylang* lohnt sich jeder Liebeszauber doppelt. Dieses Öl können Sie benutzen, wenn Sie sich allein entspannen wollen oder sich eine leidenschaftliche Beziehung wünschen. Träufeln Sie ein paar Tropfen (nicht übertreiben) auf das Kopfende Ihrer Matratze und lassen Sie sich und Ihren Partner oder Ihre Partnerin davon inspirieren.

Rosenöl gehört zu den teuersten Ölen, die es gibt. Sie können dafür gut 70 bis 90 Mark ausgeben und bekommen dafür gerade einmal drei Milliliter. Es ist sein Geld aber wert. Der Duft dieses Öls verstärkt jeden Liebeszauber.

Zitronenöl können Sie verwenden, wenn Sie keine frischen Zitronen zur Hand haben und zum Beispiel ein Reinigungsritual für Ihre Wohnung durchführen möchten. Auch für Heilungsrituale können Sie diesen Duft gut einsetzen, besonders wenn es um die Auswirkung starker Gefühle geht. Zitronenöl schafft außerdem eine gute Verbindung zu den Kräften des Mondes.

Zitronengras können Sie besonders gut in Duftölmischungen benutzen, die Ihnen spirituelle Erkenntnisse näher bringen sollen. Auch für Reinigungsrituale und klarere Raumluft ist es gut geeignet. Wenn es zum Beispiel zu einem Streit gekommen ist, geben Sie etwas Zitronengras und Grapefruit in Ihre Duftlampe, um die Atmosphäre zu reinigen.

Petitgrain ist ein Öl, das nicht jede mag. Ich kann es jedoch sehr empfehlen, gerade wenn Sie gern etwas besser geerdet wären. Ich habe es in unzähligen Ritualen benutzt und durchgehend die Erfahrung gemacht, dass es besonders gut mit den Bereichen des Elements Erde harmoniert. Ich benutze es zum Beispiel, wenn ich am Schreibtisch sitze und meine Buchhaltung mache oder Briefe ans Finanzamt schreibe. Petitgrain zusammen mit Rosmarin hat unter anderem dafür gesorgt, dass ich aufmerksam am Schreibtisch sitzen und Seite um Seite dieses Buches zu Papier bringen konnte.

Salbeiöl bietet eine gute Alternative für alle, die Rauch nicht vertragen und deshalb Räume nicht mit Salbei ausräuchern wollen. Nehmen Sie statt dessen eine kleine Öllampe (nicht zu viel Wasser einfüllen, damit Sie sich nicht versehentlich mit überschwappendem heißen Wasser verbrennen) und gehen Sie damit durch die Räume. Salbei ist Salbei. So wie Sie sonst den reinigenden Rauch des Salbeis in alle Ecken pusten würden, können Sie hier mit der aromatisierten Luft verfahren.

Grapefruitöl verbreitet einen Duft, als wenn Sie gerade eine dieser Früchte gegessen hätten. Ich mag es besonders, weil es herber als Zitrone oder Orange riecht und eine unvergleichlich starke reinigende und klärende Wirkung hat. Es lässt sich außerdem gut mit anderen Ölen der Zitrusrichtung kombinieren.

Weihrauchöl ist wie Salbei ein guter Ersatz, wenn Sie keinen Rauch vertragen. Das Öl fördert geistige Wachsamkeit und öffnet für spirituelle Erfahrungen.

Federn

Die meisten Federn meiner Sammlung habe ich am Strand gefunden, sie stammen von den verschiedensten Möwen. Aus Parks kamen Krähenfedern, Schwanen- und Entenfedern hinzu. Wer es ausgefallen mag, kann im nächsten Zoo oder Zoogeschäft nachfragen. Die Federn von Wellensittichen und Kanarienvögeln sind wunderbar bunt und immer gut für einen Talisman oder einen Medizinbeutel. Auch Hutgeschäfte können eventuell helfen, bei ihnen sind Federn allerdings teuer. Bleibt noch der gute alte Bastelladen, in dem Sie Federn gleich beutelweise kaufen können.

Federn stehen – wie nicht schwer zu erraten – mit dem Element Luft in Verbindung. Wenn Sie ein wenig Inspiration brauchen, nehmen Sie eine Feder mit an Ihren Arbeitsplatz und hängen Sie sie an einem Zwirn in der Nähe Ihres Schreibtisches auf. Visualisieren Sie, wie jede Bewegung der Feder Ihnen neue Ideen zufächelt.

Das magische Tagebuch

Wenn Sie schon einige der Rituale und Übungen ausprobiert haben, werden Sie festgestellt haben, wie hilfreich ein magisches Tagebuch ist. Wenn Sie nicht zu den Menschen gehören, die ein fabelhaftes Gedächtnis haben, kann es sehr hilfreich sein, ab und zu nachsehen zu können, was Sie am Anfang Ihrer magischen Laufbahn für Rituale benutzt haben. Ich habe mir so manches Mal gewünscht, dass ich von Anfang an ausführlich aufgeschrieben hätte, was und wie ich etwas gemacht habe.

In Ihr magisches Tagebuch gehört alles, was mit Magie zu tun hat. Ursprünglich enthielt solch ein Grimoire ausschließlich Zaubersprüche und jede Hexe hütete dieses Buch wie ihren Augapfel. Ich betrachte das Ganze nicht so streng. Da ich viel davon halte, Wissen auszutauschen, freue ich mich, von anderen zu hören, wie sie ein Ritual gefeiert oder eine bestimmte Aufgabe gelöst haben. Genauso gern gebe ich Auskunft, wenn jemand Fragen hat. Dabei hat mir mein Grimoire schon oft als Nachschlagewerk und Ideengeber geholfen.

Kerzen

Wer wie ich Kerzen liebt, hat sich längst eine ganze Farbpalette davon zugelegt.

Weiße Kerzen sollten Sie immer im Haus haben, auch wenn es nur kleine Teelichter sind. Sorgen Sie ebenfalls dafür, dass immer eine feuerfeste Unterlage bereit liegt. Ein Zimmerbrand ist mit Sicherheit nicht die feurige Erfahrung, die Sie sich wünschen, wenn Sie mit diesem Element Kontakt aufnehmen. Weiße Kerzen können Sie gut für Reinigungsrituale verwenden; sie fördern außerdem Meditation, Frieden und spirituelle Harmonie. Darüber hinaus können Sie weiße Kerzen mit Hilfe des Visualisierens mit jeder »Aufgabe« betrauen, die gerade wichtig ist. Die Wirkung können Sie noch verstärken, wenn Sie Ihre Kerze zusätzlich mit dem passenden Öl (siehe auch ätherische Öle, Seite 161) einreiben.

Grüne Kerzen passen gut, wenn es um allgemeines Glück geht Sie können grüne Kerzen besonders gut für finanzielle Angelegenheiten einsetzen. Grün ist die Farbe der materiellen Energie, der Erde, also besonders gut für Wohlstandszauber geeignet.

Auch zu Heilungsritualen können Sie zusätzlich grüne Kerzen einsetzen (sie stehen hier für körperliche Fitness und Gesundheit), besonders wenn sie mit blauen Steinen oder Kerzen kombiniert werden (die mehr den seelisch-psychologischen Anteil an der Krankheit bearbeiten). Wenn Sie sich zur Zeit anfällig für Krankheiten fühlen, zünden Sie eine Woche lang jeden Abend vor dem Schlafengehen eine grüne und eine blaue Kerze an. Lassen Sie sie brennen, bis Sie zu Bett gehen. Beim Ausblasen visualisieren Sie sich als fit und fidel.

Rote Kerzen nehmen Sie für jedes Ritual, das mit Liebe und Leidenschaft zu tun hat. Wollen Sie Ihr Liebesleben ankurbeln, nehmen Sie zwei rote Kerzen, stellen Sie sie nebeneinander auf Ihren Hausaltar bzw. an Ihren Kraftplatz und legen einen Rosenquarz dazwischen. Zünden Sie die Kerzen regelmäßig an und lassen Sie sie so lange wie möglich brennen. Verstärken Sie die Wirkung noch mit etwas Rosenöl (für allumfassende spirituelle Liebe) und/oder Ylang Ylang (wenn Ihnen die Leidenschaft mehr am Herzen liegt). Machen Sie diese kleine Übung aber nur, wenn Sie Ihr Liebesleben auf Trab bringen wollen, zu viel des Guten könnte zu Streit oder Trennung führen.

Blaue Kerzen passen besonders gut ins Schlafzimmer. Sie schützen vor allem über Nacht vor unerwünschten Einflüssen und fördern prophetische Träume. Stellen Sie eine einzelne blaue Kerze ins Schlafzimmerfenster und rufen beim Anzünden die Geister der Luft herbei. Bitten Sie sie um klare Träume. Vergessen Sie nicht, neben das Bett etwas zum Schreiben zu legen, damit Sie beim Aufwachen alles aufzeichnen können.

Gelbe Kerzen sorgen für Entspannung und fördern geistige Sammlung und übersinnliche Wahrnehmung (besonders in Kombination mit blauen Kerzen). Wenn Sie gern ein Ritual durchführen wollen, aber zu kribbelig sind, probieren Sie folgendes aus: Zünden Sie eine gelbe Kerze an. Machen Sie Ihre Atemübung und gehen in die Entspannung. Sehen Sie darauf eine Zeit lang in die Kerzenflamme. Lassen Sie alles, was Ihnen in den Sinn kommt und das Sie stark beschäftigt, in die Flamme fließen, bis Sie sich ruhig und klar fühlen.

Pinkfarbene Kerzen fördern Beziehungen allgemein, verstärken Harmonie und Verständnis. Verstärken können Sie diese Wirkung durch Rosenquarze, die Sie im Kreis um die Kerze legen. Der Kreis steht für Gemeinsamkeit unter Freunden. Wenn Sie Gäste eingeladen haben, zünden Sie eine rosafarbene Kerze an und visualisieren Sie kurz eine freundschaftliche Atmosphäre im Raum.

Violette Kerzen verstärken den jeweiligen Zauber, den Sie gerade vorhaben. Sie geben besondere Kraft in einen Heilungs- oder Schutzzauber. Allein verwandt, verstärken Sie Ihren Zugang zur Magie. Wenn Sie zum Beispiel einen Kraftplatz gefunden haben und etwas über die Magie des Ortes erfahren wollen, nehmen Sie eine lilafarbene Kerze in einem tropfsicheren Gefäß mit (Windlichter für Kerzen gibt es vielfältig). Stellen Sie sicher, dass kein Wachs auf Waldboden, Gras oder gar Stein tropft. Sie zerstören sonst die natürlichen Oberflächen und damit letztlich den Ort der Magie. Stellen Sie die Kerze etwa in die Mitte des Raumes, mit dem Sie arbeiten wollen. Stellen Sie sich davor und gehen

Sie nacheinander die Himmelsrichtungen durch, so als wenn Sie einen Kreis schließen wollten. Spüren Sie in die Energie des Ortes hinein, sprechen Sie mit seinen Schutzgeistern. Wenn Sie fertig sind, löschen Sie die Kerze und tun Sie etwas für den Kraftort: Sammeln Sie zum Beispiel Müll ein.

Braune Kerzen können Sie gut für alles verwenden, was in irgendeiner Weise mit dem Haushalt zu tun hat. Dazu gehören auch Haustiere. Zünden Sie für jedes Tier in Ihrem Haushalt eine Kerze an und visualisieren Sie es als gesund und munter, geschützt vor allem und allen, die ihm oder ihr vielleicht an den Kragen wollen. Wenn Sie einen Vierfüßler haben, der auch allein im Freien herumläuft, gleich ob Katze oder Hund, pusten Sie die Kerze über seinem oder ihrem Kopf aus und hüllen Sie das Tier dabei in einer Kugel von goldenem Licht ein. Vermutlich werden es so selbst Flöhe schwierig finden, Ihrem Liebling noch auf den Pelz zu rücken.

Kräuter

Kräuter gehören seit jeher zur besonderen Domäne von Hexen. Am besten ist es, sie selbst zu sammeln. Als Etagenhexe können Sie dies allerdings vergessen, wenn Sie nicht gerade jemanden kennen, der auf dem Land lebt und den Sie zu den entsprechenden Zeiten im Jahr besuchen können. Da bestimmte Kräuter außerdem zu bestimmten Tagen und in bestimmten Mondphasen geerntet werden sollen, wird es noch schwieriger. Andererseits können Sie auch nicht davon ausgehen, dass Kräuter aus dem Laden nach diesen Gesichtspunkten ausgesucht werden (Sie können sicher sein: Sie werden es nicht).

Aber auch wenn Eisenkraut oder Kamille am falschen Wochentag oder zur falschen Planetenstunde geerntet wurden, die Pflanzen tragen noch genug ihrer Kraft in sich, um für Heiltees oder Rituale benutzt werden zu können. Wenn möglich kaufen Sie Kräuter in einem Spezialgeschäft, weil dort relativ viel Ware verkauft wird und damit die Kräuter in den Regalen stets relativ frisch sind. Auch in Apotheken erhalten Sie viele Kräuter, dort sind sie allerdings sehr teuer und lagern oft schon lange. Naturkostläden bieten ebenfalls Kräuter an (siehe auch »Küchenzauber«, Seite 62).

Kamillenblüten geben nicht nur einen guten Tee gegen alle möglichen Beschwerden, sie sind auch leicht und preiswert zu beschaffen. Kamille beruhigt und entspannt.

Salbei eignet sich besonders gut, um Räume von störenden Energien zu befreien und für Klarheit zu sorgen. Wenn Sie mit Salbeiblättern und nicht mit Räucherstäbchen arbeiten wollen, sorgen Sie auf jeden Fall für eine hitzebeständige Unterlage, damit Sie sich beim Herumtragen des Salbeis nicht die Finger verbrennen. Wenn Sie kleine Holzkohleplättchen verwenden, denken Sie daran, dass es sich dabei um echte Kohle handelt, die eben das tut, wozu Kohle gut ist: glühend heiß werden. Ich habe sehr gute Erfahrungen mit Steinen gemacht, in deren Vertiefungen ich die Kohleplättchen hineinlege. Wie bereits erwähnt, können Sie auch eine Austernschale benutzen. Sie legen dann das Kohleplättchen in die Muschel und diese in die Vertiefung eines passenden Steines. Achten Sie darauf, dass es auch unter diesem Stein nicht zu heiß wird, manche Steine leiten Hitze besser als andere. Probieren Sie dies alles aus, bevor Sie mit einem Ritual beginnen. Nutzen Sie niemals unerprobte Gegenstände für ein Ritual, damit es keine unangenehmen Überraschungen gibt (wozu auch Brandblasen gehören).

Pfefferminze ist so gebräuchlich wie Kamille. Am besten ist es, wenn Sie Ihre Minze im Kräutergeschäft kaufen. Wenn alle Stricke reißen und Sie keine andere Möglichkeit haben, benutzen Sie Pfefferminze aus dem Teebeutel. Als Tee getrunken eignet sich die Minze besonders gut für alle Reinigungsrituale.

Sie können sich damit jedoch nicht nur von innen reinigen. Zwei oder drei Teebeutel ins Badewasser gehängt sorgen dafür, dass Sie erfrischt und wach Ihr Ritual beginnen. Wenn Sie eher ein Duschtyp sind, nehmen Sie die Teebeutel mit und reiben sich damit vor dem letzten Abduschen ein. Lassen Sie alles, was Sie ablenken oder zu sehr beschäftigen könnte, mit dem Duft der Kräuter davonschweben oder geben Sie es dem Wasser mit. Pfefferminze gehört zum Element Luft und kann für Reinigungs- und Heilungsrituale benutzt werden.

Achtung! Nicht zu viel Pfefferminztee trinken. Ein empfindlicher Magen kann sonst durcheinander geraten.

Rosmarin ist ein Küchenkraut, das leicht zu bekommen ist. Selbst im Supermarkt finden Sie ihn in kleinen Töpfen auf dem Kräuterregal. Ziehen Sie sich Ihren Rosmarin am besten selbst. Einige Nadeln Rosmarin im Badewasser (eventuell kombiniert mit Minze) machen Sie wach und regen den Kreislauf an.

Zu guter Letzt noch ein paar Worte über das *Heidekraut*. Den Liebeszauber habe ich ja schon erwähnt, aber wie sieht es im umgekehrten Fall aus, wenn ein hartnäckiger Verehrer Sie partout nicht in Ruhe lassen will? Das Problem lässt sich einfach mit einem Zweig Heidekraut kurieren. Tragen Sie ihn bei sich und der unerwünschte Lover wird sich schnell anderen Zielen zuwenden. Sie können auch einen Zweig unter Ihr Kopfkissen legen, wenn Sie im Augenblick anderes im Kopf haben als eine Liebesbeziehung. Vergessen Sie nur nicht, die Heide wieder zu entfernen, wenn Sie lange genug Single waren.

Medizinbeutel

Die Tradition des Medizinbeutels ist der einen oder anderen von Ihnen sicher nicht nur aus den Geschichten von Karl May vertraut. Medizinbeutel haben nicht nur in der spirituellen Kultur der nordamerikanischen Indianer ihren Platz, auch keltische Druiden und Barden trugen kleine Taschen bei sich, in denen sie allerlei aufbewahrten, was sie für ihre Arbeit brauchten und was ihre spirituellen Kräfte unterstützte.

Es gibt verschiedene Möglichkeiten, einen Medizinbeutel zu benutzen. Zum einen können Sie einen kleinen Lederbeutel nehmen und alles in ihm einnähen, was Sie in Ihren Ritualen, Meditationen und Übungen als wichtige Bestandteile für Ihre Arbeit kennengelernt haben. Am Anfang ist es schwierig, solch einen Medizinbeutel herzustellen, weil Sie schließlich noch nicht genau wissen können, ob Ihnen eher der Weg einer Heilerin liegt oder ob Sie besser in die Zukunft sehen können. Sich hier bereits festzulegen, wäre etwas verfrüht. Bevor Sie also einen Medizinbeutel als ständigen Begleiter herstellen, schreiben Sie nur auf, welche Gegenstände für Ihren Medizinbeutel wichtig sein werden.

Stellen Sie vorerst einen Medizinbeutel her, der etwa die folgenden Zutaten enthält: einen kleinen Halbedelstein, der entweder für das stehen soll, was Sie bisher erreicht haben, der also Ihre augenblicklichen Fähigkeiten stärkt, oder einen, der die Fähigkeiten stärkt, die Sie in der nächsten Zeit entwickeln wollen. Weiterhin zwei Kräuter, die für Sie besondere Bedeutung haben. Dies kann eines für eine gute Gesundheit sein und ein anderes für spirituelle Kraft. Dazu geben Sie noch etwas Erde von dem Ort, an dem Sie wohnen.

Dies alles füllen Sie in einen kleinen Beutel aus Leder, Nessel oder Baumwolle (möglichst ungefärbt). Diese Zutaten legen Sie auf Ihren Kraftplatz/Altar und lassen Sie dort vom Neumond bis zum Vollmond liegen. In der Nacht vom Vollmond nähen Sie Ihren Medizinbeutel zu. Wählen Sie den Faden in einer Farbe, die zum Inhalt passt. Nehmen Sie den kleinen Beutel dann zwischen Ihre Hände und visualisieren Sie, wie sich die einzelnen Teile in ihm miteinander verbinden und sich gegenseitig verstärken. Tragen Sie den Medizinbeutel so oft wie möglich bei sich und legen Sie ihn neben sich, wenn Sie zu Bett gehen.

Wenn Sie diesen Medizinbeutel »erschöpft« haben, das heißt, wenn Sie das erreicht haben, wofür Sie ihn gefertigt haben, gibt es verschiedene Möglichkeiten, die Energie wieder freizulassen. Zum einen können Sie Ihren ersten Medizinbeutel in ein fließendes Gewässer werfen und das Wasser bitten, die Energie sinnvoll zu verteilen (hierfür eignet sich tatsächlich nur ein Fluss, ein See mit Zu- und Ablauf und natürlich das Meer). Sie können Ihren Medizinbeutel auch verbrennen oder vergraben. Bitten Sie das jeweilige Element, die Energie an einem anderen Ort sinnvoll zu verwenden.

Spätestens an dieser Stelle wird klar, warum es sinnvoll ist, natürliche Stoffe zu verwenden: Etwas Salbei oder ein kleiner Sodalith, dazu ein bisschen ungefärbte Baumwolle werden weder einem Fluss noch einem Beet oder sonst einer Sache oder einem Menschen Schaden zufügen. Und dies ist –Sie erinnern sich– die wichtigste Regel der Magie.

Muscheln

Verwenden Sie nur selbst gesammelte Muscheln: Kaufen Sie Muscheln nicht im Geschäft, es sei denn, Sie sind sicher, dass nur leer gesammelte Muscheln verkauft werden. Muscheln und Schneckengehäuse stammen meist von Tieren, die speziell für die Vermarktung ihrer Behausungen getötet wurden. Diese Energie zerstört jedes Ritual.

Wenn Sie mit Muscheln arbeiten, können Sie mit ihrer Hilfe wunderbar die Kraft der Meere und des Wassers in Ihre Hexenwohnung holen. Ich habe zum Beispiel ganze Gläser mit Sammlungen von Muscheln, die Löcher aufweisen. Am Strand will sie sonst niemand haben, deshalb können Sie davon Unmengen finden. Ich benutze Sie, um zum Beispiel eine Trauer- oder Wunschkordel zu flechten (siehe unten).

Auf einem Reisealtar können Muscheln das Element Wasser verkörpern. Wenn sie klein genug sind, passen sie in eine Filmdose und lassen sich so problemlos transportieren.

Räucherwerk

Räuchermischungen erhalten Sie in den meisten esoterischen Geschäften. Eine Liste mit Versandhändlern von erstklassigem Räucherwerk erhalten Sie auch bei: *Arven*-Schule für Aromatherapie und Heilpflanzenkunde, Postfach 24, 87475 Sulzberg.

Steine

Es gibt eine Reihe von Möglichkeiten, wirkungsvoll mit Steinen zu arbeiten. Die offensichtlichste ist jene, sie bei sich zu tragen.

Häufig haben Sie schon eine Art Steinesammlung im Haus, ohne dass Sie es wissen. Sehen Sie sich einmal Ihren Schmuck genauer daraufhin an. Tragen Sie diese Steine bewusst zu bestimmten Anlässen, können Sie hilfreiche Energie aus ihnen ziehen.

Grundsätzlich gilt, je näher Sie einen Stein an der Haut tragen, desto besser seine Wirkung. Und je länger Sie einen Stein auf der Haut haben, um so besser. Steine schwingen in ihren Lebenszyklen nicht so schnell wie wir. Ein Berg wächst vollkommen anders als ein Zweibeiner, ihre Wahrnehmung und Aufmerksamkeit sind mit der von Menschen nicht zu vergleichen. Entsprechend langsamer sind auch die Auswirkungen von Steinen auf unsere Gesundheit oder unser Bewusstsein. Es handelt sich um eine Langzeitwirkung. Verlieren Sie also nicht den Mut, wenn Sie eine Mondsteinkette tragen und nicht schon am ersten Nachmittag der Mann Ihres Lebens zur Tür hereinspaziert. Lassen Sie den Steinen Zeit zu wirken.

Auch wenn es manchmal schwer fallen mag: Weniger ist in jedem Fall mehr. Legen Sie unter Ihrer Matratze oder auf Ihrer Fensterbank keinen Drachenhort von Halbedelsteinen und anderen Felsbrocken an, es sei denn, Sie sind eine passionierte Sammlerin von Steinen aller Art. Das wirkt sonst leicht so, als wenn Sie in Ihrem Fernseher oder Radio mehrere Programme gleichzeitig hören. Nehmen wir einmal an, Sie haben neben Ihrem Bett einen Kristall liegen, den Sie auf Ruhe, inneren Frieden und tiefen Schlaf programmiert haben. Daneben legen Sie einen Karneol, der für eine feurige Liebesaffäre sorgen soll und neben ihn einen Sodalith, der innere Klärung und Weisheit bringen soll und so weiter ...

Sie merken schon, das wird irgendwann zu viel. Beschränken Sie sich auf wenige Steine. Vielleicht ist es Ihnen im Augenblick am wichtigsten, ruhig zu schlafen (programmierter Kristall oder Traumfänger), Sie möchten am Arbeitsplatz mit den Kollegen gut auskommen (Rosenquarz), und eine neue Liebe wäre auch nicht schlecht (tragen Sie eine Mondsteinkette). Belassen Sie es dabei und lassen Sie die Steine erst einmal ein paar Wochen lang ihre Wirkung entfalten, bevor Sie sie austauschen und vielleicht durch neue Schwerpunkte ersetzen. Besonders gut eignet sich ein Zeitraum von einem zum anderen Neumond (siehe auch Mond-Rituale, Seite 198).

Steine für magische Unternehmungen müssen weder teuer noch edel sein. Natürlich ist es besonders nett, mit einem Brillanten zu arbeiten, auch Rubine, Saphire oder Smaragde haben nicht nur materiellen Wert. Wenn Sie also stolze Besitzerin solcher Kostbarkeiten sind, benutzen Sie sie auf jeden Fall. Wenn Sie allerdings zu den Menschen gehören, die nicht »brillibehängt« durchs Leben gehen, tun es auch alltäglichere Varianten. Für magische Rituale und Amulette ist jeder Stein wertvoll, schließlich ist der materielle Wert eine ganz und gar künstliche Größe.

Wählen Sie für Ihre magische Arbeit am Anfang nur wenige Steine aus, Sie können Ihre Sammlung später erweitern. Wenn Sie etwas für Gesteine übrig haben, werden sich bei Ihnen eh binnen kürzester Zeit kleine Berge ansammeln. Für den Anfang schlage ich folgende Halbedelsteine vor, die nicht nur leicht, sondern auch relativ preiswert zu beschaffen sind. Wenn Sie das Glück haben, in einer Stadt zu wohnen, in der es eine Mineralienmesse gibt, lassen Sie sich dieses Ereignis nicht entgehen. Dort finden Sie alles, was das Herz begehrt, zu erschwinglichen (Einkaufs-)Preisen:

Amethyste sind lilafarbene Steine, die oft sehr teuer verkauft werden. Besonders große Amethyste sind selten preiswert zu haben. Gehen Sie auf die Jagd und haben Sie Geduld, wenn Sie nicht gleich das Richtige finden. Ein paar kleinere Stücke tun es auch.

Bergkristall ist ein durchsichtiger oder durchscheinend weißer Stein. Um ihn magisch benutzen zu können, muss er nicht vollkommen klar sein. Sie bekommen Stücke von der Größe Ihrer Faust (im Kaufhaus, bei den Zimmerbrunnen) bis zu kleinen, getrommelten (abgerundeten) Steinen im Bastelgeschäft. Legen Sie sich von diesem Stein eine kleine Sammlung an.

Bernstein gehört zu den gelben Steinen, auch wenn er eigentlich nicht gelb ist. Sie brauchen einige größere und ein paar Dutzend kleine (alte Ketten gibt es sehr preiswert, die können Sie auch gleich für Ihren Traumfänger benutzen, der im Kapitel über das Schlafzimmer beschrieben wird, siehe Seite 28). Große Bernsteine sind sehr teuer, kleine reichen vollkommen aus.

Jade gehört zu den grünen Steinen. Alte Jade ist meist sehr teuer, aber weniger edle Teile sind preiswerter zu bekommen, wobei kleine Jadestücke ausreichen.

Karneol ist ein orange- bis rotfarbener Stein. Beschränken Sie sich auf kleinere Stücke, sie reichen für magische Vorhaben aus, große sind schwer zu bekommen.

Mondstein ist weiß, wenn Sie einen Regenbogen-Mondstein besitzen, kann seine Farbe ins Bläuliche gehen. Ein kleiner Stein genügt für Ihre Arbeit.

Rosenquarz ist ein rosafarbener Stein, ein Quarz wie der Bergkristall, er ist auch in großen wie kleinen Brocken, roh oder getrommelt, erhältlich. Auch von diesem Stein können Sie gar nicht genug haben. Er eignet sich auch gut zum Verschenken.

Sodalith ist ein blauer Stein, nicht zu verwechseln mit Lapislazuli. Auch den Sodalith erhalten Sie in großen Stücken im Kaufhaus oder im Tiergeschäft, kleinere im Steineladen (teuer) oder Bastelgeschäft (preiswerter). Wenn möglich legen Sie sich einen großen und einige kleinere zu.

Sie können diese Steinesammlung jederzeit erweitern, empfehlenswert ist es jedoch, sich zunächst nur mit einer begrenzten Zahl von Steinen vertraut zu machen, damit Sie nicht durcheinanderkommen.

Weiße Steine

Von Kiesel bis Quarz stehen diese Steine mit dem Mond in Verbindung, viele deshalb auch mit dem Element Wasser. Ihre klärende und reinigende Kraft kann helfen, wenn Sie einen Verlust zu verarbeiten haben oder wenn Sie ein Reinigungsritual durchführen möchten.

Der *Mondstein* steht mit dem Element Wasser in Verbindung und dem Planeten Venus. Er ist besonders geeignet, wenn es um

Frauenangelegenheiten geht. Tragen Sie eine Zeit lang einen Mondstein und beobachten Sie, wie Sie dieser Stein sachte dabei unterstützt, Ihre Weiblichkeit auszudrücken. Frauen, die im Alltag eher männlich wirken müssen oder wollen, können diesen Stein wiederum nachts tragen, um so einen Ausgleich zu erzielen.

Besonders gut eignet sich der Mondstein für Liebesrituale, wenn Sie sich eine romantische Liebesbeziehung wünschen. Stellen Sie eine pinkfarbene Kerze auf Ihr Fensterbrett im Schlafzimmer und legen Sie so viele Mondsteine, wie Sie haben, im Kreis darum. Wenn Sie genug kleine Mondsteine besitzen, legen Sie ein Herz (auch wenn es kitschig ist).

An sieben aufeinander folgenden Abenden zünden Sie die Kerze vor dem Schlafengehen an und visualisieren sich in einer liebevollen Beziehung. Richten Sie dabei Ihre gesamte Aufmerksamkeit auf Ihr eigenes Gefühl bei der Sache, nicht so sehr auf einen Partner. Schließlich wollen Sie doch dem Universum die Gelegenheit geben, Ihnen den wirklich »Richtigen« vorbeizuschicken, und das ist vielleicht nicht der, den Sie gerade im Kopf haben.

Ein Mondstein kann auch sehr hilfreich sein, wenn Sie nicht sehr gut und erholsam schlafen. Legen Sie sich einen kleinen, entsprechend aufgeladenen Mondstein ans Kopfende Ihres Bettes oder arbeiten Sie einen Mondstein mit in einen Traumfänger (siehe Seite 32) ein, den Sie über Ihr Bett hängen. Die heiße Milch mit Honig können Sie trotzdem trinken.

Schwarze Steine

Da die meisten schwarzen Steine, die Sie im Handel bekommen, einige Gefahren in sich bergen, lasse ich sie hier bewusst aus. Wenn Sie trotzdem gern etwas experimentieren möchten, empfehle ich, zuerst einige gute Bücher zum Thema Steine zu lesen, bevor Sie sich ans Ausprobieren machen.

Schwarze Steine gehören zum Element Erde. Sie unterstützen ruhige Unternehmungen eher als lebhafte, entsprechend dem

Element, mit dem sie verbunden sind. Wenn Sie also einen schwarzen Stein bei sich tragen, spielen Sie ruhig in Ihrer Tasche damit, wenn Sie gerade an einem hitzigen Gespräch teilnehmen. Lassen Sie den Stein die Hitze der Argumente aufnehmen. Vergessen Sie aber nachher nicht, den Stein wieder davon zu befreien.

Rote Steine

Rote Steine stehen mit dem Element Feuer in Verbindung und die meisten mit dem Planeten Mars. Wenn Sie ein Projekt anschieben wollen, eine gute Idee brauchen oder einfach mehr Bewegung in Ihr Leben bringen wollen, greifen Sie zu Rot.

Diese Steine unterstützen Ihre Entscheidungsfähigkeit und stärken Ihre Willenskraft. Fühlen Sie sich ein bisschen müde und schlapp, tragen Sie eine Zeit lang einen roten Stein bei sich, der alle Körperfunktionen kräftigt. Wenn Sie sich für alternative Heilmethoden interessieren, können Sie rote Steine zum Beispiel verwenden, um Blutungen schneller zu stillen (vergessen Sie aber um Himmels willen nicht, *vorher* ein Pflaster draufzukleben oder zum Arzt zu gehen).

Man könnte darüber streiten, ob ein *Karneol* rot oder orange ist, aber gleich, für welche Variante man sich nun entscheidet, dieser Stein ist mit dem Feuer und dem Planeten Sonne verbunden. Karneole eignen sich gut für Rituale, die mit Schutz, Frieden, Heilung, Mut und sexueller Kraft zu tun haben.

Wenn Sie eine Rede halten müssen oder in einer anderen Weise vor einer Gruppe auftreten, nehmen Sie einen Karneol mit. Halten Sie ihn in der Hand und lassen Sie seine Energie die Ihre unterstützen und verstärken. Wenn Sie gern ständig von der Kraft dieses Steines profitieren möchten, legen Sie sich einen Karneol-Ring zu, achten Sie aber darauf, dass Sie tatsächlich Hautkontakt mit dem Stein haben. Das verstärkt noch die Wirkung. Wenn Sie Ihr Liebesleben etwas würzen wollen, legen Sie einen Karneol unter Ihre Matratze oder tragen Sie eine Kette aus diesem Stein.

Der dunkelrote *Granat* ist nicht so teuer wie ein Rubin und meist leichter im Steingeschäft oder auf der Mineralienmesse zu erstehen (auch wenn Sie einen wirklich kleinen Geldbeutel Ihr eigen nennen). Er steht mit dem Element Feuer in Verbindung und dem Planeten Mars.

Wenn Sie sich müde und abgekämpft fühlen, tragen Sie Granatschmuck oder nehmen Sie einen Stein in der Tasche mit. Auch in diesem Fall können Sie sich einen Granat einfach mit einem Pflaster auf die Haut kleben (damit Ihr Stein hinterher nicht verklebt ist, empfehle ich haut- und damit auch steinfreundliches Pflaster).

Besonders lohnend ist es, einen Granat bei Heilungsritualen einzusetzen, wenn es um Herzprobleme oder eine Krankheit im Blutkreislauf geht.

Grüne Steine

Grüne Steine stehen mit dem Element Erde in Zusammenhang. Lottospieler aufgepasst, wer reich werden will, sollte es mit grünen Steinen versuchen.

Ebenso wirkungsvoll sind grüne Steine, wenn es um die Gesundheit geht. Da diese Farbe für die gesunde Natur steht, können Steine dieser Farbe besonders gut für Heilungsrituale benutzt werden.

Malachite haben eine besonders schöne Maserung, die an Marmor erinnert. Sie eignen sich besonders gut für alles, was mit finanziellem Erfolg und Handel zu tun hat. Außerdem sorgt dieser Stein für reibungslose Verständigung, wenn es um materielle Angelegenheiten geht. Wenn Sie also in einer Branche arbeiten, wo Sie für die Verkaufszahlen verantwortlich sind, oder wenn Sie einfach nur Ihre Meinung gewinnbringend an den Mann oder die Frau bringen wollen, tragen Sie einen Malachit bei sich. Der Stein wird Sie zusätzlich entspannen und dem Stress entgegenwirken. Wenn Sie an einer Kasse arbeiten, legen Sie einen kleinen Malachit zum Kleingeld, das zieht Kundschaft an.

Jade ist ebenfalls ein Stein, den Sie für jede Art Zauber nutzen können. Er steht mit dem Element Wasser in Verbindung und mit dem Planeten Venus. Besonders gut eignet sich Jade für Rituale, die mit der Liebe zu tun haben. Im alten China galt der meist grüne Stein als heilig. Liebende tauschten ihn aus, um sich ihrer gegenseitigen Zuwendung zu versichern.

Jade können Sie ebenfalls für alle Rituale verwenden, die mit Heilung zu tun haben oder in denen es um Schutz vor Krankheit oder Unfall geht. Sehr gut eignet sich der Stein deshalb auch für Kinder, besonders für Klettermaxe, die ständig vom Baum fallen oder über alles stolpern.

Er gilt ebenso als Glücksstein. Ich besitze zum Beispiel einen alten chinesischen Knopf, der aus gold-grüner Jade in Form eines Drachen geschnitzt worden ist, der wiederum eine winzige Ratte auf seinem Schwanz trägt (ebenfalls beides Glückssymbole). Ich fand diesen Stein auf einer Mineralienmesse in Hamburg, wo er noch nicht einmal teuer war. Als Glücksstein können Sie Jade auch verwenden, wenn es um Geldfragen oder berufliches Fortkommen geht. Jedes Ritual in dieser Richtung können Sie durch ein Stück Jade unterstützen.

Blaue Steine

Blaue Steine stehen ebenso wie grüne Steine mit Heilkraft in Verbindung. Sie ergänzen sich in Heilritualen hervorragend, da blaue Steine eher die spirituellen, seelischen und psychologischen Verbindungen zwischen dem Patienten und seiner Krankheit bearbeiten.

Sodalithe sind schöne blaue Steine und gehören eindeutig zu meinen Favoriten. Sodalithe sehen dem Lapislazuli sehr ähnlich, gehen von der Farbe her aber eher ins Grau, wobei einige Exemplare regelrecht schwarze Streifen aufweisen. Der Sodalith gehört zum Element Wasser und zum Planeten Venus.

Im Gegensatz zum Lapis ist der Sodalith erschwinglich und auch in großen Brocken leicht zu bekommen. Wenn Sie eine Meditationsecke haben, legen Sie dort Ihre Sodalithe aus, der Stein fördert Ihre meditativen Fähigkeiten und unterstützt spirituelle Wahrnehmung. Wenn Sie im Stress sind, nehmen Sie einen angenehm weich abgeschliffenen Sodalith mit, den Sie in der Tasche zwischen Ihren Fingern reiben. In Irland nennt man diese Schmeichelsteine *worry stones*, übersetzt heißt das in etwa »Kummerstein«. Wann immer Sie sich von frustrierenden Gedanken bedrängt fühlen, greifen Sie zu diesem Stein und schicken Sie alles in ihn hinein. Der Sodalith klärt und reinigt. Legen Sie Ihren Kummerstein ab und zu in ein reinigendes Salzbad. Besonders gut eignen sich Sodalithe auch als Ergänzung zu Steinen, mit denen Sie Heilungsrituale durchführen, weil sie Ruhe bringen und ausgeglichen machen. Zappelige Kinder können von Ketten oder Armreifen mit Sodalith-Anhängern profitieren.

Der *Lapislazuli* ist ein kräftig gefärbter blauer Stein, der zwar leicht zu bekommen ist, weil er viel für Schmuck verwandt wird; leider ist er deshalb aber auch sehr teuer. Er steht mit dem Element Wasser und dem Planeten Venus in Verbindung. Ein Lapis hat meist goldene Pyrit-Sprenkel, so dass man ihn gut vom Sodalith unterscheiden kann.

Besonders gut eignet sich dieser Stein, wenn Sie Ihre spirituelle Aufmerksamkeit verstärken wollen. Ein kleiner Ring mit einem Lapislazuli, eine Kette oder auch ein einzelner Anhänger aus diesem Stein reichen aus.

Gelbe Steine

Gelbe Steine stehen generell für geistige Entwicklung und Wachsamkeit. Gelb ist auch die Farbe der Erleuchtung.

Bernstein gehört zu meinen Favoriten, wenn es um Steine für den magischen Gebrauch geht. Da Bernstein eigentlich gar kein Stein ist, sondern aus versteinertem Baumharz uralter Wälder entstand, hat er eine Lebendigkeit, die für die moderne Hexe sehr leicht zugänglich ist. Außerdem ist es angenehm, eine Kette oder einen Anhänger aus Bernstein zu tragen, da dieser »Stein« nicht kalt, sondern warm ist. Wenn Sie nicht schon in der Schule mal ausprobiert haben, was passiert, wenn Sie Bernstein an Wolle reiben, machen Sie sich mal den Spaß. So können Sie im Übrigen auch testen, ob Sie einen echten Bernstein in Händen haben oder nicht. Echter Bernstein lässt sich elektrisch aufladen und ist relativ leicht mit einem Messer zu bearbeiten, da er sehr weich ist. Leider sind schöne große Bernsteinstücke sehr teuer. Ketten aus Bernstein sind dagegen preiswert zu bekommen. Gehen Sie auf den Flohmarkt, da werden Sie garantiert fündig.

Am bekanntesten ist die Wirkung des Bernsteins auf Kinder, die ihre ersten Zähne bekommen. Hier sorgt der Stein für problemloses Zahnen. In Babygeschäften und Bioläden werden kleine Ketten aus Mini-Bernsteinen angeboten, die Sie auch für Ihre magische Arbeit nutzen können.

Bernstein gehört zum Element Feuer und der Sonne. Er ist deshalb für jedes Ritual oder jede Übung geeignet, bei der es um Ihre persönliche Weiterentwicklung geht. Wenn Sie Klarheit brauchen, wohin Ihr Lebensweg geht, nutzen Sie dafür einen Bernstein (gut mit einem Bergkristall und einem Amethyst zu ergänzen). Liebesrituale können von Bernstein profitieren: Wenn Sie sich eher eine feurige Beziehung erhoffen, verbunden mit einigen Mondsteinen für gefühlsmäßige Tiefe, ergibt Bernstein nicht nur farblich eine aparte Mischung. Tragen Sie eine solche Kette aber nur, wenn Sie auch wirklich auf der Suche nach einem Partner oder einer Partnerin sind.

Das *Tigerauge* ist ein kräftig gefärbter gelbbrauner oder brauner Stein, der ebenfalls zum Element Feuer und zum Planeten Sonne gehört. Seine Ausstrahlung macht ihn zu einem idealen Stein für Rituale, bei denen es um Wohlstand und Geld geht. Für einen Reichtumszauber kombinieren Sie zum Beispiel grüne Kerzen mit Tigeraugen.

Legen Sie die Tigeraugen in einem Kreis um die Kerze und zünden Sie sie möglichst an einem Mittwoch an (dieser Tag ist gut fürs Geschäft).

Lassen Sie die Kerze ganz herunterbrennen und vergessen Sie nicht, sich als – wen wohl? – Dagobert Duck zu visualisieren.

Wenn die Kerze heruntergebrannt ist, nehmen Sie einen kleinen Tigeraugenstein und vergraben ihn in einem Beet. In diesem Fall reicht der Blumentopf nicht aus, hier muss es schon die freie Natur sein. Sollten Sie keinen Garten haben, ist es gut, wenn Sie sich einen Park suchen, wo Sie den Stein vergraben können.

Wenn Sie den Stein eingegraben haben – es muss nicht tief sein –, drehen Sie sich um und gehen davon. Sehen Sie nicht zurück und vergessen Sie Ihren kleinen Zauber, damit er sich ungestört entfalten kann.

Mehrfarbige und andere Steine

Quarzkristalle sind unersetzbar, wenn Sie magisch arbeiten. Der Stein ist so vielfältig, dass ich hier nur auf einige grundlegende Möglichkeiten eingehen will, wie Sie ihn anwenden können.

Quarzkristall kommt in vielen Varianten vor, unter anderem gehören Bergkristall, Rauch- und Rosenquarz dazu. Dank dieser Vielfalt können Sie in der Quarzfamilie Steinarten finden, die zum Feuer und andere, die zum Wasser gehören.

Am häufigsten ist der weiße oder klare *Bergkristall*. Dieser weiße Stein ist schon für ein paar Mark erhältlich. Im Kaufhaus können Sie faustgroße Stücke für etwa fünf Mark kaufen, im Bastelladen erhalten Sie kleine Tüten voller Minikristalle. Teuer wird ein Kristall erst, wenn Sie nach fehlerlos klaren Exemplaren Ausschau halten oder unbedingt einen Doppelender (ein Bergkristall, der an beiden Enden eine natürlich geformte Spitze hat) Ihr eigen nennen wollen. Nur zu, wenn Ihr Herz danach begehrt, warum nicht, aber der einfache Kristall tut es auch.

Ein Bergkristall hat eine klärende, reinigende Wirkung. Er ist immer für einen Schutzzauber gut oder wenn Sie ein Heilritual durchführen wollen. Traditionell streicht man mit einem Kristall über eine erkrankte Körperstelle und zieht so die Krankheit aus dem Körper. Nach der Heilungszeremonie wird der Kristall gesäubert. Salzwasser oder Regenwasser sind besonders wirkungsvoll. Wenn Sie Ihren Kristall nicht gerade im Meer baden können, legen Sie ihn im Garten ins Beet und lassen Sie Regen, Wind und Sonne ihn reinigen. Falls auch das nicht möglich ist, »vergraben« Sie ihn in einem Gefäß mit Meersalz und lassen Sie das Ganze ein paar Tage stehen. Nehmen Sie den Kristall gelegentlich in die Hand und wenn er sich klar anfühlt, benutzen Sie ihn wieder.

Bergkristall können Sie gleich in größeren Mengen kaufen, da sich dieser Stein hervorragend dazu eignet, um ihn zu »programmieren«. Sie visualisieren dabei die Eigenschaften, die Sie gerade brauchen, in den Kristall hinein. Denken Sie nur daran, vor dem nächsten Gebrauch den Quarz zu reinigen, damit es da kein Durcheinander gibt. Zur Erinnerung: Bitten Sie *immer* um die Mithilfe des Steins, mit dem Sie arbeiten. Sie mögen es auch nicht, wenn jemand etwas über Ihren Kopf hinweg tut. Wenn Sie ein ungutes Gefühl haben, lassen Sie es sein. Eine bessere Zeit und ein besserer Ort werden sich anbieten.

Eine Art des Quarzes lege ich Ihnen besonders ans Herz: den *Rosenquarz*. Auch wenn Sie –wie ich – die Farbe Rosa nicht unbedingt schön finden, um diesen Stein kommen Sie nicht herum. Er gehört zum Element Wasser und wird vom Mond beherrscht.

Die Eigenschaften des Rosenquarzes sind nicht sehr vielseitig, aber dafür um so wirkungsvoller. Er verstärkt gegenseitiges Verstehen, hilft Streit zu vermeiden, unterstützt Gefühle von Liebe und Freundschaft.

Legen Sie einmal kleine rosa Quarze in Ihre Pflanzentöpfe, Ihre grünen Mitbewohner werden es Ihnen danken. Ich habe Rosenquarz in jedem Zimmer meiner Wohnung auf der Fensterbank liegen und verschenke ihn gern an Kinder von Freunden (er hilft den Babys, sich in ihrem neuen Leben und ihrem neuen Körper zurechtzufinden).

Eine andere Spielart des Quarzes ist der *Amethyst*. Dieser schöne Stein gehört zum Element Wasser und zu den Planeten Jupiter und Neptun. Es gibt so viele Möglichkeiten, diesen Stein zu verwenden, dass es Seiten füllen würde, sie hier zu beschreiben. Deshalb beschränke ich mich auf die Anwendungsmöglichkeiten, die im hektischen Alltag besonders nützlich sein können.

Amethyste können in jeder Situation helfen, in der Sie unter Stress stehen. Wenn Sie zum Beispiel in einen Gerichtsfall verwickelt sind, nehmen Sie einen Amethyst mit. Er sorgt für ein gerechtes Urteil und hilft gleichzeitig, den dabei entstehenden nervlichen Streß abzubauen. Er ist ein wahrer Wunderstein, der für klare Gedanken, eine rasche Auffassungsgabe, tiefgehende Einsichten, ein leichtes und hoffnungsvolles Herz und Standfestigkeit sorgt. Wo auch immer Sie Ihr inneres Gleichgewicht unterstützen wollen, mit diesem Stein sind Sie auf dem richtigen Weg. Er galt schon unseren Vorfahren als Friedensbringer. Wenn ihn ein Mann trägt, sorgt er sogar für eine neue Partnerin.

Wenn Sie gern baden, legen Sie eine Zeit lang bei jedem Bad einen Amethyst ins Badewasser. Geben Sie noch einen Tropfen Lavendelöl dazu und Sie werden sich hinterher ruhig und friedlich fühlen. (Probieren Sie dieses Bad allerdings nicht, wenn Sie noch etwas vorhaben. Ihre Freunde könnten Sie für eine echte Schlafmütze halten.)

Doch nicht nur spirituelle Erkenntnisse und allgemeines Wohlbefinden steigert der Amethyst. Er sorgt auch für Erfolg im Beruf und in Gelddingen. Legen Sie sich einen kleinen Stein in Ihre Portemonnaie und achten Sie darauf, dass Sie immer mindestens einen Kupferpfennig dabeihaben (zur Not kleben Sie eben einen in Ihrer Geldtasche fest). So geht Ihnen niemals Ihr Geld aus.

Der *Achat* gehört zu den mehrfarbigen Steinen und entsprechend seinen Farben zu verschiedenen Planeten und Elementen. Generell können Sie Achate für Rituale verwenden, in denen es um Langlebigkeit, Glück, innere Ruhe, Kraft und Mut geht.

Aus der Vielzahl der Achate seien hier nur die Moosachate genannt. Diese Steine sind grün gefärbt und gehören zum Element Erde. Sie eignen sich besonders gut zur Förderung des Pflanzenwachstums und alles Blühenden. Ich habe stets zwei oder drei Moosachate in der Küchenschublade liegen.

Wenn ich Schnittblumen habe, lege ich einen der Steine mit ins Wasser. Sie können kleine Moosachate auch in Ihre Blumentöpfe legen oder sie im Blumentopf eingraben. Für den Garten eignet sich dieser Stein bestens. Mit ein paar Rosenquarzen und Kristallen zusammen werden sie Ihre Fensterbank oder Ihren Garten in ein wachsendes Wunder verwandeln (Gießen und Düngen ersetzt das allerdings nicht).

Sie können den Moosachat auch bei Heilungsritualen verwenden, besonders, wenn es bei den Krankheiten oder Verletzungen um Knochen oder Muskeln, den »erdigen« Teil des Körpers, geht.

Wenn Sie schon mal einen *Lochstein* gefunden haben, heben Sie ihn unbedingt auf. Nichts ist besser zum Schutz von Haus und Hof, Leben und Gesundheit, als dieser unscheinbare Stein. Oft finden Sie diese Steine in Flüssen oder am Strand. Meist hat das Wasser eine Ablagerung aus dem Stein gewaschen, die das natürliche Loch hinterlassen hat (gebohrte Löcher zählen nicht!).

Kleine Steine dieser Art zusammen mit einer kleinen Glocke zu tragen bewahrt vor bösen Geistern wie launigen Chefs, nervigen Schulkameraden oder nörgelnden Verwandten (auch wenn die erst einmal seltsam schauen oder Bemerkungen über Ihre »Kuhglocke« machen könnten), aber auch Geistwesen aus der Anderswelt.

Hängen Sie Lochsteine über Ihre Türen und Fenster und visualisieren Sie einen sicheren Schutzwall aus Licht um Ihre Wohnung. Kein Dieb wird sich in Ihre Richtung verirren (übertreiben Sie es aber nicht, sonst finden Ihre Freunde auch nicht mehr zu Ihnen).

Wenn Sie einen dieser Steine in einen Traumfänger (siehe Seite 32) für Kinder, Freunde und Familie einarbeiten, werden sie Ihnen stets ausgeschlafen nach alptraumlosem Schlaf begegnen.

Sammeln Sie Ihre Steine am besten selbst. Es müssen nicht immer Diamanten sein, Kieselsteine oder Steine vom Strand tun es auch. In Zoogeschäften und Kaufhäusern finden Sie bei dem Aquariumszubehör eine interessante Auswahl an Halbedelsteinen. Fragen Sie auch in der Abteilung für Zimmerbrunnen nach.

In Bastelgeschäften sind getrommelte – das heißt abgerundete und polierte – Halbedelsteine in kleinen Mengen abgepackt erhältlich. Diese kleinen Steine eignen sich besonders gut, um im Freien vergraben oder auch einem fließenden Gewässer übergeben zu werden. Vergessen Sie nicht, einige Steine für die Erdgeister aufzubewahren!

Wunschgeflecht

Sammeln Sie Woll- und Materialreste, es kann auch Leder oder dickerer Stoff sein. Am besten eignet sich wieder Naturmaterial, weil Sie das nicht erst lange bearbeiten müssen, bevor Sie es für ein Ritual oder eine magische Übung verwenden. Reinigen Sie aber auch Naturfasern vor dem Gebrauch (sowohl was Schmutz betrifft, als auch ihre Energie).

Benutzen Sie für die Wunschkordel Steine mit Löchern, Federn und Muscheln mit Löchern – oder was immer Ihnen angemessen erscheint und sich flechten läßt. Falls Sie als höchst moderne Frau von heute gar nicht mehr wissen, wie man einen Zopf flicht, macht nichts. Fragen Sie entweder bei Ihrer Großmutter nach oder flechten Sie einfach irgendwie so, dass es zumindest zusammenhält. Sie brauchen das ja nicht wie Rapunzel für Ihren Prinzen.

Wenn Sie genug Einzelteile beisammen haben, fangen Sie an, Ihren Wunsch in ein Geflecht einzuarbeiten. Dazu nehmen Sie die einzelnen Stränge und verknoten sie zunächst. Visualieren Sie dabei ganz eindringlich, wie die Erfüllung Ihres Wunsches aussieht. Halten Sie sich nicht mit Detail auf, bleiben Sie beim großen Entwurf.

Lassen Sie dann Ihren Wunschzopf einige Tage an einem Nagel an der Wand hängen. Ich hänge meine neben der Wohnzimmertür auf und nehme dafür das sonst dort beheimatete Bild ab. Immer wenn Ihr Blick drauf fällt, schicken Sie einen Energiestoß in die Fäden.

Nach einigen Tagen nehmen Sie die erste Feder oder Muschel, den ersten Stein zur Hand und flechten ihn in den Zopf. Visualisieren Sie dabei einen Teil Ihres Wunsches. Wenn Sie zum Beispiel eine neue Arbeit suchen und sich am Anfang vorgestellt haben, wie erfüllt Sie sich auf der neuen Arbeit fühlen, flechten Sie jetzt die Einzelheiten: den Gehaltsscheck, die Ausstattung Ihres Arbeitsplatzes, die Einstellung der Kollegen. Sie können täglich etwas einflechten, mehrmals am Tag oder auch mal einige Tage gar nichts. Achten Sie aber darauf, dass Sie nicht einfach vergessen, dass es diesen Wunschzopf gibt und was Sie damit bezwecken wollen. Bleiben Sie mit Ihren Gedanken so oft wie möglich bei der Sache.

Wenn Sie alles hineingewoben haben, was Ihnen wichtig ist, nehmen Sie Ihr Geflecht mit an einen Fluß oder ans Meer.

Stellen Sie sich so, dass Sie die vier Himmelsrichtungen anrufen können. Schließen Sie wie üblich Ihren Kreis. Dann halten Sie den Wunschzopf zuerst gen Osten hoch und »erzählen« den Windgeistern kurz, was Sie sich wünschen. Danach machen Sie es genauso mit den anderen Himmelsrichtungen (Sie haben jetzt einen doppelten Kreis gezogen).

Wenn Sie einmal herum sind, bücken Sie sich und heben mit den Händen eine flache Kuhle aus. Eine Grabehilfe können Sie natürlich auch benutzen, wenn es mit den Händen schlecht geht. Am Strand können Sie leicht ohne Werkzeug graben.

Legen Sie Ihren Wunschzopf in die Kuhle und übergeben Ihren Wunsch an die Elementarwesen, die Geister, Götter und das Universum, wen immer Sie für zuständig halten (es kommt schon bei der richtigen Adresse an). Breiten Sie Erde darüber, nicht zu locker, damit nicht gleich der nächste Hund anfängt zu buddeln.

Öffnen sie Ihren magischen Kreis und erden Sie sich. Wenn Sie von der Stelle weggehen, sehen Sie sich nicht um und kehren Sie auch später nicht an die Stelle zurück. Vergessen Sie Ihren Wunsch.

Leicht abgewandelt können Sie dieses Ritual auch dazu nutzen, etwas loszuwerden, was Sie bedrückt. Flechten Sie dann all die Gefühle und Ereignisse, die Sie belasten in den Zopf. Ansonsten verfahren Sie genauso.

Zauberstab

Bisher haben Sie Ihren Finger benutzt, wenn Sie Energie in eine bestimmte Richtung lenken wollten. Wenn Sie länger beim Zaubern bleiben wollen, können Sie den guten alten Zauberstab gut brauchen.

Wieder liegt es ganz bei Ihnen, welche Größe er hat und aus welchem Material er sein soll. Überlegen Sie, wofür sie ihn benutzen wollen und legen sich zur Not mehrere zu, für jede Gelegenheit den passenden.

Normalerweise reicht aber ein Zauberstab für alles. Er ist ein weiteres Hilfsmittel, in dem Sie einen Teil Ihrer magischen Energie speichern können. Wie bei vielen anderen Dingen, mit denen Sie in der magischen Arbeit umgehen, kommt es vor allem darauf an, womit Sie Ihren Helfer aufladen wollen. Wenn Sie starke Erdenergie wollen, bietet sich ein Stab aus Holz an, der zum Beispiel mit einer Kristallspitze versehen sein kann. Ist Ihnen mehr nach Inspiration, benutzen Sie Ihren Zauberstab »pur« – traditionell gehört er zum Element Luft. Wollen Sie mehr Feuer, benutzen Sie eine brennende Kerze als Stab. Stellen Sie aber wie immer sicher, dass es keine Probleme mit tropfendem Wachs oder anbrennenden Utensilien gibt.

Die richtige Zeit –
Sonnenstand und Mondphasen

Es lohnt sich, die Bedeutung günstiger Planetenstände und Mondphasen sowie von Tages- und Jahreszeiten mit einzubeziehen, wenn Sie ein magisches Vorhaben planen. Auch wenn es ausreicht, dass Sie mit ganzem Herzen dabei sind – warum sollten Sie auf den Extra-Energieschub verzichten, den Ihnen ein bestimmter Planet oder eine bestimmte Jahreszeit geben kann?

Sonne, Mond und Sterne

Mit der Sonne zu arbeiten ist relativ einfach, schließlich können Sie ihren Stand stets verfolgen. Verschiedene Tageszeiten eignen sich für bestimmte Vorhaben besonders gut, abgesehen von so offensichtlichen Verbindungen wie einem Traumzauber, den Sie am besten vor dem Schlafengehen auf den Weg bringen.

Wenn Sie einen Zauber für einen Tag angelegt haben, denken Sie daran, dass ein Hexentag nicht am Morgen, sondern bei Sonnenuntergang beginnt. Dementsprechend teilt sich auch jeder Hexentag in zweimal zwölf Stunden, nur dass Sie von Sonnenuntergang bis Sonnenaufgang die zwölf Nachtstunden rechnen und danach die zwölf Tagstunden folgen. Genau gleich lang sind die Hexenstunden nur zum Äquinoktium, der Tagundnachgleiche. Ansonsten müssen Sie nur ausrechnen, wie viel Stunden zwischen Sonnenauf- und -untergang liegen und teilen diese dann durch zwölf.

Planetenstunden

Angenommen, Sie möchten ein Ritual durchführen, das mit der Venus in Verbindung steht, können aber nicht bis zum Freitag (dem Venustag) warten. Suchen Sie sich die Stunde zwischen Sonnenuntergang und Sonnenaufgang aus, die an Ihrem gewählten Tag zur Venus gehört (siehe Tabelle). Wenn Sie zum Beispiel an einem Sonntag Ihr Ritual durchführen wollen, ist die Venusstunde die vierte Stunde nach Sonnenuntergang.

	Sonntag	Montag	Dienstag	Mittwoch	Donnerstag	Freitag	Samstag
1	Jupiter	Venus	Saturn	Sonne	Mond	Mars	Merkur
2	Mars	Merkur	Jupiter	Venus	Saturn	Sonne	Mond
3	Sonne	Mond	Mars	Merkur	Jupiter	Venus	Saturn
4	Venus	Saturn	Sonne	Mond	Mars	Merkur	Jupiter
5	Merkur	Jupiter	Venus	Saturn	Sonne	Mond	Mars
6	Mond	Mars	Merkur	Jupiter	Venus	Saturn	Sonne
7	Saturn	Sonne	Mond	Mars	Merkur	Jupiter	Venus
8	Jupiter	Venus	Saturn	Sonne	Mond	Mars	Merkur
9	Mars	Merkur	Jupiter	Venus	Saturn	Sonne	Mond
10	Sonne	Mond	Mars	Merkur	Jupiter	Venus	Saturn
11	Venus	Saturn	Sonne	Mond	Mars	Merkur	Jupiter
12	Merkur	Jupiter	Venus	Saturn	Sonne	Mond	Mars

Wenn Sie also etwas vorhaben, das nicht warten kann, legen Sie los, aber verschaffen Sie sich noch diese kleine Unterstützung durch die richtige Stunde.

Wochentage

Jeder Tag der Woche entspricht der Energie eines bestimmten Planeten. Wenn Sie für ein Ritual genug Zeit haben und warten können, suchen Sie sich den passenden Tag für Ihr Vorhaben aus.

In unseren Breiten zählen wir als ersten Tag der Woche den Montag. Planetarisch gesehen ist der Montag aber der zweite Tag der Woche. Als zentraler Himmelskörper in unserem Sonnensystem beherrscht die Sonne den ersten Tag. Folgerichtig müsste die Woche eigentlich mit dem Sonntag beginnen.

Sonntag

Der Sonntag gehört zur Sonne, deren Energie gut für alle Heilrituale ist. Freundschaftliche und andere Beziehungen, zum Beispiel ein gutes Verhältnis zu Arbeitskollegen, stehen ebenfalls unter der Sonne (außer der großen Liebe). Sollten Sie einer Religionsgemeinschaft angehören, die am Sonntag Gottesdienste abhält: Dieser Tag eignet sich sehr gut dafür, um heilige Kraft zu bitten. Nicht umsonst gilt dieser Tag vielen Menschen als besonders wichtig, wenn es gilt, einen Draht »nach oben« zu bekommen.

Obwohl an diesem Tag die meisten von uns nicht zur Arbeit gehen, eignet er sich hervorragend für das Abhalten von Ritualen, die mit dem Arbeitsplatz zu tun haben. Wenn Sie sich eine Beförderung wünschen oder gar nach einem neuen Job suchen, führen Sie Ihr Ritual an einem Sonntag durch.

Montag

Der Montag steht unter dem Zeichen des Mondes und gehört damit zum Element Wasser. Zu diesem Tag paßt alles, was mit Ihrem Zuhause und mit Familienangelegenheiten zu tun hat. Auch Nährendes und Förderndes gehört hierher, also jede Art von Nahrungszubereitung.

Wenn Sie lediglich eine besondere Geburtstagstorte für Ihre Mutter oder Tochter backen wollen: An diesem Tag gelingt sie besonders gut und die eingebackenen guten Wünsche wirken stärker als an anderen Tagen.

Ferner ist dem Mond die Landwirtschaft zugeordnet, Felder und Wiesen sowie Lebensmittel, die unter der Erde oder an Bäumen wachsen. Der Montag als Mondtag unterstützt die Aufzucht von Milchvieh und das Gedeihen von Saat und Ernte im Allgemeinen.

Wenn Sie ein Heilritual planen, eignet sich der Montag dafür ebenfalls gut. Den folgenden kurzen Zauber können Sie sowohl für Ihre eigene Gesundheit als auch für die von Freunden oder

Familienangehörigen anwenden. Es geht dabei nicht so sehr darum, eine bestimmte Krankheit zu heilen, sondern eher um eine allgemeine Vorbeugung.

Legen Sie Ihre Sammlung von Kräutern vor oder an Ihrem Kraftplatz auf ein sauberes Tuch. Schließen Sie kurz die Augen und richten Sie Ihre Aufmerksamkeit auf Ihre innere Wahrnehmung.

Gehen Sie in ungefähr ein bis zwei Zentimetern Abstand mit Ihren Händen über die Kräuter. Wenn Sie die Energie mit einer Hand besonders gut erfühlen können, bewegen Sie nur sie darüber.

Rufen Sie sich die Person vor Augen, für deren Gesundheit ein Kraut förderlich sein soll und spüren Sie, welche der ausgebreiteten Pflanzen Sie »ruft«.

Wiederholen Sie den Vorgang für jede Person, der Sie den Zauber angedeihen lassen wollen. Versuchen Sie jedoch nicht zu viel auf einmal zu bewerkstelligen, Sie können die Übung jeden Montag wiederholen.

Schreiben Sie am besten mit Datum auf, welche Kräuter in Ihrer inneren Wahrnehmung zu welchen Personen gehörten. Geben Sie dem Menschen, der Sie um Unterstützung gebeten hat, einen kleinen Beutel mit den entsprechenden Kräutern. Sie entfalten ihre größte Wirkung, wenn sie in der Nähe des Bettes angebracht werden (zur Not unter der Matratze), weil der menschliche Organismus nachts für feinstoffliche Energien aufnahmefähiger ist. Er ist dann nicht so sehr durch die alltägliche Hektik abgelenkt.

Dienstag

Dieser Tag gehört dem Mars und der Energie des Feuers. Hier ist alles gut aufgehoben, was mit Auseinandersetzungen zu tun hat, buchstäblich vom Sportfest bis zum Krieg. Wenn Sie etwas brauchen, das Sie in einer politischen Debatte fit macht, vollziehen Sie Ihr Ritual dafür an einem Dienstag. Wenn Ihnen nach einer heißen Liebesaffäre ist, sind Sie beim Mars richtig. Erwarten Sie allerdings nicht, dass sich daraus eine stabile Partnerschaft entwickelt.

Der Mars fördert den persönlichen Mut und die Bereitschaft zum Risiko. Es gibt eine einfache Möglichkeit, sich Marsenergie in den Tag zu holen: Befestigen Sie an der Innenseite Ihres Pullovers oder Hemdes einen kleinen Kreis aus rotem Filz oder ein kurzes Stück von einem roten Geschenkband bzw. einen Wollfaden. Laden Sie dieses Filzstück oder Band vorher mit Hilfe des Visualisierens entsprechend auf.

Die Energie des Mars kann nicht nur bei Auseinandersetzungen helfen. Seine reinigende und explosive Kraft kann auch ein langes Schweigen brechen und so zu einem fruchtbaren und freundschaftlichen Gespräch führen. Der Mut, friedlich einen Streit beizulegen und den ersten Schritt zu tun, gehört ebenso zum Mars wie die Wut, die zur Aggression führt.

Rituale, die sich besonders mit »Männerfragen« beschäftigen, gehören ebenfalls zum Mars.

Mittwoch

Der Mittwoch gehört zum Merkur. Der Planet der Diebe und der Kommunikation passt zu allem, was mit Handel oder Austausch zu tun hat, ob Sie ein Auto kaufen oder mit jemandem über ein neues Projekt sprechen möchten.

Die Energie Merkurs scheint auf den ersten Blick verwirrend, weil sie ständig wechselt. Als Planet der Bewegung erscheint er kurz, um sogleich wieder zu verschwinden. Selbst die Bezeichnung »er« passt nicht, da Merkur (oder Hermes bei den Griechen) gar nicht als eindeutig männlich anzusehen ist. Die Energie Merkurs ist auf Austausch und Verwandlung ausgerichtet. Damit ist diese Planetenkraft für Ihre magischen Vorhaben außerordentlich wichtig. Jedes Ritual verwandelt Energie, tauscht aus, verändert. Je mehr Merkurenergie Sie dabei besitzen, um so schneller und reibungsloser läuft alles.

Hervorragend eignet sich diese Energie auch für die Informationssuche. Die Übungen von Seite 216, in denen es darum geht, Informationen aller Art über die Elemente zu sammeln, funktionieren am besten, wenn Sie diesen Planeten um Hilfe bitten – ob Sie sich den Merkur nun als göttliche Figur vorstellen oder nur mit dem Wind sprechen, der ebenfalls zum Merkur gehört.

Wenn Sie eine Frage beschäftigt, gehen Sie kurz in die Ruhe und bitten Sie um Informationen. Dann vergessen Sie das Ganze. Sie werden unvermittelt zum Beispiel beim Fernsehen Sätze bewusst wahrnehmen oder die Überschrift einer Zeitschrift sehen, die genau zu Ihrer Frage passen. Auch wenn Sie Ihre Aufmerksamkeit für das Leben um Sie herum weiterentwickeln möchten, vertrauen Sie sich Merkur an.

Donnerstag

Der Donnerstag gehört zum größten der Planeten, zu Jupiter. Der römische Vatergott steht für Macht und Stärke, Wohlstand und Besitz. Sie ahnen es schon, Ihr Geldzauber hat am Donnerstag besonders viel Kraft. Ebenso gut aufgehoben ist hier alles, was mit Wohlstand und Arbeit in Verbindung steht. (Wobei das eine nicht unbedingt etwas mit dem anderen zu tun haben muss. Sie kennen sicher den Spruch: Durch harte Arbeit ist noch niemand reich geworden.)

Der Donnerstag ist gerade für Frauen ein wichtiger Tag, haben doch die meisten von uns zumindest zeitweilig Geldprobleme. Wir haben immer noch mehr Schwierigkeiten als unsere männlichen Kollegen, unsere berechtigten Forderungen gegenüber einem Arbeitgeber durchzusetzen. Oft liegt dies daran, dass wir selbst nicht davon überzeugt sind, dass wir es wirklich verdienen, reich, berühmt und glücklich zu sein.

Der Donnerstag eignet sich hervorragend dazu, Ihren Minderwertigkeitsgefühlen auf den Pelz zu rücken den Garaus zu

machen. Probieren Sie dafür einmal den folgenden Wohlstandszauber aus:

Gehen Sie an Ihren Kraftplatz/Altar, machen Sie es sich
bequem, schließen Sie die Augen und gehen Sie in die
Ruhe.

Stellen Sie sich vor, Sie stehen auf einem Prunkwagen,
wie er im Karneval benutzt wird. Der Wagen ist reich
geschmückt und Sie tragen eine märchenhafte Kleidung: golddurchwirkter Stoff, strahlend, glitzernd,
Samt und Seide. (Wer kichert da, Geld ist eine ernsthafte Angelegenheit!) Vor Ihnen steht ein großer Topf mit
lauter Goldstücken, Geldrollen und Silbermünzen. Sie
greifen in den Topf und werfen das Geld mit beiden
Händen in die Menschenmenge links und rechts des
Weges. Spüren Sie das Geld in Ihren Händen und genießen Sie das Gefühl, es so unter die Leute bringen zu
können.

Bleiben Sie dabei, bis Sie genug haben. Kommen Sie
dann wieder in Ihre alltägliche Wahrnehmung zurück.
Entspannen Sie sich noch einen Augenblick und öffnen
Sie dann die Augen.

Nach dieser Übung ist es wichtig, dass Sie ehrlich aufschreiben,
wie es Ihnen dabei ergangen ist. Als ich diese Übung zum ersten
Mal vollzog, wollte ich am liebsten den ganzen Reichtum für
mich behalten und kam mir sehr schäbig vor. Es dauerte einige
Zeit, bis ich nur das Vergnügen spüren konnte, Reichtum nicht
nur zu besitzen, sondern auch noch mit vollen Händen zu verschenken.
   Diese Übung eignet sich hervorragend dazu, die eigene Einstellung zum Reichtum zu überprüfen. Ich hatte mir zwar gewünscht, wohlhabend zu sein, doch so reich nun auch wieder
nicht. Und wenn ich alles herschenke, was bleibt dann noch für
mich übrig?

Wenn Ihnen Jupiter als männliche Identifikationsfigur nicht zusagt, kommen Sie möglicherweise mit einer Meditation mit Hera (der Göttermutter) oder Fortuna (der Glücksgöttin) besser zurecht. Sie gewähren einen anderen Reichtum als mit Jupiter, finden aber für den Anfang leichter Zugang zu diesem Bereich.

Freitag

Der Freitag ist der Venus gewidmet. Als Planet, der über Liebesdinge, Kunst, Schönheit und das gute Leben herrscht, unterstützt sie Ihren Liebeszauber am besten. Dies ist auch ein guter Tag, um sich mit einer neuen Liebe zu treffen.

Wenn Sie ein Liebesritual planen und das Glück haben, einen klaren Abendhimmel vorzufinden, führen Sie Ihr Vorhaben im Licht der Venus aus. Dieser helle Abend- und Morgenstern bringt Ihnen noch ein zusätzliches Quantum an Kraft.

Versuchen Sie einmal, eine ganze Mondphase (von einem Vollmond bis zum nächsten) hindurch täglich zur Venusstunde ein Mini-Ritual in Ihren Tag einzubauen.

Nehmen Sie dazu einen Rosenquarz, der klein genug ist, um ihn in der Tasche jederzeit bei sich zu tragen. Sie können dafür auch eine Halskette mit Rosenquarz-Anhänger wählen oder sich einen kleinen Stein mit einem Pflaster auf die Haut kleben (am besten über Ihr Herz).

In der Venusstunde suchen Sie sich einen ruhigen Ort, falls möglich einen Kraftplatz. Stellen oder setzen Sie sich ruhig hin und führen Sie kurz Ihre Atemübung durch (siehe Seite 112).

Gehen Sie in die Ruhe und legen Sie Ihre Hände übereinander auf Ihr Herz.

Lassen Sie unter Ihren Händen ein sanftes rosafarbenes Licht erscheinen, das sich in Ihnen ausbreitet. Es füllt

Sie in jedem Winkel Ihres Körpers aus und Sie fühlen sich pudelwohl.

Kommen Sie langsam in Ihr alltägliches Bewusstsein zurück und atmen Sie tief durch. Um Sie herum ist weiterhin alles »rosig«, auch wenn Sie die Farbe optisch nicht wahrnehmen.

Erinnern Sie sich während des Tages daran, dass diese rosige Energie Sie begleitet. Lassen Sie bewusst etwas davon zu Mitarbeitern, Freundinnen und Freunden, Pflanzen, Haustieren und auch zu fremden Menschen fließen. Keine Angst, Sie bringen damit nicht deren Karma durcheinander, wer diese sanfte Energie nicht empfangen möchte, wird sie an sich abgleiten lassen wie Regentropfen.

Falls Sie einmal einen Tag aussetzen, macht dies nichts. Je konsequenter Sie diese Übung allerdings durchführen, um so stärker werden Sie den Vorher-Nachher-Effekt spüren. Wundern Sie sich also nicht, wenn Sie plötzlich allseits beliebt sind und nicht nur Katzen Ihre Gesellschaft suchen.

Samstag

Dieser Tag steht unter dem Zeichen Saturns. Dieser Planet gehört zu jenen Bereichen des Lebens, in denen es um Begrenzung, Alter, Regeln und Gesetze geht. Wenn Sie zum Beispiel abnehmen wollen, ist der Samstag ein guter Tag, um damit anzufangen. Auch was Sie beenden wollen, ist hier gut aufgehoben: eine Kündigung schreiben, eine Beziehung beenden oder auch auf eine Reise gehen, kurzum alles, was mit einer deutlichen Trennung zu tun hat.

Gleichzeitig kann Sie die Kraft dieses Planeten auch unterstützen, wenn Sie beispielsweise einen geliebten Menschen verloren haben, da der Saturn auch solche Abschiede beherrscht.

Ein Abschiedsritual für einen Verstorbenen können Sie besonders wirkungsvoll an einem Samstag vollziehen (oder zur

Saturn-Planetenstunde an einem anderen Tag, siehe »Abschieds-ritual«, Seite 138). Dabei spielt es keine Rolle, ob die Person vor längerer Zeit oder erst vor kurzem verstorben ist.

Wenn Sie lediglich in Kontakt mit Ihrer verstorbenen Großmutter treten wollen oder einen anderen verschiedenen Menschen etwas fragen möchten, führen Sie die folgende Übung durch. Aber Vorsicht: Machen Sie diese Übung auf keinen Fall, wenn Sie gefühlsmäßig noch stark von dem Verlust betroffen sind. Falls Sie sich in diesem Punkt nicht sicher sind, führen Sie die Übung nur mit jemandem durch, der Sie betreuen kann. Da sie Sie auf eine sehr persönliche Weise ansprechen kann und sehr tiefe Gefühle an die Oberfläche kommen können, empfehle ich, die Übung zu Hause durchzuführen und sich für die darauf fol-genden Stunden nichts Bestimmtes vorzunehmen. Führen Sie diese Übung an Ihrem Altar/Kraftplatz durch.

Entspannen Sie sich und schließen Sie die Augen. Be-obachten Sie Ihren Atem und gehen Sie in die Ruhe.

Rufen Sie sich die verstorbenen Person ins Gedächtnis, um die es Ihnen geht. Erinnern Sie sich, wie sie gespro-chen, gelächelt und sich bewegt hat, je mehr Einzelhei-ten Sie erinnern, um so besser. Lassen Sie sich viel Zeit, um eine deutliche Verbindung herzustellen.

Wenn Sie die Person spüren, als wäre sie anwesend, er-zählen Sie ihr alles, was Ihnen in den Sinn kommt, was Sie ihr vielleicht noch hätten sagen wollen, bevor sie ging. Stellen Sie Fragen, die Sie noch an sie richten woll-ten und hören Sie genau auf die Antworten. Wenn Sie alles gesagt haben, was Ihnen auf dem Herzen liegt, ver-abschieden Sie sich und lassen Sie die Person langsam immer schemenhafter werden und gehen.

Bleiben Sie einige Augenblicke in der Ruhe und beob-achten Sie Ihre Atmung. Kehren Sie langsam in Ihre all-tägliche Wahrnehmung zurück.

Während dieser Übung ist es unerläßlich, dass Sie nicht gestört werden. Wenn Sie sich geschwächt fühlen oder gefühlsmäßig noch stark an die verstorbene Person gebunden sind (zum Beispiel bei einem kürzlich verstorbenen Partner oder Kind), führen Sie diese Übung erst durch, wenn Sie das Abschiedsritual (siehe Seite 138) durchgeführt haben. Auf jeden Fall sollten Sie diese Übung nur selten benutzen. Wenn Sie feststellen, dass Sie mit Ihren Gefühlen und Gedanken stark an der Vergangenheit festhalten, kann es sein, dass Sie einen Berater oder eine Beraterin Ihrer Wahl aufsuchen sollten, der oder die Sie bei Ihrer Trauerarbeit unterstützt.

So wie jeder Wochentag mit der Energie eines Planeten verbunden ist, gibt es auch bestimmte Steine, die die Kraft der Wochentage unterstützen.

Montag	Mond	Perlen und alle weißen Steine
Dienstag	Mars	Rubine und alle roten Steine
Mittwoch	Merkur	Türkis, Saphir und alle blauen Steine
Donnerstag	Jupiter	Amethyst, alle violetten Steine
Freitag	Venus	Smaragde, alle grünen Steine
Samstag	Saturn	Diamanten und alle schwarzen Steine
Sonntag	Sonne	Bernstein, alle gelben Steine

Mondphasen

Die Mondphasen zu bestimmen ist ein wenig schwieriger, als den Sonnenstand oder den Wochentag festzustellen. Am besten legen Sie sich einen Kalender zu, in dem die Mondphasen zumindest auf den Tag genau eingetragen sind, wenn auch nicht auf die Uhrzeit. Allerdings kann es nützlich sein, auf die Minute oder Sekunde genau zu wissen, wann die Energien von Voll- oder Neumond wechseln. Die Art des Kraftflusses ist eine andere.

Wenn Sie es also genau wissen wollen, besorgen Sie sich einen astrologischen Kalender. Darin können Sie sogar sehen, in welchem Tierkreiszeichen welcher Planet gerade steht. Wenn Sie

Ihr Ritual weit im Voraus planen können, lohnt es sich auf jeden Fall, einen planetarisch geeigneten Tag auszuwählen. Inzwischen gibt es einen Überblick über die Planetenstellungen sogar als Poster zu kaufen. So können Sie an jedem Tag sehen, wo welcher Planet steht. Da der Mond schnell wandert, wechselt er schon nach wenigen Tagen in das nächste Sternzeichen, so dass Sie niemals lang warten müssen, bis sich ein geeigneter Mondstand ergibt.

Neumond

Neumond nenne ich hier den Zeitpunkt, an dem der Mond auch am klaren Nachthimmel nicht zu sehen ist (was nicht ganz stimmt, da Sie sogar mit bloßem Auge noch einen winzigen Schimmer um den Neumond herum wahrnehmen können). Sie müssen Ihr Neumondritual nicht auf die Sekunde genau timen. Die Energie des Neumondes ist kurz vor und kurz nach dem Mondwechsel ebenso gut zu nutzen. Allerdings sollten Sie darauf achten, dass Sie die Rituale, die etwas beenden sollen, vor dem Neumondumschwung beginnen und mit jenen Ritualen, bei denen etwas entstehen soll, danach anfangen (dazu mehr in den folgenden Abschnitten).

Der Neumond eignet sich für alles, was Sie endgültig nicht mehr brauchen, genauso wie für alles, was Sie neu anfangen möchten. Als ich mein neues Haus bezog, führte ich das Ritual zur Hausreinigung an Neumond durch. Der Mondwechsel von abnehmend zu zunehmend fiel zeitlich genau in die Mitte meines Rituals. Ich habe also den Anfang (Verabschieden der anwesenden Geister) noch bei abnehmendem Mond vollzogen und habe die neuen Geister herbeigerufen, als der Mond bereits in den zunehmenden Mond übergegangen war. So genau muss man es aber nicht nehmen – Ihr Ritual ist wie ein kräftiges Paddel, mit dem Sie den Fluss hinunterrudern: Auch wenn Sie nicht jede noch so kleine Strömung erwischen, die Sie noch schneller vorwärtsbringen könnte, heißt das noch lange nicht, dass Sie auf der Strecke bleiben.

Jeder Neuanfang hat etwas mit Loslassen zu tun. Auf den Neumond passen daher alle Rituale, bei denen Sie etwas beenden möchten. Ob Sie Ihren Job aufgegeben haben, Ihr Kind von zu Hause ausgezogen ist, ob Sie abnehmen oder mit dem Rauchen aufhören wollen: Dies sind gute Anlässe für ein Neumondritual.

Zunehmender Mond

In der Zeit des zunehmenden Mondes, den etwa zwei Wochen zwischen Neumond und Vollmond, bieten sich Übungen und Rituale an, die mit Wachstum und Ausdehnung zu tun haben. Neue Projekte, die Sie zum Neumond auf den Weg gebracht haben, können an diesen Tagen noch verstärkt werden.

Bei Ritualen während des zunehmenden Mondes können Sie alle 14 Tage bis Vollmond nutzen, um bei Vollmond ein abschließendes Ritual durchzuführen. Besonders günstig wirkt es sich aus, wenn Sie während des von Ihnen gewählten Rituals Glück mit dem Wetter haben und Sie den Mond tatsächlich sehen können.

Vollmond

An Vollmond gibt es, ähnlich wie bei Neumond, ein klares Vorher und Nachher, wobei die Energie so stark ist, dass Sie Ihr Vollmondritual auch abends vollziehen können, wenn der Wendepunkt zum Beispiel mittags war. Oder Sie wählen den Abend vorher (wenn Sie von der alten Zählweise ausgehen und den Tag mit dem Sonnenuntergang beginnen).

Für Vollmondrituale eignen sich alle Themen, die mit einem Höhepunkt oder dem Ergebnis einer Sache zu tun haben. Wenn Sie eine Arbeit erledigt haben und möchten dafür die verdiente Anerkennung bekommen, unterstützen Sie Ihre gute Arbeit mit einem Vollmondritual.

Sie können zu Vollmond auch Rituale durchführen, die ein Sache zusätzlich »anschieben« sollen. Ich habe einmal ein Ritual für die Jobsuche an einem Vollmondabend durchgeführt. Die Dringlichkeit meines Wunsches zusammen mit der Energie des vollen Mondes sorgte für ein entsprechend schnelles Ergebnis. Wenn Sie also eine besonders wichtige Bitte ans Universum haben und der Vollmond ist gerade »greifbar«, nutzen Sie die Gelegenheit, denn die starke Energie beschleunigt Ihren Wunsch enorm.

Abnehmender Mond

Es ist nicht schwer sich vorzustellen, dass Sie in der abnehmenden Mondphase jene Rituale durchführen sollten, bei denen es darum geht, etwas zu beenden oder zu verlangsamen. Wenn Sie beispielsweise von jemandem am Arbeitsplatz belästigt werden, sollten Sie zunächst zwar die zuständigen Stellen verständigen, darüber hinaus können Sie aber auch ein Ritual bei abnehmendem Mond durchführen.

Denken Sie allerdings daran, dass Sie dieses Ritual nicht gegen jemanden durchführen, sondern zu Ihrem eigenen Schutz. Sie bitten das Universum lediglich darum, die Energie der anderen Person in sinnvollere Bahnen zu lenken. Wenn Sie einen Fluch daraus machen, öffnen Sie für sich selbst Räume, auf deren Inhalt Sie gut verzichten können.

Das Hexenjahr

Jahreszeitenfeste

Das magische Jahr beginnt mit dem ersten November, dem heidnischen Winteranfang, *Samhain* genannt. Es ist die Jahreszeit, in der es in unseren Breiten deutlich kälter wird. In der Natur stagniert das Wachstum, die Energie zieht sich zum Winterschlaf zurück. Zu dieser Zeit werden die Verbindungen zwischen unserer Welt und der Anderswelt stärker, der Schleier zwischen ihnen dünner. Die Nacht auf den ersten November eignet sich daher besonders gut für Weissagungen und Träume.

Um diese Zeit liegen auch die Nächte, in denen es leicht ist, Verbindung zu den Geistern Verstorbener aufzunehmen. Allerdings können Sie in dieser Phase auch Ihren Pfad in die Zukunft am besten verfolgen. Wenn Sie mit Tarot-Karten arbeiten, legen Sie sich an Samhain eine Jahresvoraussage oder befragen Sie ein anderes Orakel.

Das nächste Fest im Hexenkalender ist die *Wintersonnenwende*, die am 21. oder 22. Dezember gefeiert wird. Wie der Name schon sagt, befinden wir uns nun mitten im Winter. Dies ist eine Zeit der Ruhe, in der Sie Kräfte sammeln sollten, ähnlich wie die Natur, die im Winterschlaf liegt.

Bei den meisten Menschen sieht dies leider völlig anders aus. Mit der Besinnlichkeit ist es spätestens dann vorbei, wenn in allen Kaufhäusern Weihnachtslieder gedudelt werden. Die meisten Menschen sind in der Vorweihnachtszeit von allem anderen, nur nicht von einer »stillen Nacht« ergriffen. Doch selbst wenn Sie ein trubeliges Weihnachtsfest mit Kind und Kegel am Hals haben oder die Weihnachtsfeier Ihrer Firma bevorsteht, gönnen Sie sich zumindest ab und an zum Beispiel ein heißes Bad. Fügen Sie dem Wasser Düfte hinzu, die zur Jahreszeit gehören: Tannennadel (am besten als ätherisches Öl) oder Orange. Beide wirken klärend. Wenn Sie danach noch etwas Beruhigendes brauchen, geben Sie ein paar Tropfen Lavendelöl auf Ihr Kopfkissen. Sollten Sie allerdings noch ein wenig Energie haben, empfehle ich Ihnen etwas Feurigeres. Schließlich feiern wir mit der Wintersonnenwende die Rückkehr der Sonne. Es ist der Anfang des neuen Sonnenjahrs, ein guter Grund für ein Feuerwerk.

So die Verhältnisse es erlauben, machen Sie ein großes Lagerfeuer, laden Sie Freunde ein (in Deutschland bitte nicht vergessen, die Veranstaltung bei der Polizei anzumelden) und feiern Sie ein Fest mit Glühwein (die Gewürze geben Feuerkraft). Nehmen Sie sich während dieser Feier ein paar Augenblicke Zeit, stellen Sie sich vor das Feuer und lassen Sie sich von seiner Energie hoch hinauftragen. Lassen Sie sich Flügel wachsen und fliegen Sie. Schließlich feiern Sie ein Freudenfest.

Wenn es mit dem Lagerfeuer nichts ist und das Wetter eher nach Nieselregen als nach Schnee aussieht, verlegen Sie Ihre Feuerfeier in Ihre Wohnung: Stellen Sie so viele Kerzen in Ihrer Wohnung auf, wie Sie zusammenbringen. Achten Sie aber unbedingt darauf, dass sie auch vollkommen sicher stehen (zum Beispiel auf feuerfesten Untersetzern oder Tabletts, die Feuerwehr hat um Weihnachten schon genug zu tun). Zünden Sie sie nacheinander an und visualisieren Sie dabei, wie das Licht im neuen Jahr zunimmt, wie die Tage immer heller werden, wie der Sommer genau an diesem Tag zurückzukehren beginnt. Wenn Sie alle Kerzen angezündet haben, werden Sie merken, dass die Temperatur geradezu sommerlich wird und Sie es gut im T-Shirt aushalten.

Wenn Sie noch ein Übriges tun wollen, führen Sie eine Sonnenmeditation durch.

Machen Sie es sich vor Ihrem Kraftplatz bequem und schließen Sie die Augen. Beobachten Sie Ihren Atem und gehen Sie in die Ruhe.

Lassen Sie Ihr Bewusstsein leicht werden und schweben Sie nach oben, gen Himmel. Fliegen Sie Richtung Sonne. Lassen Sie zunächst die körperliche Gegenwart von Wärme und Licht auf sich wirken. Genießen Sie, wie gut sich diese Kraft auf Ihrer Haut anfühlt und wie stark Sie in diesem Licht werden.

Dann kommen Sie zur Ruhe und rufen die Sonne. In welcher Form sich der Geist der Sonne Ihnen zeigt, ist nicht im Voraus zu sagen, erwarten Sie nichts Bestimmtes, bleiben Sie offen. Vielleicht sehen Sie eine Gestalt, möglicherweise nehmen Sie eine Gegenwart wahr, vielleicht hören Sie auch nur etwas. Nehmen Sie an, was Ihnen entgegenkommt und bitten Sie um die wärmende Kraft für das kommende Sonnenjahr, bitten Sie um Lebensfreude und Ideen – den berühmten »Funken«.

Zum Schluss bedanken Sie sich und ziehen sich zurück. Entfernen Sie sich von der Sonne, doch vergegenwärtigen Sie sich, dass Sie in Ihrem Sonnengeflecht einen Teil dieser Energie ständig zur Verfügung haben. Sie können sich von dort jederzeit Licht und Energie holen, die ebenso wirkungsvoll ist wie das Licht der Sonne.

Sechs Wochen nach Mittwinter beginnt im Hexenkalender das Frühjahr. Am 2. Februar steht das Lichtfest *Imbolc* an. Im christlichen Kalender liegt hier Lichtmess, ein sehr passender Name für diesen Tag. In dieser Zeit werden die Tage spürbar länger und die Sonne scheint bereits etwas wärmer. Die härtesten Fröste sind vorüber und die Lebensgeister wachen allmählich wieder auf.

Nutzen Sie diesen Tag, um neue Dinge anzufangen. Wenn Sie zum ersten November gute Vorsätze gefasst haben, ist jetzt die Zeit gekommen, damit Ernst zu machen. Sie wollen mit dem Rauchen aufhören: Heute ist der erste Tag Ihres neuen Nichtraucherdaseins. Es geht dabei nicht so sehr darum, vom altvertrauten Schema zu lassen, sondern eher darum, den Schritt in ein neues Terrain zu wagen.

Dies ist ein guter Tag, um einen Schritt aus der Sucht zu machen, ob es sich dabei um Süßigkeiten, Alkohol, Nikotin oder einen Helferkomplex handelt.

Sie brauchen für dieses Ritual eine weiße Kerze, nach Belieben unterstützende Steine, Salz und Wasser, Räucherwerk, eine Schale mit Sand, ein kleines Stück Papier (etwa zwei mal drei Zentimeter), einen Bleistift (das Metall in ihm gibt Ihnen einen zusätzlichen Schutz) und eine Pinzette.

Vorsicht: Bei diesem Ritual zünden Sie ein Stück Papier an, überlegen Sie sich bitte vorher, ob Sie den Vorgang daher nicht lieber ins Freie, ins Bad oder in die Küche verlegen. Wenn Sie sich in dieser Frage nicht sicher sind, führen Sie dieses Ritual auf jeden Fall in der Badewanne oder im Waschbecken durch, damit Sie sicher sind, dass Sie keinen Brand verursachen. Normalerweise verglimmt ein Stück Papier, das Sie anzünden, ohne eine hohe Flamme. Wenn Sie auf »richtigen« Flammen bestehen, rate ich in jedem Fall zu einem Umzug ins Bad beziehungs-weise in die Badewanne. Tunken Sie dafür das Papier vor dem Anzünden mit einer Ecke in das geschmolzene Wachs Ihrer Ker-ze und zünden es dann an.

Gehen Sie wie üblich an Ihren Kraftplatz und entspan-nen Sie sich. Schließen Sie die Augen und gehen Sie in die Ruhe.

Wenn Ihre Aufmerksamkeit vollkommen hergestellt ist, öffnen Sie die Augen wieder und schließen den ma-gischen Kreis. Lassen Sie seine Energie eine Weile auf sich wirken, bevor Sie fortfahren.

Zünden Sie die Kerze an und stecken Sie sie in den Sand, so dass sie sicher steht. Wenn Sie für dieses Ritual Stei-ne benutzen, halten Sie jeden einzelnen einen Augen-blick in der Hand und visualisieren Sie, warum Sie die-sen Stein brauchen und wozu Sie ihn benutzen. Es könnte zum Beispiel ein Heilstein dabei sein, der die körperlichen Folgen einer Sucht mildert, oder ein Stein, der Ihren Willen stärkt.

Legen Sie die so aufgeladenen Steine hinter der Kerze in den Sand.

Nun nehmen Sie das kleine Stück Papier und einen Bleistift und schreiben auf das Blatt Papier ein Wort, das für Sie den Kern dessen wiedergibt, was Sie ab heute hinter sich gelassen haben. Bei Rauchern kann es das Wort »Zigarette« sein oder das Wort »Rauchen«. Finden Sie ein Wort, das für Sie stimmig ist, auch wenn es mit dem Thema auf den ersten Blick nichts zu tun hat.

Falten Sie das Papier klein zusammen und visualisieren Sie dabei, wie alle alte, nicht mehr benötigte Energie, die Sie in Ihre Sucht gesteckt haben, in dieses Papierstück fließt. Halten Sie es einen Augenblick in beiden Händen, bis alles hineingeflossen ist.

Nun nehmen Sie die Pinzette und halten damit das Papier über die Kerze und entzünden es. Legen Sie es anschließend vor der Kerze in den Sand. Während es langsam verglüht, visualisieren Sie, wie sich Ihre alte Lebensweise in Rauch auflöst.

Legen Sie etwas Räucherwerk auf Ihr Kohleplättchen oder zünden Sie ein Räucherstäbchen an. Fächeln Sie sich den Rauch zu und visualisieren Sie, wie dieser Rauch Sie umfassend reinigt (falls Sie ein Ritual vollziehen, um sich vom Rauchen zu trennen, finden Sie es vielleicht angenehmer, für eine Weile ätherische Öle statt Räucherwerk einzusetzen).

Wenn Sie mit Steinen arbeiten, nehmen Sie jeden einzelnen in die Hand und bekräftigen Sie noch einmal ihre Aufgabe. Tragen Sie diese Steine bei sich, so lang und so oft Sie wollen.

Löschen Sie die Kerze mit einem kräftigen »So soll es sein!«, das Sie laut oder im Stillen aussprechen.

Nun öffnen Sie den magischen Kreis. Erden Sie sich, indem Sie etwas essen oder trinken.

Mitten im Frühling liegt die erste *Tagundnachtgleiche* des Jahres. Nach dem in unseren Breiten anerkannten Kalender beginnt am 21. März »offiziell« der Frühling. Die Tage und Nächte sind genau im Gleichgewicht. Die Energie dieser Zeit ist gut für alles, was mit Balance und Ausgleich in Verbindung steht. Hier eine einfache Übung, um sich inneres Gleichgewicht zu verschaffen:

Stellen Sie sich entspannt in die Mitte eines Raumes, in dem Sie viel Platz um sich haben. Schließen Sie für einen Moment die Augen und gehen Sie in die Ruhe.

Wenn Sie die Augen wieder öffnen, strecken Sie die Arme aus und heben einen Fuß vom Boden. Stehen Sie nun ein paar Minuten entspannt in dieser Haltung – das ist schon alles (denken Sie an die leicht gebeugten Knie). Machen Sie diese Übung so lange Sie möchten oder können. Spüren Sie dabei deutlich, wie Sie ausbalancieren: mit dem Fuß, dem Rücken, den Armen – und mit Ihren Gedanken.

Wenn Sie es sich ein wenig schwerer machen möchten, schließen Sie bei dieser Übung die Augen und spüren Sie, wie sich Ihr Gleichgewichtsgefühl verändert.

Die *Walpurgisnacht* darf hier nicht fehlen. Viele meiner Verwandten stammen aus dem Harz. Daher kenne ich die wilden Geschichten über den Blocksberg, den »Hexentanzplatz«, sehr gut.

Die Nacht auf den ersten Mai ist genau der richtige Tag für einen Tanz in den Wonnemonat. Im heidnischen Kalender beginnt mit ihm der Sommer. Es gibt bereits die ersten warmen Tage, die Natur ist sattgrün und alles blüht, wächst und gedeiht.

Falls Sie Lust auf ein Feuer haben, entzünden Sie eines im Freien, sofern das Wetter mitspielt. Falls Sie nicht nach draußen gehen möchten oder können, kochen Sie ein Liebesmahl und laden Sie jemanden ein. In diesem Fall geht es nicht so sehr um Ihre Liebe zur Menschheit, sondern eher um die Liebe zu einem Menschen. Wenn Sie also einen Partner haben, feiern Sie mit ihm oder ihr. Die Walpurgisnacht steht für alles, was mit Familie, Liebesbeziehungen, Ehe und Kindern zu tun hat. Wenn Sie sich ein Kind wünschen, ist diese Nacht gut für einen Fruchtbarkeitszauber (siehe Seite 84) geeignet.

Zu *Mittsommer* feiern Sie das Glück in all seinen Varianten. Dieses Sonnenfest fällt auf den 20. und 21. Juni. An diesen Tagen ist das Wetter selbst in kälteren Regionen bereits milder und abends ist es länger hell. Es ist die richtige Jahreszeit, um die Fülle zu genießen, die die Natur uns anbietet. Schwelgen Sie in frischem Obst, Gemüse und Gewürzen. Kochen Sie magisch, was Ihnen gefällt.

Ähnlich wie beim Vollmond ist diese Jahreszeit aber auch günstig, um eine Sache abzurunden. In dieser Zeit lassen sich gut Projekte abschließen. Wünschen Sie sich etwas und schicken Sie Ihren Wunsch wie einen Stern auf die Reise.

Mit dem 1. August beginnt im alten Kalender der Herbst. Mit *Lammas* feiern wir das erste Erntefest, die Tage werden langsam kürzer, auch wenn es noch nicht so kühl ist. Eine gute Zeit, um einen Blick hinter die Kulissen der Welt zu werfen. Da die Energie des Jahres langsam abnimmt, nutzen Sie dieses Zur-Ruhe-Kommen, um sich einem neuen Bereich Ihrer Spiritualität zu öffnen. Dabei geht es nicht um feste Vorsätze oder genaues Wissen. Vollziehen Sie Übungen, die Ihnen erst einmal zeigen, welche Richtungen Sie einschlagen könnten. Dann tragen Sie diese Vorschläge des Universums eine Weile mit sich herum. Um Lammas meditiert es sich auch besonders gut.

Die *zweite Tagundnachtgleiche* des Jahres liegt um den 21. September, mitten im Herbst. Es ist Zeit, sich auf die dunkle und ruhige Hälfte des Jahres vorzubereiten. Es geht auf den Winterschlaf zu. Noch sind alle guten Gaben der Götter in Hülle und Fülle zu finden. Sie können zu dieser Zeit besonders gut Amulette, Traumfänger und ähnliche magische Gegenstände herstellen, zu denen Sie frische Materialien brauchen.

Machen Sie auch zu dieser Tagundnachtgleiche die Gleichgewichtsübung vom Frühjahr (siehe Seite 206) und spüren Sie, wie sich die Energie seitdem verändert hat.

Die Elemente

Die einfachste Art der Magie beruht auf der Arbeit mit den Elementen Feuer, Erde, Luft und Wasser. In der westlich-europäischen Kultur ist es üblich, diese Elemente mit bestimmten Himmelsrichtungen und Elementarwesen zu verbinden. In anderen Kulturen und Traditionen sehen die Zuordnungen teilweise völlig anders aus. Ich empfehle daher, zu Anfang möglichst bei einer Tradition zu bleiben, damit es nicht zu Verwirrungen kommt. Später ist es kein Problem, verschiedene Traditionen miteinander zu verbinden und neue Rituale zu erfinden.

Tanz mit der Windsbraut: Luft

Im Osten – gen Sonnenaufgang – finden wir das Element Luft. Besondere Aufmerksamkeit verdienen die Luftgeister vor allem, wenn es um kreative Projekte geht, wenn Verständigung und Austausch gefragt sind oder wenn klares Denken erforderlich ist.

Zum Element Luft gehören die Sylphiden, Elementarwesen, die häufig in hauchzarten Gewändern und fürchterlich abgehoben dargestellt werden. Wie diese zarten Geschöpfe einen Orkan bewerkstelligen sollen, ist mir ein Rätsel. Ich stelle mir mehr eine Windsbraut à la Brunhilde vor, eine Frau wie ein Wirbelwind eben.

Wer mit dem Element Luft arbeiten will, sollte vorsichtig Kontakt zum Elementarwesen aufnehmen. Vorsichtig deshalb, weil es immer angebracht ist, zumindest höflich anzufragen, ob die entsprechenden Elementarwesen auch willens sind, mit mir zu arbeiten. Es bringt garantiert nichts zu erwarten, dass sich gefälligst »jemand« kümmert, weil man doch so eine ungeheuer mächtige und wichtige Hexe ist. Verärgerte Elementarwesen können einem die Suppe ganz schön versalzen. Seien Sie höflich und genau. Bitten Sie zur Not schlicht um Erleuchtung, denn Sie können davon ausgehen, dass jeder Elementargeist wesentlich klarer weiß als Sie, was im Augenblick anliegt, da er nicht durch die Begrenzung eines materiellen Körpers eingeschränkt ist.

Um das Elementarwesen zu treffen, gehen Sie auf eine kurze magische Reise. Suchen Sie sich wie immer einen Raum und eine Zeit, in denen Sie niemand stört. Diese Übung lässt sich am besten im Liegen durchführen. Sorgen Sie für eine warme Decke, falls Sie leicht frieren und legen Sie ein Tuch bereit, das Sie sich über die Augen legen können.

Machen Sie es sich im Liegen bequem und decken Sie sich zu, falls nötig. Legen Sie sich ein Tuch über die Augen, damit es wirklich dunkel ist.

Beginnen Sie wie beim Visualisieren mit dem Atem, bis Sie ruhig und entspannt sind.

Spüren Sie die Luft um sich, Ihren eigenen Atem, feine Bewegungen von Luftströmungen auf Ihrer Haut. Gehen Sie mit der Bewegung mit, lassen Sie sich von einem Luftzug tragen, schweben Sie zum Fenster hinaus oder unter der Tür durch.

Bleiben Sie beim Luftzug, verbinden Sie sich mit dem Element, bis Sie der Luftzug, der Wind sind. Bewegen Sie Blätter, zerzausen Sie Haare, schieben Sie Wolken herum, was immer Sie wollen.

Wenn Sie den Wind genug erkundet haben, halten Sie kurz inne und rufen die Elementargeister des Windes herbei. Sehen Sie, wer kommt, welche Gestalt für Sie »Windgestalt« bedeutet. Fragen Sie, lassen Sie sich etwas über die Luft erzählen, bitten Sie um Erkenntnisse darüber, wo Sie etwas für die Luftwesen tun können.

Wenn Sie das Gefühl haben, es ist genug, verabschieden Sie sich, bedanken Sie sich und fliegen Sie zurück zu

Ihrem Körper. Werden Sie zu dem Atem, der in Sie hineinfließt, verbinden Sie sich so wieder mit der Materie.

Schließen Sie die Reise ab, indem Sie wieder tief und ruhig atmen, Ihre Finger und Zehen bewegen und sich bewusst machen, wo und wer Sie sind.

Machen Sie diese Übung, so oft Sie es für nötig halten. (Elementargeister mit nebensächlichem Kleinkram aufzuhalten ist für diese genauso wenig amüsant wie für Sie.) Wenn Sie den Luftwesen etwas Gutes tun wollen, singen Sie für sie. Es kommt nicht darauf an, ob es klingt wie bei Maria Callas. Es genügt ein leise gesummtes Lied, eine Melodie, die Ihnen gerade einfällt. Ein Lied eignet sich besonders gut, um sich für einen Dienst zu bedanken.

Luftrituale eignen sich für die folgenden Lebensbereiche:

- alle intellektuellen Fähigkeiten, Lehren und Lernen, das Erinnerungsvermögen
- alle Bereiche der Kommunikation; Gespräche, Reden halten, Gruppen und Projekte organisieren, Reisen, das Schreiben von Texten
- Drogenabhängigkeit

Feuer und Flamme

Im Süden finden wir traditionell das Element Feuer. Es steht für den kreativen Gedanken und für alles, was mit Liebe und Leidenschaft zu tun hat. Zum Element Feuer gehören die Salamander. Diese Wesen scheinen auf den ersten Blick wenig mit Feuer zu tun zu haben, wenn Sie sich allerdings einen kleinen Drachen vorstellen, der Feuer speit, gelingt Ihnen leichter die Verbindung. So sehen Salamander zwar nicht aus, aber verwandt sind die beiden Gattungen allemal.

Wenn Sie Kontakt mit den Feuerwesen aufnehmen wollen, rate ich Ihnen zur Vorsicht, denn sie sind von wahrhaftig feurigem Gemüt, selbst wenn das Elementarwesen aus einer Kerzenflamme kommt. Seit ich einmal mit viel Glück einen Hausbrand überlebte, habe ich einen sehr gesunden Respekt vor diesem Element. Jemand, der in einem Erdbebengebiet lebt, wird Ähnliches für die Erde empfinden. Wenn Sie keinen guten Draht zu einem Element haben oder sich nicht sicher sind, probieren Sie zunächst nur mit dem Element selbst in Kontakt zu sein. Mit dem Elementarwesen können Sie später noch sprechen.

Wie bei der Luftübung legen Sie sich bequem hin und schließen die Augen. Legen Sie sich das Tuch über die Augen und gehen Sie in Ihren Atem.

Feuerenergie finden Sie vor allem in der Sonne. Spüren Sie die Wärme der Sonne auf Ihrer Haut, fliegen Sie ihr entgegen und tauchen Sie mitten in die Hitze der Sonne ein. Es kann Ihnen nichts passieren, Sie sind ganz sicher und können ohne Gefahr die Wärme des Feuers genießen. Toben Sie mit den Flammen umher und rufen Sie den Feuergeist herbei. Das Elementarwesen des Feuers ist besonders hilfreich, wenn Sie ein neues Projekt suchen und der entscheidende zündende Funke fehlt.

Wenn Sie genug haben, bedanken Sie sich wie immer und kehren zu Ihrem Körper zurück. Bewegen Sie die Finger und Zehen und kommen Sie spürbar wieder zu Hause an, bevor Sie die Augen öffnen. Vorsicht beim Aufstehen, Feuerenergie geht leicht in den Kopf und kann zu Schwindelgefühl führen.

Wenn Sie lieber eine Übung im Sitzen machen möchten, probieren Sie es mit einer Kerzenflamme. Setzen Sie sich vor eine Kerze und gehen Sie in Flamme, bis Sie sich ganz von der Wärme umschlossen fühlen, dann folgen Sie den Schritten bei der Sonnenübung.

Feuerrituale betreffen die folgenden Lebensbereiche:
- Erfolg (gleich ob im Sport, Beruf oder in anderen Bereichen); jede Art des Kräftemessens, dazu gehören auch Wetten, Gerichtsverfahren und Kriege

- Heilung von Krankheit
- Verbesserung der körperlichen Kraft
- Sexualität

Wasser des Lebens

Im Westen finden wir das Element Wasser, das vor allem dem Bereich der Gefühle zugeordnet ist. Hier finden wir auch den Übergang in die nächste Welt: Wer also mit den Toten sprechen will, wendet sich nach Westen. In der keltischen Tradition finden wir hier die Inseln der Glückseligkeit, zu denen die Toten gehen.

Der Bereich des Wassers gehört zu den Undinen oder Meerjungfrauen. Richtig, das sind diese scheußlich grünlichen Wasserdamen, die nichtsahnende Jünglinge ins nasse Grab locken, oder wahlweise die singenden Sexbomben, die jeden anständigen Segler in Versuchung bringen.

Undinen und Meerjungfrauen können allerdings auch in der Gestalt winziger Eiskristallwesen auftauchen oder sich als ebenso kleine Lebewesen mit fast durchsichtigen Körpern zeigen, wenn Sie neben einem fahrenden Schiff ins Wasser blicken. Die Wassergeister sind so vielseitig wie das Element Wasser selbst (und entsprechen so wenig den physikalischen Gesetzen wie ihr Element).Wenn Sie in der Nähe eines Flusses oder anderen Gewässers wohnen, lohnt es sich, ab und zu den Wasserwesen etwas Wein oder Saft zu bringen, auch Tropfen von Parfum wissen sie zu schätzen.

Um mit den Elementarwesen Kontakt aufzunehmen, beginnen Sie wie bei den anderen Übungen.

Wenn Sie ruhig und wach sind, spüren Sie dem Blut nach, das durch Ihre Adern fließt. Folgen Sie den winzigen Tropfen, die Sie ausatmen, lassen Sie sich als Wassertropfen in die Höhe tragen, bis in die Wolken, verbinden Sie sich mit den anderen Tropfen, regnen Sie, folgen Sie dem Wasser in die Erde, die Quelle, den Fluss, das Meer, in die Wasserleitung, in das Tier und in die

Pflanze. Erleben Sie so viele Kreisläufe, wie Sie mögen. Rufen Sie die Undinen herbei, lassen Sie sich ihre Welt zeigen.

Wenn Sie genug gesehen und erlebt haben, kehren Sie wieder zu Ihrem Körper zurück und spüren Sie Ihrem Atem nach. Bewegen Sie Ihre Finger und Zehen und öffnen Sie dann die Augen.

Zum Element Wasser gehören folgende Lebensbereiche:
Liebe, Freundschaft, Partnerschaft; alle zwischenmenschlichen Verbindungen, Zuneigung;
Geburt und Kinder, das Zuhause und die Familie, die Vorfahren;
Meditation, Spiritualität, Hellsichtigkeit;
Medizin, der Krankenhausbereich, helfende Berufe, das Heilen von Wunden.

Fest verwurzelt in der Erde

Das Element Erde gehört in der europäischen Tradition zum Norden. Alles Materielle ist hier richtig. Wer also reich werden möchte, mache sich die Erdgeister gewogen. Allerdings sollte man sich überlegen, wozu man das Geld braucht. Daß der berühmte Lottogewinn zwar das Leben erheblich netter macht, aber keine Probleme löst, ist eine Binsenweisheit (was nicht heißen soll, dass Sie den Geldzauber nicht ausprobieren sollten). Gerade beim Geld scheint es aber immer wieder angebracht, sich an den traditionellen Hexenspruch zu erinnern: Sei vorsichtig, worum Du die Götter bittest, sie könnten es Dir gewähren.

Wenn Sie jemanden kennenlernen wollen, der etwas von Reichtümern versteht, treffen Sie sich mit einem Erdgeist. Zwerge kennen wir alle aus den Märchen – und damit meine ich nicht die ewig nörgelnden Miesepeter aus Grimms »Schneewittchen« (wenn Sie die als nett oder wohlwollend in Erinnerung haben, sollten Sie das Märchen am besten noch einmal lesen) oder die fröhlich-vertrottelte Schar von Chaoten aus der

Disney-Variante. Vielleicht liegt es an unserer äußerlichen Ähnlichkeit mit diesen Elementarwesen, dass sie so häufig vermenschlicht dargestellt werden. Zumindest eines haben die wirklichen Elementargeister mit den Märchenzwergen gemeinsam: Besonders gut gelaunt trifft man sie selten an.

Vor ein paar Jahren zog ich in eine neue Wohnung mit einer kleinen Terrasse, die von einigen Beeten gesäumt war. Für das Ganze fühlte sich ein sehr missmutiger Erdgeist verantwortlich. Es dauerte eine Weile, bevor ich merkte, dass er nur sauer war, weil sich niemand um den Garten gekümmert hatte. Nachdem ich einige klare Kristalle und Rosenquarze (kleine natürlich) in dem kleinen Garten vergraben hatte, fand mich mein Zwergenfreund plötzlich richtig sympathisch. Also nur nicht aufgeben!

Zwerge lieben im Übrigen alles, was irgendwie kostbar ist. Doch bevor Sie jetzt zu Tiffany's eilen: Ein Kupferpfennig tut es auch, Silber ebenso. Wenn Sie einen alten Silberring besitzen oder auch andere Schmuckteile, die Sie nicht mehr tragen, bewahren Sie sie auf. Als freundliche Gaben für die Zwerge sind sie gut zu gebrauchen.

Um in Kontakt mit den Erdwesen zu kommen, beginnen Sie wie bei den anderen Elementarwesen.

Wenn Sie entspannt sind und ruhig und tief atmen, lassen Sie sich durch den Boden Richtung Erde sinken. Wenn Sie im Erdgeschoss wohnen, haben Sie es nicht weit, wenn Sie im Penthouse eines Wolkenkratzers leben: auch nicht schlimm. Sinken Sie einfach nach unten, bis Sie die Erde spüren. Dies kann Stein oder Erde sein, Höhlen, Gänge oder Fels.

Spüren Sie die Bewegung im Erdreich, die langsamen Prozesse innerhalb eines Felsens, die Bewegungen unzähliger Lebewesen im Erdreich. Bitten Sie den Elementargeist, Ihnen sein Reich zu zeigen und lassen Sie sich überraschen.

Wenn Sie genug gesehen und erlebt haben, bedanken Sie sich und kehren zu Ihrem Körper zurück. Spüren Sie, wie solide Ihre Knochen sind, Ihre Muskeln und Sehnen. Bewegen Sie Ihre Finger und Zehen und seien Sie sich bewusst, dass Sie wieder zurück sind, bevor Sie die Augen öffnen.

Zum Element Erde gehören die folgenden Lebensbereiche:
Fruchtbarkeit, gesunde Nahrung, Ökologie;
Geld, Geschäfte, Investitionen (und damit zusammenhängende Jobs und Beförderungen), die Börse;
alle materiellen Dinge, Antiquitäten, Museen, Hausbau.

Elementare Wochen

Wenn Sie Ihre Bekanntschaft mit den vier Grundelementen besonders wirkungsvoll gestalten möchten, probieren Sie es einmal mit einem »Elementemonat«:

1. Woche: In der ersten Woche beschäftigen Sie sich nur mit dem Element Luft. Führen Sie Tagebuch, um nicht alles im Kopf behalten zu müssen.

Beginnen Sie am ersten Morgen mit einer Atemübung Ihrer Wahl. Achten Sie den Tag über auf die verschiedenen Qualitäten der Luft um Sie herum: Riecht sie frisch, zieht es, spüren Sie Wind, ist die Luft warm oder kalt?

Am zweiten Tag beginnen Sie wieder mit der Atemübung. Nehmen Sie tagsüber so viel Informationen über die Luft auf, wie Sie bekommen können. Steht etwas über die Luft in der Zeitung, spricht jemand darüber, welche Sprichwörter fallen Ihnen ein?

Am dritten Tag atmen Sie den Tag über verschiedenfarbige Luft. Fühlen Sie sich müde, versuchen Sie es mit orangefarbener oder roter Luft. Wenn Sie am Abend ein Rendezvous haben, atmen Sie tief aus einer rosa Wolke ein.

Am vierten Tag beobachten Sie nur Ihren Atem. Wie verändert er sich, wann atmen Sie tief durch, wann hören Sie auf zu atmen. Sie brauchen nichts zu verändern, beobachten Sie nur. Je besser Sie sich selbst kennen, desto erfolgreicher können Sie magisch arbeiten.

Am fünften Tag machen Sie ein kleines Ritual für die Luftgeister, fragen Sie an, was Sie für die Luft tun können. Nehmen Sie den sechsten Tag, um den Auftrag auszuführen, oder doch zumindest anzuleiern.

Den letzten Tag der Luftwoche lassen Sie aus, lesen Sie noch einmal, was Sie bisher geschrieben haben. Lassen Sie die Woche ausklingen.

2. *Woche:* In der zweiten Woche wird es feurig. Auch wenn es um Feuer geht, beginnen Sie morgens mit einer kurzen Atemübung oder Meditation. Achten Sie am ersten Tag darauf, wo es Feuer gibt: Jeder elektrische Funke ist Feuer, jede brennende Zigarette, jedes fahrende Auto. Achten Sie wieder darauf, wo Sie täglich mit Feuerenergie umgehen.

Am zweiten Tag sammeln Sie Informationen über Ihr Element, dazu gehören auch Meldungen über Wald- oder Hausbrände, über Blitze oder Maßnahmen zur Wiederbelebung.

Am dritten Tag erleben Sie das Feuer in Ihrem Körper. Spüren Sie das Feuer in den Alltagssituationen. Spüren Sie Wärme in Armen und Beinen, Händen und Füßen, wenn Sie wollen, dirigieren Sie diese Wärme durch

Ihren Körper. Lassen Sie zum Beispiel Ihre Hände warm werden, im Winter ist dies eine besonders angenehme Übung.

Am folgenden Tag beobachten Sie wieder nur Ihr Element in Ihrem Körper, wann überläuft es Sie heiß und kalt, wo haben Sie viel feurige Energie, wann haben Sie wenig Feuer in den Adern? Wiederum geht es nicht darum, etwas anders oder besser zu machen, sondern nur darum, Ihre Wahrnehmung zu schärfen.

Am fünften Tag machen Sie wieder ein kleines Ritual für die Elementarwesen. Bitten Sie um eine Aufgabe und beginnen Sie am sechsten Tag damit, die Aufgabe durchzuführen.

Den letzten Tag der Woche haben Sie wieder frei.

3. Woche: In der dritten Woche beschäftigen Sie sich eingehend mit dem Element Wasser. Auch hier fangen Sie morgens am besten mit einer Atemübung an, es macht alles einfacher.

Nehmen Sie die vielfältigen Gestalten des Wassers auf. Vielleicht regnet es an diesem Tag, Sie trinken Wasser zum Mittagessen oder haben abends einen Eiswürfel in Ihrem Drink.

Am nächsten Tag sammeln Sie wieder so viele Informationen wie möglich. Nehmen Sie an Informationen einfach mit, was sich Ihnen tagsüber anbietet.

Am dritten Tag spüren Sie dem Wasser in Ihrem eigenen Körper nach. Das ständig strömende Blut ist eine offensichtliche Wahl, auch andere Flüssigkeiten, die auf das Element Wasser zurückgehen, können Sie entdecken. Probieren Sie aus, wie sich Ihr Körper verändert, wenn

Sie heiße oder kalte Getränke zu sich nehmen, viel oder wenig trinken. Woraus zieht Ihr Körper dabei die meiste Energie? Es geht keineswegs um anatomische Genauigkeit. Wichtig ist Ihr Gespür für die Bewegung, Ihr Eindruck von der Qualität dessen, was sich in Ihrem Körper abspielt. Fließt Ihr Blut schnell oder langsam, wo gibt es Wirbel, fühlt sich das Fließen im rechten Arm anders an als im linken? Lassen Sie sich nicht von medizinischen Fakten dazu verleiten, Ihre Wahrnehmung einzuschränken. Wenn Sie einen ganz bestimmten Eindruck haben, ist der ebenso nützlich und wahrhaftig wie das, was Ihr Thermometer anzeigt.

Am folgenden Tag treten Sie wieder in die Rolle der Beobachterin. Nehmen Sie nur wahr, wie Sie das Element Wasser täglich beeinflusst: das Wasser, mit dem Sie sich morgens waschen, das Wasser des Kaffees beim Frühstück und so weiter.

Am fünften Tag führen Sie wieder ein Ritual für die Elementengeister durch. Inzwischen werden Sie feststellen, dass Ihnen das Vollziehen eines Rituals viel leichter von der Hand geht – Übung macht eben die Meisterin. (Nur ein kleines Wort der Vorsicht: Seien Sie stets aufmerksam, auch wenn Ihnen ein Ablauf wie im Schlaf vertraut ist. Wenn Sie am Steuer einschlafen, landen Sie unter Umständen am Baum.) Fragen Sie die Wassergeister wieder, was Sie für sie tun können.

Beginnen Sie am sechsten Tag damit, den Wunsch der Elementarwesen umzusetzen. Möglicherweise steht zu diesem Zeitpunkt bereits eine ganze Reihe unterschiedlicher Aufgaben auf Ihrem Zettel. Nur keine Panik, es sind keine Schulaufgaben, die Sie jemandem zur Begutachtung vorlegen müssen. Der einzige Mensch, für den es wichtig ist, dass Sie die Aufgaben erfüllen, sind Sie selber. Sie können so viel oder so wenig »herausholen«, wie Sie möchten. Also setzen Sie ruhig einmal aus, wenn Ihnen danach ist.

Am letzten Tag Ihrer Wasserwoche haben Sie wieder frei.

4. Woche: Die letzte Woche Ihres Elementemonats gehört der Erde. Dieses Element ist mir persönlich am nächsten. Schließlich laufen wir darauf herum, unser Körper, unsere Kleidung, alles, womit wir täglich umgehen, besteht aus Materie.
Nehmen Sie die vielen verschiedenen Formen der Materie wahr. Wo überall gibt es richtige Erde, Erde, in der noch etwas wächst. Sie werden überrascht sein, wo sich selbst in einer gut betonierten Stadt Ecken finden lassen, in denen die Erde atmet und sich bewegt. Nutzen Sie diesen ersten Erdtag zum Beispiel, um einen Platz zu finden, an dem Sie sich besonders wohl fühlen, ob dies an einer Bushaltestelle oder auf einer Parkbank, in einem Blumengeschäft oder auf der Spitze eines Kirchturms ist.
Einen Kraftplatz im Haus haben Sie ja schon. Wenn Sie außerhalb der eigenen vier Wände noch keinen gefunden haben, probieren Sie es in dieser Woche noch einmal. Mit Hilfe der Erdgeister geht es leichter. Vergessen Sie aber nicht, ein kleines Dankeschön zu hinterlassen, wenn Sie fündig geworden sind.

Am folgenden Tag sammeln Sie Informationen über die Erde, alltägliche, magische, wonach Ihr Herz begehrt. Es können ganz banale Dinge sein, wie Landkarten, oder Nachrichten über Bauarbeiten in Ihrer Umgebung. Zur Erde gehören allerdings auch die Berichte über Erdbeben oder Schlammlawinen.

Am dritten Tag sehen Sie sich genau an, wie das Element Erde mit Ihrem Körper zusammenhängt. Spüren

Sie Ihre Muskeln? Ist es vielleicht Zeit, mal wieder ins Fitness-Studio zu gehen oder doch zumindest das Auto stehen zu lassen und mit dem Fahrrad zur Arbeit zu fahren? Verbringen Sie an diesem Tag mindestens eine halbe Stunde mit etwas, das Sie körperlich anstrengt. Spüren Sie Ihren Körper, verändern Sie ihn – wenn es sein muss eben durch einen Muskelkater.

Am nächsten Tag geht es wieder um Wahrnehmung. Am Tag zuvor haben Sie sich richtig angestrengt. Heute geht es nur um Aufmerksamkeit. Verändern Sie nichts, nehmen Sie nur wahr, wie das Element Erde auf Sie wirkt, körperlich ebenso wie spirituell. Stehen Sie mit beiden Beinen fest auf dem sprichwörtlichen Boden der Tatsachen? Als Hexe ist das immer ein guter Untergrund. Gesunder Menschenverstand wächst dort besonders gut.

Am fünften Tag machen Sie einen Abstecher zu den Elementarwesen. Die Erdgeister werden eine ganze Reihe von Aufgaben für Sie haben, Sie werden viel entdecken. Möglicherweise erhalten Sie ein paar Aufträge, die Sie unangenehm finden, wie zum Beispiel Ihre Nahrungsgewohnheiten umzustellen, entweder für eine Zeit oder für immer. Denken Sie daran, dass nichts von dem, was Sie erleben, einen Zwang beinhaltet. Machen Sie, worauf Sie Lust haben, und wer weiß, vielleicht entdecken Sie Seiten an sich oder an Ihrem Leben, die Ihnen bisher völlig fremd waren.

Am sechsten Tag beginnen Sie, die Aufgaben der Erdgeister umzusetzen. Lassen Sie sich auch hierzu Zeit. Möglicherweise können Sie einige der Aufgaben miteinander verbinden.

Am letzten Tag Ihrer Erdwoche haben Sie wieder frei. Lesen Sie, was Sie bisher geschrieben haben. Lassen Sie alle Elemente noch einmal auf sich wirken, verbinden Sie die Erfahrungen. Wenn Sie das Gefühl haben, eines der Elemente noch nicht richtig verstanden zu haben, hängen Sie noch ein paar Tage für Luft, Feuer, Wasser oder Erde an.

Achten Sie bei den Reisen zu den Elementarwesen unbedingt darauf, dass Sie nicht unterbrochen werden können. Stehen Sie nach den Übungen vorsichtig auf, sonst wird Ihnen leicht schwindelig. Besonders schnell geerdet und wieder voll da fühlen Sie sich, wenn Sie nach diesen oder ähnlichen Übungen etwas essen oder trinken (Kekse und/oder Wasser reichen aus).

Göttinnen und Götter

Wenn Sie eine göttliche Kraft in Ihrem Leben spüren, nehmen Sie bewusst mit ihr Verbindung auf. Der Vorgang ist ganz einfach. Sie suchen sich wieder einen ruhigen Ort, an dem Sie niemand stört, am besten einen Kraftplatz. Ein Platz in der Natur eignet sich besonders gut, aber wenn Sie nicht aus dem Haus gehen wollen oder können, nutzen Sie wieder Ihren häuslichen Kraftort für dieses Ritual. Wenn der Platz, den Sie sich aussuchen, auch noch etwas mit dem göttlichen Wesen zu tun hat, um das es Ihnen geht, um so besser.

Sonst nehmen Sie einfach ein Bild oder einen anderen Gegenstand mit, der für Sie die Verbindung zu diesem göttlichen Wesen darstellt. Damit fällt es Ihnen leichter, die Verbindung herzustellen. Da wir in einer christlich geprägten Umgebung leben, wird es Ihnen nicht schwer fallen, geeignete Gegenstände oder Symbole ausfindig zu machen, die Sie mit einer göttlichen Kraft in Christus oder dem christlichen Gottvater verbinden.

Falls Sie sich in dieser Glaubensrichtung nicht ganz wohl fühlen, oder sie einfach nur erweitern wollen, finden Sie im folgenden eine Reihe von Göttern, Göttinnen und »Zuständigkeitsbereichen« aufgelistet, die Sie inspirieren können.

Es gibt unzählige Götter und Göttinnen aus allen Kulturen der Erde. Die Gottheiten der folgenden Auswahl stammen hauptsächlich aus dem indogermanischen Kulturbereich, vor allem aus dem Mittelmeerraum. Die meisten sind uns bereits vertraut. Ich habe mich bemüht, möglichst viele unterschiedliche »Zuständigkeiten« innerhalb des göttlichen Pantheons aufzunehmen, damit Sie für Ihre Rituale und Übungen möglichst zu allen Themen einen Ansprechpartner oder eine Ansprechpartnerin finden.

Wenn Sie mit den Kräften der Götter und Göttinnen in Verbindung treten wollen, sollten Sie sich zunächst eingehend über die von Ihnen gewählte Gottheit informieren. Lernen Sie sie kennen, als wäre es Ihre beste Freundin bzw. Ihr bester Freund.

Erst dann ist es sinnvoll und sicher, mit diesen Kräften zu arbeiten. Vergessen Sie dabei nicht, dass keine der Götter oder Göttinnen nur »positiv gestimmt« sind. Sie alle haben eine Leben gebende und eine Leben zerstörende Seite.

Gottheiten von A bis Z

Aphrodite: Wir kennen sie heute als griechische Liebesgöttin. Sie war jedoch in der Alten Religion die dreieinige Göttin in den Gestalten der Jungfrau, Mutter und der Weisen Alten. Aus den Meereswogen geboren, herrscht sie als Mari über dieses Element. Ihr Hauptheiligtum im Mittelmeerraum lag auf Zypern, wo Kupfer abgebaut wurde. Deshalb ist dieses Metall auch der Venus heilig (der römische Name für diesen Aspekt der Großen Muttergöttin). Der Tempel auf Zypern wurde später von den Christen zum Heiligtum für die Jungfrau Maria umgewidmet.

Astarte: Sie stellt eine der ältesten Formen der Großen Göttin im östlichen Mittelmeerraum dar. Sie war die Herrscherin der Welt, ähnlich wie in Ägypten die Göttin Hathor, Demeter in der mykenischen Kultur oder Aphrodite auf Zypern. Die Göttin bestimmte über das Schicksal der Menschen und entschied über Leben und Tod. In der Bibel (1. Könige, 11,5) taucht sie als die Göttin auf, zu der König Salomon betet. Als Asteroth oder Ashera verwandelten die Christen sie später nicht nur in einen Mann, sondern auch in einen Dämon.

Aurora: Die Göttin der Morgenröte, Mutter der aufgehenden Sonne. Von den Römern auch Eos genannt.

Balder: Nordischer Göttersohn, der seinem Vater Odin (Göttervater entsprechend Zeus oder Jupiter) als Opfer dargebracht wurde. Er kehrte daraufhin in das Reich seiner Mutter Hel (siehe unten) zurück, um am Ende der Welt (Ragnarök) wiedergeboren zu werden. Nach der Götterdämmerung der alten gewalttätigen Götter sollte er die neue Welt regieren.

Brigid/Brigit: Ein Name für die dreifache Göttin in Irland. Die Hüterinnen ihres heiligen Feuers in Kildare übernahm die katholische Kirche als Nonnen der heiligen Brigid. Der heilige Tag der Brigid im christlichen Kalender liegt Anfang Februar, genau auf dem heidnischen Fest Imbolg, an dem die weibliche und die männliche Kraft im Universum (wie Tag und Nacht) im Gleichgewicht sind. In der christlichen Tradition wurde dieser Tag als Lichtmeß übernommen.

Cerridwen: Keltischer Name der Großen Göttin. Sie erscheint als furchterregende Totengöttin, die in der Gestalt einer Sau die Toten verspeist, damit sie aus ihr wiedergeboren werden können. Ähnlich traten auch die griechischen und syrischen Göttinnen Artemis und Astarte in der Gestalt von Säuen auf.

Cybele: Muttergöttin der römischen Welt. Ihr Tempel stand an der Stelle, an der sich heute der Petersdom erhebt. Römische Herrscher wie Augustus beteten zu ihr als der höchsten Instanz des römischen Götterhimmels. Sie galt als die Mutter aller Götter.

Demeter: Muttergöttin der Griechen, die in den alten Heiligtümern von Mykene verehrt wurde. Die dort gefundenen Steingräber stellen mit ihren langen schmalen Eingängen und runden Innenräumen den Körper der Göttin dar, in dessen Gebärmutter die Toten wiedergeboren werden.

Dionysus: Einer der vielen Namen für den Gefährten/Vater/Sohn der Großen Göttin. Als Gott des Weines und der Trunkenheit ist er wohlbekannt. Eine der vielen Verkörperungen des gehörnten Gottes, der als Herrscher über das Tierreich gilt (wie Pan bei den Griechen oder Cerunnos in der keltischen Tradition).

Freya: Mutter- und Liebesgöttin des nordischen Götterhimmels. Ihr Gefährte Frey wurde an der Wintersonnenwende gefeiert, wenn er aus seiner Mutter/Schwester/Tochter-Gefährtin wiedergeboren wurde. Ihr ist der Freitag gewidmet, der auch nach ihr benannt wurde. Deshalb gilt es als glückbringend, an einem Freitag zu heiraten.

Freya kann auch mit »die Vielseitige« übersetzt werden: Sie ist Gestaltverwandlerin und Göttin der Katzen, wenn ihre Tränen ins Meer fallen, wird daraus Bernstein; ihr verdanken die nordischen Poeten ihre Inspirationen.

Holle: Nordisch-germanischer Name der Hel, Göttin der Unterwelt, der Magie, der Weissagung, der Künste und des Schicksals.

Kore: Einer der ältesten griechischen Namen für die Große Göttin, besonders für ihren Aspekt als Jungfrau. Ihren heiligen Tag am 6. Januar übernahmen die Christen später als Epiphanias. Das Fest der Kore kennzeichnete die Geburt des Gottessohnes, den Beginn eines neuen Sonnenjahres. Das heilige Zeichen der Göttin Kore ist ein Pentagramm, heilig ist ihr außerdem der Apfel, dessen Kerngehäuse wie der fünfzackige Stern geformt ist.

Mars: Der römische Gott des Krieges und des Kampfes. Mars entspricht dem nordischen Gott Tiw, der wie Mars auch ein Gott der Fruchtbarkeit ist. Als Symbol für den Liebesakt tragen beide den Speer, Sinnbild für die männliche Kraft, und einen Schild als Sinnbild der weiblichen Stärke.

Medea: Muttergöttin, deren Name aus dem Sanskritwort für Weisheit (*medha*) abgeleitet wurde. Sie ist die Hüterin heilender Kräfte (aus der gleichen Sprachfamilie kommt auch der Begriff Medizin) und kann in ihrem heiligen Kessel die Toten zum Leben erwecken.

Odin: Nordischer Vatergott, der neun Tage und Nächte an einen Baum gebunden verbrachte, um das Geheimnis der Runen zu erfahren. Nach seiner Zeit in der Anderswelt brachte er für die Männer das Wissen um Poesie und Weissagung mit, das zuvor nur den Göttinnen bekannt war.

Pan: Der gehörnte griechische Gott der Wälder und wilden Tiere. Die gefiederten Lebewesen und die Pelztiere stehen unter seinem Schutz.

Saturn: Der römische Gott des Todes. Seine Anhänger trugen schwarze Gewänder. Seine Jahreszeit ist der Winter, sein Fest die Wintersonnenwende. Er steht für den Übergang zwischen Leben und Tod, zwischen Tod und Wiedergeburt.

Sol: Germanische Sonnengöttin, wenn sie nicht gerade für die Wärme auf der Erde sorgte, lebte sie in ihrem unterirdischen Palast in Hel, der Unterwelt. Nach der Götterdämmerung sollte Sols Tochter Sunna die Aufgaben ihrer Mutter übernehmen, der neuen Welt Wärme und Licht bringen und gemeinsam mit Balder das neue Paradies beherrschen.

Sophia: Sie ist die Göttin der Weisheit. Die christlichen Gnostiker sahen in ihr die Mutter des Gottvaters, die war, bevor er noch die Welt erschuf. Ihr Sinnbild ist die Taube und sie wird oft als der Heilige Geist in der Dreieinigkeit bezeichnet.

Thor: Nordischer Gott des Donners und Blitzes. Nach ihm ist der Donnerstag benannt.

Tiamat: Sumerisch-babylonische Göttin des Meeres und der Tiefe, aus deren formlosem Sein die Welt geboren wurde.

Urd: Einer der Namen für die Mutter Erde im nordischen Götterhimmel. Außerdem der Name einer der Schicksalsgöttinnen, der drei Nornen, denen Vergangenheit, Gegenwart und Zukunft bekannt waren.

Wotan: Ein Name des nordischen Gottvaters Odin. Der Wotanstag, heute der Mittwoch, war ihm heilig. Er geleitete die Toten in die Unterwelt.

Zeus: Griechischer Göttervater, Jupiter bei den Römern entsprechend. Herr über Sturm, Blitz und Donner.

Die Götter rufen – ein Ritual

Auch wenn Sie sich sonst selten oder gar nicht ausgiebig auf ein Ritual vorbereiten, bei dem folgenden sollten Sie es tun. Wenn Sie gute Freunde besuchen, machen Sie sich schließlich auch schön.

Nehmen Sie ein reinigendes Bad oder eine Dusche. Suchen Sie sich frische Kleidung aus, die für Sie zu dieser Gelegenheit passt. Lassen Sie dabei aber auf keinen Fall praktische Erwägungen außer Acht. Wenn Sie auf einen Berg steigen wollen, ziehen Sie Bergschuhe an und am Ufer eines Flusses kann es vernünftig sein, Gummistiefel dabeizuhaben (auch Hexen können von nassen Füßen einen Schnupfen bekommen).

Stellen Sie sicher, dass Sie an dem gewählten Platz so lange ungestört bleiben können, wie Sie für Ihr Ritual brauchen. Zur Not nehmen Sie eine Vertrauensperson mit, die Störungen fernhält, während Sie beschäftigt sind.

Stellen Sie sich entspannt an Ihren Kraftplatz, mit dem Rücken zu der Himmelsrichtung, die Ihnen am angenehmsten ist.

Falls Sie einen Gegenstand mitgebracht haben, legen Sie ihn vor Ihre Füße auf den Boden, breiten Sie die Arme aus und stellen Sie Ihre Beine so weit auseinander, dass Sie mit Ihrem Körper ein Pentagramm bilden. Schließen Sie die Augen.

Etwa an der Stelle, wo sich Ihr Sonnengeflecht (Solarplexus) befindet, liegt der Mittelpunkt Ihres Pentagramms. Senden Sie von hier aus einen Sonnenstrahl aus, der Sie in einer goldenen Lichtwolke einhüllt. Schicken Sie eine kleine Energiekugel an Ihren Armen und Beinen entlang, folgend den Seiten des Pentagramms. Beginnen Sie bei Ihrer linken Hand. Senden Sie die Energiekugel von dort in Ihre rechte Hand, danach in Ihren linken Fuß. Dann schicken Sie das Licht von dort zu Ihrem Kopf und dann in Ihren rechten Fuß, danach zum Ausgangspunkt in der linken Hand. Machen Sie diese Energie-Übung so lange, bis Sie spüren, dass Sie ganz mit Licht gefüllt sind. Nun lassen Sie die Arme sinken und stellen sich bequem hin.

Wenn es die Jahreszeit und die Umgebung zulassen, können Sie sich an dieser Stelle auch hinlegen. Sorgen Sie aber dafür, dass Ihnen nicht kalt werden kann, da Sie das zu sehr ablenken würde.

Beginnen Sie mit der üblichen Atemübung. Visualisieren Sie dabei, wie das goldene Licht mit dem Atem in Sie hinein- und wieder aus Ihnen herausfließt. Es ist wichtig, dass Sie spüren, wie Sie der Atem mit allen Lebewesen und aller Materie verbindet. Spüren Sie, wie sich das Universum um Sie herum bewegt. Bleiben Sie so lange dabei, bis Sie diese Einheit spüren (falls es Ihnen mal nicht gelingt, kommen Sie einfach in Ihren Körper zurück und probieren es ein anderes Mal wieder. Versuchen Sie nie, etwas zu erzwingen. Wenn es nicht die richtige Zeit ist, wird es auch nicht funktionieren, was auch immer Sie versuchen.)

Sie sind ein Teil dieses Universums. Lassen Sie Ihre Aufmerksamkeit sich ausbreiten. Nehmen Sie (mit immer noch geschlossenen Augen) Ihre Umgebung wahr. Strecken Sie Ihre gedanklichen Fühler aus, sehen Sie sich und den Kraftplatz, strecken Sie sich weiter. Spüren Sie die Funken, die andere Lebewesen darstellen: Tiere, Menschen, Pflanzen, Steine oder was auch immer. Wenn Sie zurückblicken, sehen Sie, wie Sie eine dünne, aber ungemein stabile goldene Schnur mit Ihrem Ich verbindet. Wie weit Sie auch reisen, an dieser goldenen Verbindung entlang können Sie jederzeit zu Ihrem Körper zurückkehren.

Lassen Sie nun langsam Ihr Bewusstsein weiter wachsen, bis Sie das Leben an und für sich spüren. Sie nehmen es als Wärme, Helligkeit, Licht oder Ähnliches wahr.

Wenn Sie hier angekommen sind, bitten Sie die göttliche Kraft darum, sich in einer Gestalt zu zeigen, die Sie verstehen können. (Sie werden nicht das Angesicht Gottes sehen, es sei denn Ihre Lebensuhr ist abgelaufen.)

Was oder wer Ihnen auch immer erscheint, hören Sie ihm oder ihr zu.

Wenn Sie fertig sind, bitten Sie das Wesen, den Gegenstand zu segnen, den Sie mitgebracht haben. Dann bedanken und verabschieden Sie sich.

Werden Sie sich des goldenen Fadens bewusst, der Sie mit Ihrem Ich verbindet. Ziehen Sie sich zurück, bis Sie das Gefühl haben, wieder beim Planeten Erde zu sein, immer von der goldenen Schnur geleitet. Kommen Sie weiter zurück, bis Sie Ihre eigene Lebenskraft spüren können, und kehren Sie zu dem Platz zurück, an dem Sie sich befinden. Spüren Sie, wie sich die goldene Schnur immer weiter zusammenzieht und Sie zu Ihrem Körper zurückholt.

Achten Sie unbedingt darauf, sich mit Ihrem Körper wieder gut zu verbinden.

Wenn Sie dieses Ritual im Liegen durchgeführt haben, setzen Sie sich behutsam auf, damit Ihnen nicht schwindelig wird. Bleiben Sie eine Weile ruhig sitzen, bevor Sie aufstehen. Wenn Sie gestanden haben, bleiben Sie noch eine gute Weile ruhig stehen und lassen das Erlebte auf sich wirken.

Vermeiden Sie es, gleich im Anschluss mit dem Auto zu fahren oder irgendwelche Geräte zu betätigen. Lassen Sie sich genug Zeit, wieder ganz im Hier und Jetzt anzukommen. Schreiben Sie auf, was Sie gesehen und erlebt haben. Am günstigsten ist es, wenn Sie nach Hause einen flotten Fußmarsch zu absolvieren haben. Kekse knabbern oder andere körperliche Tätigkeiten sind ideal, um sich wieder richtig mit dem eigenen Körper zu verbinden. Ich koche häufig nach einem solchen Ritual.

Kleines »Who is Who« der Magie

Im folgenden finden Sie einige Informationen zu den Begriffen und Lebensanschauungen, die für Ihre Unternehmungen als angehende Hexe interessant und/oder hilfreich sein könnten.

Hexen

Das Wort Hexe bedeutet laut der modernen Forschung »Zaunreiterin«. Es kommt von *hagazussa*, der ältesten Form des Wortes Hexe. Im Altnordischen entspricht es dem Begriff *tunrisa*, oberdeutsch dem *zunrite* und dem niederdeutschen *walriderske*.

Hexen sind Menschen, die ihre natürlichen und erlernten Fähigkeiten, mit Magie umzugehen, nutzen, um Veränderungen im eigenen und im Leben anderer herbeizuführen. Es hat sie zu allen Zeiten gegeben, mal wurden sie verehrt, öfter verfolgt. In Deutschland haben wir eine sehr traurige Geschichte in dieser Beziehung, die Hexenverfolgung kostete hier viele Frauen das Leben. Es gibt wissenschaftliche Schätzungen, nach denen insgesamt mehr als neun Millionen Menschen, zum größten Teil Frauen, während dieser Geschichtsperiode ihr Leben verloren.

Mit dem Tod dieser weisen Frauen ging auch ein Großteil ihres Wissens verloren. Es haben sich bis heute nur wenige Traditionen erhalten. Vieles von dem, was unsere zauberhaften Ururururur-Großmütter wußten, entdeckten erst die moderne Medizin oder andere Wissenschaften wieder, von der Wundbehandlung bis zu Geburtenkontrolle und Wettervorhersage.

Hexen der Neuzeit entdecken deshalb meist alte Prinzipien neu, sammeln aus anderen Kulturen Wissen und haben so eine Art Allerlei-Hexentum geschaffen. Der Vorteil dieses Sammelsuriums besteht darin, dass es eine ungeheure Vielfalt bietet. Der Nachteil daran ist, dass es keine einheitliche Tradition mehr gibt.

Es ist schwierig, eine Hexe genau zu definieren. Das klarste, was sich über Hexen sagen läßt ist, dass es weiße und schwarze gibt. Weiße Hexen arbeiten als Heilerinnen oder Wahrsagerinnen, dies klingt noch recht einfach. Schwarze Hexen tun allerdings das Gleiche. Wie kann man sie also auseinanderhalten? Bemühen wir noch einmal das Beispiel des Lovers, in diesem Fall des untreuen. Wenn Sie eine Hexe auffordern, einen Zauber zu wirken, der Ihnen diesen Lover für alle Zeiten zu Füßen liegen lässt, und sie sagt ja dazu, so ist sie eine schwarze Hexe, sagt sie nein, eine weiße. Keine weiße Hexe wird sich über den freien Willen eines anderen Lebewesens hinwegsetzen oder Ihnen etwas anbieten, das dazu führen würde.

Einen Hexenglauben als solchen gibt es zwar und die meisten Hexen sind Anhänger und Anhängerinnen der alten, vorchristlichen Religionen, die eine Göttin und einen Gott verehren. Ich habe allerdings auch schon christliche Hexen getroffen. Hexen glauben oft schlicht und einfach an die Mächte in der Natur, an Naturgeister oder Naturgötter und -göttinnen. Manchmal gehören sie auch zu den Wicca (siehe Seite 235), einer zumindest in England inzwischen anerkannten und eingetragenen Religionsgemeinschaft.

Wie werde ich eine Hexe oder Wo steht mein Besen?

Woran erkennt man Hexen im wirklichen Leben? Sie sind nicht ganz so leicht auszumachen wie seinerzeit bei den Gebrüdern Grimm. Sie haben weder Warzen auf der Nase, noch laufen sie mit wallenden schwarzen Gewändern herum oder haben Raben auf der Schulter sitzen. Wer also sind Hexen? Heutige Hexen sind alltägliche Menschen in alltäglichen Berufen. Es könnte die Bäckerin an der Ecke sein oder die Verkäuferin im Schuhladen oder auch die Managerin der Telefongesellschaft (zugegeben, die vielleicht weniger, wenn man sich die Telefongebühren ansieht). Beim Hexen geht es nicht nur darum, was man tut, sondern auch wie und warum.

Die Bezeichnung Hexe hat heute noch einen schlechten Beigeschmack, weil wir uns an Märchenhexen erinnern, die schon vom Prinzip her böse waren. Schließlich ist es auch »schön gruselig« sich vorzustellen, wie eine schwarze Hexe einen netten Jungen verflucht oder jemandem magisch die Schafe vergiftet. Schadenszauber gibt es, kein Zweifel – aber nicht in diesem Buch. Und wer auf der Suche nach einfachen Wegen ist, den heißersehnten Lover an sich zu binden, ob er will oder nicht, der sollte stehenden Fußes in der Buchhandlung sein Geld zurückverlangen.

Um gleich gleich ein weit verbreitetes Vorurteil auszuräumen: Flüche sind bei der Hexerei äußerst selten – und in diesem Buch überhaupt nicht zu finden. Kaum jemand macht sich die Mühe, einen anderen Menschen zu verfluchen, denn die Sicherheitsvorkehrungen, die der Fluchende für sich treffen muß, sind sehr aufwendig – und funktionieren meist eh nicht. Schließlich kommt nach einer alten Hexenregel alles dreifach zurück. Also keine Panik, schwarze Hexen gibt es seltener als man denkt, schwarze Magie ist recht anstrengend und schreckt deshalb viele ab. Weiße Magie dagegen entspricht dem natürlichen Fluß des Lebens. In diesem Fall ist es ganz angebracht, mit dem Strom zu schwimmen.

Einen kleinen Haken hat allerdings auch die weißeste Magie: Manchmal ist es nicht ganz einfach, die schwarze von der weißen Seite zu trennen. Im Zweifelsfall gilt: Wenn Sie nicht genau wissen, ob es in Ordnung ist, diesen oder jenen kleinen Zauberspruch an den Mann oder die Frau zu bringen – Hände weg! Und wenn es mal daneben geht, ist dies auch kein Drama, wie Sie bereits aus dem Kapitel zur Notfallmagie sehen konnten – und selbst ein schief gegangener Liebeszauber läßt sich wieder gerade biegen (siehe Seite 150).

Wie bei der Elektrizität gibt es für die magische Energie, die wir »anzapfen«, kein Gut oder Böse. Schließlich interessiert sich die Elektroleitung auch nicht dafür, ob sie zu einem Kochherd oder einem elektrischen Stuhl führt. Magie ist Energie-Arbeit (sofern man sie als Arbeit bezeichnen kann), die sich der erstaunlichsten Energiemaschine bedient, die wir kennen: des menschlichen Geistes. Dies klingt vielleicht anstrengend, ist es aber keineswegs, es ist ein Kinderspiel. Wenn es Ihnen keinen Spaß macht, lassen Sie es sein. Wir alle vertrödeln viel zu viel

Zeit mit Dingen, die uns nur interessieren, weil wir dafür bezahlt werden. Beim Zaubern könnten Sie allerdings auch stinkreich werden – und das auf angenehme Weise. Wer bereits stinkreich und glücklich ist, kann ja nur zum Spaß mitmachen.

Leider kann es Ihnen passieren, dass Sie mit Sekten oder Teufelsanbetern über einen Kamm geschoren werden. An dieser Stelle deshalb einige Anmerkungen zu einem weit verbreiteten Missverständnis. Seit der Hexenverfolgung hält sich hartnäckig die Vorstellung, dass Hexen etwas mit dem Teufel zu tun hätten. Der erste Unsinn an der Sache besteht darin, dass Hexen gar nicht an den Teufel glauben, der erst aus der christlichen Tradition entstanden ist. Dem Bild des Teufels kommt in den alten Religionen der gehörnte Gott Pan am nächsten, der mit seinem wilden Flötenspiel und seinen Grimassen die Tierherden am Fuße des Olymps in Panik versetzt.

Der Teufel und die Magie haben nichts miteinander zu tun. Sicher benutzen die modernen Teufelsanbeter eine ganze Reihe von Symbolen, die Hexen wie ich in ihrer Arbeit auch verwenden: das Kreuz, das Pentagramm, Kerzen und Räucherwerk. All diese Dinge gehören zu den verschiedensten Religionen. Jedes dieser Symbole, jede Handlung kann verdreht und missbraucht werden. Wahre Hexen haben mit Teufelsanbetern keinerlei Gemeinsamkeiten.

Wicca

Die Wicca-Bewegung wurde ursprünglich in England gegründet, ist aber heute besonders in den Vereinigten Staaten weit verbreitet. Sie ist eine teilweise hierarchisch strukturierte Glaubensgemeinschaft, die sich der vorchristlichen Religion zugehörig fühlt. Die Anhänger des Wicca-Glaubens verehren die Göttin und ihren Gefährten.

Es ist für eine oder einen Wicca üblich, sich einem Coven anzuschließen – sofern dieser Wicca-Anhänger mit anderen zusammenarbeiten will –, der aus maximal 13 Mitgliedern bestehen sollte (auch hier gibt es durchaus Ausnahmen). Geführt wird ein Coven von einem Hohepriester und/oder einer Hohepriesterin. Rituale sind durchorganisiert und folgen festgelegten Abläufen, ähnlich wie in den christlichen Kirchen, allerdings mit anderen Bezügen.

Ein Zentrum der englischen Wicca-Bewegung ist Glastonbury, ein magischer Ort, an dem es sich lohnt, ein paar Tage zu verbringen. (Nur nicht um die Sonnenwende herum: Zu diesem Zeitpunkt findet das alljährliche Glastonbury-Festival statt und wer nicht auf wilde Parties steht, ist dort falsch.)

Neben den Wicca-Anhängern, die sich in Covens organisieren, gibt es auch viele, die allein arbeiten. Sie treffen sich zwar mit anderen Hexen und begehen auch hin und wieder Jahreszeitenfeste oder bestimmte Rituale zusammen. Sie verfügen aber nicht über eine Organisation und sind deshalb schwerer zu finden.

Schamanen

Der Begriff Schamane oder Schamanin kommt ursprünglich aus Sibirien und bezeichnet einen Medizinmann oder eine Medizinfrau. Eine Schamanin vereint vier Berufe in einem: Sie ist Heilerin, Lehrerin, Beraterin und Priesterin. Heute bezeichnet der Begriff eine Vielzahl sehr unterschiedlicher Traditionen, wie zum Beispiel die der nordamerikanischen Medizinmänner und -frauen. Mir persönlich liegen die hawaiianischen Huna-Schamanen besonders, mir gefällt ihre Art der sanften Lebensfreude, die sich selbst nicht zu ernst nimmt. Wer aber Kirgisien oder Afrika vorzieht: nur zu, es gibt viel zu entdecken.

Schamanismus ist im Gegensatz zum Wicca-Glauben keine Religion, sondern eine bestimmte Arbeitsweise. Schamanen arbeiten mit verschiedenen Ebenen der Trance, in die sie sich selbst und/oder ihre Klienten versetzen. Da ich selbst schamanisch arbeite, finden Sie in diesem Buch einiges wieder, was aus dieser Tradition kommt.

Danksagung

Ich möchte nicht versäumen, jenen Menschen zu danken, die mich unterstützt haben:

Biene – die Ideen, die wir zusammen ausgebrütet haben, führten irgendwann zu diesem Buch. Meinen Eltern, Ursula und Gert: Manchmal sind es ein paar Umwege, die »nach Hause« führen. Ihre Frage nach den »Hexentexten« war jedes Mal ein liebevoller Ansporn.

Meiner Schwester Susanne: Sie war immer nur einen Telefonanruf weit entfernt (egal um welche Uhrzeit).

Christel, Dorcas, Heinz, Holger, Jane, Maren, Melanie, Susy, Uschi: Sie waren trotz großer Entfernung immer da, wenn ich sie brauchte (mit einem gemütlichen Bett, einer Tasse Tee, einer Frühstücksstulle, einem Anruf, einer E-Mail).

Emer, Kate, Philip, Rhenda: They never complained when I complained (about life in general, men and books in particular or just the weather ...).

Es würde eine zu lange Liste werden, würden ich all jene nennen wollen, die vor mir herumprobiert, geschrieben und gehext haben. Stellvertretend danke ich Scott Cunningham, ohne dessen Ideen das Hexen nur halb so viel Spaß machen würde.

Und zu guter Letzt: Das Schnurren meiner Miezen hat mich daran erinnert, was im Leben wirklich zählt: Futter und Streicheleinheiten (die Reihenfolge ist beliebig).

Die Autorin

Ulrike Ascher, geboren 1960, ist Journalistin, Übersetzerin und »freischaffende Hexe«. Nach langer Tätigkeit für Greenpeace war sie Chefredakteurin des Magazins »Irish Life« und Lektorin für englische Literatur. Bereits in den achtziger Jahren begann sie, Gruppenreisen zu magischen Orten in England und Wales zu leiten. Sie ist Reiki-Meisterin und führt als Schamanin Beratungen und Workshops im englischen und deutschen Sprachraum durch. 1998 siedelte sie nach Irland über.

Falls Sie Fragen zum Buch haben oder Informationen über Workshops der Autorin suchen, senden Sie Ihre Post bitte an folgende Adresse:

Ulrike Ascher
18 Kindlstown Park
Greystones
Irl – County Wicklow

Oder Sie wenden sich an die E-Mail-Adresse:
ravenowl@esatclear.ie

Literatur

Acker, Louis/Sakoiam, Frances: *Das große Lehrbuch der Astrologie. Wie man Horoskope stellt und nach neuesten Erkenntnissen Charakter und Schicksal deutet.* München: Droemer Knaur 1979

Bächtold-Stäubli, Hanns/Hoffmann-Krayer, Eduard (Hg.): *Handwörterbuch des deutschen Aberglaubens.* Berlin/New York: Walter de Gruyter 1987

Banzhaf, Hajo/Hemmerlein, Elisa: *Tarot als Wegbegleiter. Der zuverlässige Ratgeber für den »nächsten Schritt«.* München: Hugendubel [5]1999

Bolen, Jean Shinoda: *Göttinnen in jeder Frau. Psychologie einer neuen Weiblichkeit.* München: Hugendubel 1996

Botheroyd, Sylvia und Paul F.: *Lexikon der keltischen Mythologie.* München: Diederichs [4]1996

Budapest, Zsuzsanna E.: *Das magische Jahr. Mythen, Mondaspekte, Rituale. Ein immerwährender Frauenkalender.* München: Hugendubel 1996

Budapest, Zsuzsanna E.: *Die Göttin im Schlafzimmer. Spirituelle Tips und magische Ideen für die weibliche Sexualität.* München: Goldmann 1996

Budapest, Zsuzsanna E.: *Die Göttin im Büro.* Goldmann, 1993

Budapest, Zsuzsanna E.: *Herrin der Dunkelheit – Königin des Lichts. Das praktische Anleitungsbuch für die neuen Hexen.* Freiburg: Bauer [5]1999

Crowley, Vivianne: *Naturreligion. Was Sie wirklich darüber wissen müssen.* München: Goldmann 1998

Crowley, Vivianne: *Die alte Religion im neuen Zeitalter.* Bad Ischl: Edition Ananael [2]1998

Cunningham, Scott: *Magie in der Küche.* Neuwied: Smaragd 1993–1985

Ellis, Peter Berresford: *Die Druiden. Von der Weisheit der Kelten.* Diederichs, [2]1996

Fischer-Rizzi, Susanne: *Himmlische Düfte. Aromatherapie, Anwendung wohlriechender Pflanzenessenzen und ihre Wirkung auf Körper und Seele.* München: Hugendubel 1999

Fischer-Rizzi, Susanne: *Blätter von Bäumen. Legenden, Mythen, Heilanwendung und Betrachtung von einheimischen Bäumen.* München: Hugendubel 1996

Fischer-Rizzi, Susanne: *Botschaft an den Himmel. Anwendung, Wirkung und Geschichten von duftendem Räucherwerk.* München: Hugendubel 1996

Fischer-Rizzi, Susanne: *Medizin der Erde. Legende, Mythen, Heilanwendung und Betrachtung unserer Heilpflanzen.* München: Hugendubel [11]1999

George, Demetra: *Neumond – Zeit der Erneuerung. Das Wissen der Dunklen Göttin.* München: Hugendubel 2000

Gray, Miranda: *Roter Mond. Von der Kraft des weiblichen Zyklus.* München: Hugendubel 1996

Green, Marian: *Das geheime Wissen der Hexen. 13 Monde, um Meisterschaft in natürlicher Magie zu erlangen.* München: Droemer Knaur 1998

Green, Marian: *Naturmagie.* Braunschweig: Aurum [2]1997

Green, Marian: *Ritualmagie.* Braunschweig: Aurum [2]1997

Hofmann, Helmut G.: *Gesundheit und Kraft durch Edelsteine. Inspiration – Meditation – Heilung.* München: Hugendubel [2]1996

King, Serge Kahili: *Der Stadt-Schamane.* Freiburg: Lüchow 1992

Lonegren, Sig: *Das Pendel-Set. Ausführliches Anleitungsbuch mit Ihrem persönlichen Pendel.* München: Hugendubel [2]1991

Matthews, Caitlín: *Die Göttin.* Braunschweig: Aurum 1992

Matthews, Caitlín: *Keltische Segenssprüche.* Neuhausen: Urania 1996

Matthews, Caitlín und John: *Das große Handbuch der keltischen Weisheit.* München: Diederichs/Heyne 1999

Matthews, John: *Keltischer Schamanismus. Rituale, Symbole, Traditionen.* München: Diederichs 1998

McCoy, Edain: *Die keltische Zauberin. Mythen, Rituale, Symbole.* München: Hugendubel 2000

Monaghan, Patricia: *Lexikon der Göttinnen. Ein Standardwerk der Mythologie.* München: Barth 1997

Paungger, Johanna/Poppe, Thomas: *Vom richtigen Zeitpunkt. Die Anwendung des Mondkalenders im täglichen Leben.* München: Hugendubel [34]1999

Paungger, Johanna/Poppe, Thomas: *Das Mondlexikon. Vom richtigen Zeitpunkt.* München: Hugendubel 2000

Pollack, Rachel: *Im Körper der Göttin. Weibliche Weisheit in Mythos, Landschaft und Kultur.* München: Hugendubel 1999

Redmond, Layne: *FrauenTrommeln. Eine spirituelle Geschichte des Rhythmus.* München: Hugendubel 1999

Schäfer, Martina: *Die magischen Stätten der Frauen. Reiseführer durch Europa.* München: Hugendubel 2000

Scheffer, Mechthild: *Praxis der Original-Bach-Blütentherapie. Das Material zur praktischen Anwendung.* München: Hugendubel 2000

Stangl, Anton: *Der Schwingpendel. Heilsame Schwingungen erkennen und nutzen.* München: Hugendubel 1999

Starck, Marcia: *So heilt der Kosmos. Astrologie der Mutter Erde.* Aitrang: Windpferd [2]1994

Starhawk: *Der Hexenkult als Ur-Religion der Großen Göttin.* München: Goldmann 1992

Thorston, Geraldine: *Sternzeichen der Göttin.* München: Goldmann 1980

Walker, Barbara G.: *Das geheime Wissen der Frauen. Ein Lexikon.* München: dtv 1995

Walker, Barbara G.: *Die geheimen Symbole der Frauen. Lexikon der weiblichen Spiritualität.* München: Hugendubel 1997

Walker, Barbara G.: *Die spirituellen Rituale der Frauen. Zeremonien und Meditationen für eine neue Weiblichkeit.* München: Hugendubel 1998

Walker, Barbara G.: *Die weise Alte.* München: Frauenoffensive 1991

Winter, Gayan S.: *Das I Ging der Frau.* München: Hugendubel 1999

Zingsem, Vera: *Der Himmel ist mein, die Erde ist mein. Göttinnen großer Kulturen im Wandel der Zeiten.* Tübingen: Klöpfer-Meyer 1997

Register

Kay Hoffman
Charisma-Training für Frauen
Die inneren Stärken zeigen

215 Seiten
mit zahlreichen Übungen

Wer Charisma hat, berührt andere Menschen in ihrem Innersten:
ihren unbewussten Erwartungen, Hoffnungen und Ängsten.
Eine solche Ausstrahlung ist keine reine "Gnadengabe",
sondern eine erlernbare Eigenschaft.

Die Übungen und Rituale in diesem Buch erleichtern es Frauen,
ihre Stärken zu erkennen, sie mit Freude zu zeigen und dabei
authentisch zu bleiben.

Layne Redmond
FrauenTrommeln
Eine spirituelle Geschichte des Rhythmus

272 Seiten mit über 300 Abbildungen
Festeinband mit Musik-CD

Die Trommlerinnen von heute stehen in einer alten weiblichen
Tradition: Bereits in den frühen Göttinnenreligionen galten
die trommelnden Schamaninnen und Priesterinnen als
Wächterinnen des spirituellen Lebens. Layne Redmond stellt
die ursprüngliche Verbindung von Rhythmus, Spiritualität
und Frauenmacht wieder her.
Die Musik-CD mit Stücken international bekannter
Trommlerinnen rundet dieses Set zu einem einzigartigen
Lese- und Hörerlebnis ab.